西奥多·罗斯福的海军外交

——美国海军与美国世纪的诞生

亨利·J·亨德里克斯　著
王小可　章放维　郝辰璞　译

海洋出版社
2015年·北京

图书在版编目（CIP）数据

西奥多·罗斯福的海军外交：美国海军与美国世纪的诞生/（美）亨德里克斯（Hendrix，H. J.）著；王小可，章放维，郝辰璞译. —北京：海洋出版社，2015. 1

（海洋战略与海洋强国论丛）

书名原文：Theodore Roosevelt's naval diplomacy：the U. S. Navy and the birth of the American century

ISBN 978－7－5027－9069－1

Ⅰ. ①西… Ⅱ. ①亨… ②王… ③章… ④郝… Ⅲ. ①罗斯福，T.（1858～1919）－生平事迹②海军－军事史－美国 Ⅳ. ①K837. 127＝5 ②E712. 53

中国版本图书馆 CIP 数据核字（2014）第 304937 号

图字：01-2014-4130

责任编辑：项　翔　李　媛
责任印制：赵麟苏

海洋出版社　出版发行

http://www.oceanpress.com.cn
北京市海淀区大慧寺路 8 号　邮编：100081
北京华正印刷有限公司印刷　新华书店经销
2015 年 1 月第 1 版　2015 年 1 月北京第 1 次印刷
开本：787 mm×1092 mm　1/16　印张：19
字数：268 千字　定价：48. 00 元
发行部：62132549　邮购部：68038093　总编室：62114335
海洋版图书印、装错误可随时退换

致中国读者

首先，向本书庞大而重要的读者群致以诚挚的问候。在这一中美两国共同的历史时刻，作为一名海军军官、战略家和历史学家，获知本书中译本即将为中国读者阅读，我颇感兴奋。这可以作为我在加利福尼亚州蒙特雷海军研究生院学习期间最引以自豪的巅峰之作，在那里，我用一部分时间重点攻读了中国悠久厚重的历史及其对世界所产生的深远和持久的影响。我不禁为两个现象的惊人相似所震惊：一个现象是美国在西奥多·罗斯福时期崛起为海洋强国并进入英国主导的国际体系，另一个则是中国人民解放军海军在这样一个以美国为主导的时代迅速壮大。这本书里有许多值得汲取的教训，这也是我为什么要进行这项研究的原因。

1995—1997 年，我作为“西奥多·罗斯福”号核动力航空母舰上的一名军官，便开始了本书的撰写工作。当我读了西奥多·罗斯福的传记后，他极其好战的名声与他最终严守和平的行为，二者之间的不一致令我印象深刻。然而，几乎没有人比他更多地谈到备战的重要性，也没有人比他为避免战争的爆发而做得更多。鉴于西奥多·罗斯福与美国海军的联系，我重点研究了他是如何使用海军作为现代分析家所称的“强制外交”的手段，在扩展美国国家利益的同时避免引发战争的。根据书中提到的四个独立事件，我们可以看出他在海军力量的运用上，是如何从一个新手逐步变得日益娴熟和富有经验的。我们同样可以看到，海军技术的迅速发展和力量结构的严重失衡，显现出的误解将对未来产生严重影响。

我希望本书将会增进中国与美国之间，乃至中美海军之间的欣赏、尊重与合作。感谢您的关注。

亨利·J·亨德里克斯

美国海军上校（退役）

2014年于缅因州的蟾蜍小屋

目　录

致　谢

当我完成本书时，年已四十有二。在人生的第 42 个年头才成为一名作者，这确实有点不同寻常，尤其是像我这种日常在国防部长办公室做情报工作的人。我只想说，今生我能够走到这一步，全靠大家的支持。我是一位从印第安纳州的玉米地走出来的美国人，作为一个严格意义上的个人主义者，通常，我对“举全村之力”这样的流行观念并不热衷，但是在写作本书的过程中，这句话却再贴切不过了。我的人生和这本书，在过去的 13 年中，得到了一个又一个老师、组织和家庭成员的鼎力相助。他们的支持伴我走完了这趟知识的探险之旅。

梅尔瓦·埃迪（Melva Eddy）夫人是我中学时的英语老师。在课堂上，她对我的要求极其严格，以至于我后来到普渡大学（Purdue University）读书时，感觉唯一能够轻松应对的科目就是英语。是她让我相信，我能够写出一些别人想要阅读的东西。2004 年，她因癌症去世，给我的家乡留下了巨大的伤痛。克劳德·A·巴斯（Claude A. Buss）博士是我就读海军研究生院时的首席论文指导老师，他也是赫伯特·胡佛（Herbert Hoover）[①] 任命的职业外交官。巴斯博士鼓励我热爱历史，同时，他还改进了我的写作技巧。我的钱包里放有一张关于他的《名人录》词条，纸张已经破旧，它时刻提醒我，怎样的人生才是真正成功的人生。大卫·罗森博格博士（David Rosenberg）是一位出色的历史学家，此外，他还是一名海军预备役军官，正是他给我指明了方向，让我最终学会使用行动历史（Operational History）这一方法来审视外交事件。他对我的指导一直持续到今天。

---

① 第 31 任美国总统。——译者注

还有许多组织影响了我。1994年，在我成为“西奥多·罗斯福”号航空母舰（USS *Theodore Roosevelt*）上的一名成员后不久，我加入了西奥多·罗斯福协会（the Theodore Roosevelt Association）。协会的资深执行董事约翰·A·盖布尔（John A. Gable）博士很快将我招至麾下，他不但鼓励我进行写作和科研，还想尽办法把我介绍给其他研究罗斯福的历史学家。遗憾的是，在我完成博士研究之前，他就过世了。但是，我仍然感觉他就在我的身边。在约翰离开我们之时，威廉·提尔青（William Tilchin）教授加入了我们的队伍，接替约翰的职位，任《西奥多·罗斯福协会杂志》的编辑。与此同时，他也成为我的参谋和好友。西奥多·罗斯福协会的其他领导成员以及罗斯福家族的成员，他们每一个都对我进行过指导，对此，我表示深深的感谢。

倘若没有华盛顿海军造船厂海军历史中心（the Naval History Center at the Washington Navy Yard）的协助，没有哪一位研究美国海军历史的学者能取得成功。它里面的图书馆和档案馆成为了出门在外的我的另一个家。我最爱做的事情就是待在它的小阅览室里，打开我的笔记本电脑，让自己被书本、信件和杂志包围。中心为我的学习和科研提供了经济资助，曾两次授予我塞缪尔·埃利奥特·莫里森奖学金（Samuel Eliot Morison scholarship）[①] 以及海军少将约翰·D·海耶斯博士学位奖学金（Rear Adm. John D. Hayes Predoctoral Fellowship）。在这里，我要特别感谢爱德华·玛罗尔达（Edward Marolda）博士（近年来，他成为了中心的资深历史学家）。1997年，我们俩就已经是好友了，他邀请我在关于美西战争的学术研讨会上宣读论文。自那时起，我写的每一个字他几乎都看过，

① 美国历史学家、教育家。1908年获文学硕士学位。1912年在哈佛大学获哲学博士学位，并在哈佛大学历史系任教，1915年升为教授。曾任巴黎和会巴尔干委员会的美国代表。1922年在英国牛津讲学获文学硕士学位，并任该校美国史教授。从1942年至1951年任“美国第二次世界大战海军作战部”的历史顾问，退伍时是海军少将。1950年被选为美国历史学会主席。主要著作有：《马萨诸塞海事史》（1921年）；《牛津美国史，1793—1917年》（1927年）；《美利坚合众国的成长》（1930年，与康默杰等合作）；《哈佛学院和大学三百年史，1636—1936年》；《海上大将哥伦布传》（1942年）；《第二次世界大战中美国海军作战史》（十四卷，1948—1960年）等。——译者注

包括我写的博士论文。他是一位真正的学者和绅士。

玛罗尔达博士看过我写的所有东西，但是，这些文字是经安纳波利斯美国海军学会全体员工认真编辑修改后，才得以来到读者诸君的手中。两个佛瑞德（Fred）——佛瑞德·雷恩博（Fred Rainbow）和佛瑞德·舒尔茨（Fred Schultz）——分别为海军学会《会刊》和《海军历史杂志》的资深编辑，他们对我早期的文字加以雕琢，并积极地帮助我，让我成为了一个更好的撰写者。本书中包含的诸多实例最初都在这两本期刊上以文章的形式登载过。正是因为他们的帮助，我才成为了学院编辑部和董事会的一员，他们还把我介绍给了这个伟大组织中其他敬业的员工，包括亚当·凯恩（Adam Kane）。亚当和我的文字编辑明迪·康纳（Mindy Conner）共同努力，帮助我改正了下面这两个坏习惯：一为老是采用冷冰冰的历史叙事口吻，二为私人时间安排和职业时间安排经常不一致。能与这些优秀的个人以及海军学院的全体员工一起工作，我深感荣幸。

2003年8月，我有幸以联邦研究员（Federal Executive Fellow）的身份被派往哈佛大学的魏德海国际事务中心（the Weatherhead Center for International Affairs）。在那里，我与21位人士进行了交流，他们是我遇见过的最有趣的人。我们日常讨论的话题涵盖了外交和国际安全的方方面面。在这条路上指引着我们前行的是凯思琳·莫洛尼（Kathleen Molony）博士，研究员们的项目主管，她为我们这群饕餮客端上的大餐包括一个又一个有趣的演说家，一桩又一桩引人注目的事件。在哈佛期间，我有幸在两位著名的外交史学家——入江昭（Akira Iriye）[①] 教授和欧内斯特·梅（Ernest May）[②] 教授的指导下获得学位。与魏德海中心的各位人士、入江昭教授和梅教授的接触，让我深信，是时候朝博士学位迈进了。毫不夸张地说，这是我成年后职业生涯的转折点。

这个决定让我来到了伦敦国王学院的战争研究系。在写作博士论文

① 美国原历史学会主席，历史学家。——译者注

② 哈佛大学杰出的历史学家，在国际关系史学界享有盛誉。——译者注

期间，我有幸与艾伦·詹姆士（Alan James）博士及安德鲁·兰伯特（Andrew Lambert）教授一起工作。无论从哪个方面来说，安德鲁·兰伯特都是一位杰出的海军历史学家，在随后三年多时间的后续研究中，他一直尽心尽力地指引我前行。我们平时天各一方，但在工作时，我们联系紧密，完全没有距离感。我博士论文的大部分内容都是在海上完成的，安德鲁总是迅速地看完每一章，然后，把他的评论意见通过英国航空邮件寄给我。这真是一段难忘的经历。今天，我能被冠上“博士”头衔，很大程度上要归功于兰伯特教授。

我还得到了三位美国海军高级军官的指导，他们分别是海军上将弗兰克·潘多尔弗（Frank Pandolfe）、帕特里克·沃尔什（Patrick Walsh）和詹姆斯·斯塔夫里迪斯（James Stavridis）。他们每一位都是博士，每一位都是杰出的行动指挥官。在指引我追求职业和学业目标时，他们每一个人都付出了宝贵的时间。他们是激励我前进的榜样，正是他们让我相信，一位在美国海军服役的部队指挥官，完全可以同时协调管理好海军舰队、家庭生活和博士论文这三件事。海军上将斯塔夫里迪斯已经写了好几本书，现在，他是佛罗里达州迈阿密南方司令部的作战指挥官。他对我论文的写作进程尤为关注。正是因为他的帮助，我才得到了美国海军学院的青睐，在执行命令的过程中，也是他在那儿指导我。

我的父母杰里·亨德里克斯（Jerry Hendrix）以及罗杰（Roger）和卡罗尔·加农（Carol Cannon），鸣谢名单上若没有他们的名字，将会是一份不完整的名单。我是他们三人个性、梦想和抱负的产物。他们为我打下了坚固的道德基础，培养了我的奉献精神以及对自身的信念。他们教会了我如何努力工作，如何才能受人尊敬，如何为他人伸张正义。正是因为有他们做我的榜样，我才成为了今天的自己。农场是一个让人成长的好地方，也是一个激发梦想的好地方。

我有两个女儿——阿曼达（Amanda）和米凯拉（Michaela）。她们是开心果，也是捣蛋鬼，这本书的写作过程就老是被她们打断。她们年轻、漂亮、健康、聪明，正是她们激励我成为了一个更好的男人。她们的降生为我回答了那个古老的问题：“我是谁?”当我注视着她们，我知道我可以把我的军衔、教育和工作都抛在一边，我只是阿曼达和米凯拉的爸爸。在某种程度上，这对我来说就足够了。

最后，我想感谢我的妻子彭妮。我都已经认识她一辈子了。关于我的一切，她都是发自内心地表示理解。她一直都是我的文学评论家、情感后盾和最佳好友。20 年前，我握着她的手向她求婚；时至今日，走在路上握着她的手时，我仍然能从这个动作中找到简单的快乐。我的生命中发生了许多事，是她，让家庭的各项活动按时、有序地进行。正是因为她永恒不变的爱，我的梦想才从到国外旅游变成只愿厮守在她身旁，把那个自私自利的自己彻底抛在了脑后。

序章　大白舰队的航行

军舰是最好的大使。

——奥利弗·克伦威尔①

1907 年 12 月 16 日，西奥多·罗斯福站在海风吹拂的总统游艇“五月花”号（*Mayflower*）的后甲板上，向驶过的 16 艘大西洋舰队的战列舰行脱帽礼。这些战列舰炮火齐鸣，向总统致敬，总统咧嘴而笑，露出满口大白牙。当舰队从视野中消失，总统游艇向华盛顿特区返航时，罗斯福以孩童般惊奇的语气问道：“你经历过这样的一天吗？见过这样的舰队吗？”整个仪式中一直飞舞的“五月花”号游艇升降索上的信号旗，此时慢慢地降了下来。信号旗传递出“依照你的职责前进”这一信息，但就这么一条信息，完全无法显示出舰队使命的重要性。[1]

真正理解罗斯福军事和外交政策相互关联内涵的人，是海军少将罗布利·埃文斯（Robley Evans），一位经历过美国内战和美西战争的老军人。他正在执行他辉煌事业的最后一次任务。埃文斯的 16 艘战列舰是美国海军中最先进的军舰。“康涅狄格”号战列舰（*Connecticut*）服役还不到一年，而服役最久的战列舰“奇尔沙治”号（*Kearsarge*），也不到八年。[2]每艘战舰均以煤作为驱动燃料，至少装有一门 12 英寸②口径的主炮，排水量在 11 500 吨到 16 000 吨之间。[3]这些战舰是美国海上的铜墙铁壁，是罗斯福在整个成年时期艰辛地组建起来的，它们使得美国海军

① 奥利弗·克伦威尔（Oliver Cromwell，1599—1658 年），英格兰军政领袖，担任英格兰－苏格兰－爱尔兰联邦的护国公。——译者注

② 1 英寸≈0.025 4 米。——编者注

舰队的规模从世界第七上升至第三（很快就位居第二）。舰队组建的目的是保护美国不受其敌人的攻击，而今它们正肩负着自身的使命驶向太平洋，将大西洋一侧有效的作战力量抽调一空。

虽然舆论将其描述为“巡航演练”，但是舰队的行动其实是直接针对日本人的一种强制外交信号。由于美国限制了日本公民向美国移民的
xiv 自由，日本正以武力威吓还以颜色。[4]罗斯福在给哈佛大学一位日本校友的信中写道，“这些问题是我在总统任期中最为担心的。”[5]

亚洲人，多数是中国人，在美国的西海岸提供可靠的廉价劳动力已经有些时日了。随着日本在日俄战争中的胜利，日本的国民加入到了这项运动中，很快便成为新近移民到加利福尼亚州的劳工的大多数。虽然欧裔美国人接受他们作为劳工的身份，但他们并不认为亚洲人和他们具有同等的地位。1906 年，旧金山的教育委员会通过了一项法律，要求日本儿童到一个隔离学校读书，这个学校本来是给中国和朝鲜移民的孩子建的。[6]罗斯福制订了一个“君子协定”，即美国不施行针对日本人的隔离移民政策，而日本主动限制其国民进入美国。但是这一做法并未解决问题。[7]1907 年 5 月下旬，在旧金山和其他有日本人居住的大城市，种族矛盾演化成大规模的暴乱。[8]人民党党员的新闻机构煽风点火，极力宣扬来自东方的“黄色人种威胁”以及和刚取得战争胜利的日本开战的可能性。[9]

然而，并非只有美国人被带入冲突。日本刚打败了一个白种人大国，他们是不甘居于任何其他的种族或民族之后的。[10]这个岛国为了废除它曾经被迫开放门户而被施加的不平等条约，已经苦苦争斗了 50 年，日本人受到的“劣等民族”的待遇是一种让日本无法容忍的侮辱。[11]日本的舆论开始讨论战争。[12]人们产生了对美国在夏威夷和菲律宾新近占有领土安危的担忧，于是罗斯福很快做出回应，宣示保护新领土的决心。他计划提醒日本，对美国进行武力恐吓会导致不良后果。危机初始时，罗斯福在给儿子的一封信中，对他这个计划的适用范围作了概括：“我告诉你，在我们和日本产生摩擦的当下，我一想到所有这些战列舰就感到无比的喜悦。”[13]

西奥多·罗斯福已经预料到和日本的紧张关系会加剧，于是，他委派海军理事会研究如何应对。海军理事会是一个松散的筹备委员会，由一些积极的退休军官组成，例如海军上将乔治·杜威（George Dewey）和著名的战略家、海军上校阿尔弗雷德·塞耶·马汉（Alfred T. Mahan）①。[14]海军理事会处在罗斯福扩大海军参与战略计划的中心位置。在他的指导之下，理事会的成员创制了一系列的训练和模拟演习，将美国海军势不可挡的影响力展现给了外界，先是主导了西半球，而后转入地中海和非洲的海域。现在，罗斯福指示理事会正视广阔的太平洋战区 XV
和日本不断增强的威胁。

1907年6月18日，海军上将杜威在一封信中向总统提交了理事会的建议。虽然杜威的信中包含了许多建议，但理事会突出强调的建议是“集结作战舰队，尽快遣往东半球”。但是，其他海军军官很快就指出，此行动会遭遇来自国内的挑战。西海岸没有足够的基地和码头来检修作战舰队，如果舰队离开了美国海域，那么，一旦出现机械故障，能获得的协助会更少。此外，作战舰队每天都要消耗大量的物资，包括煤；而在多数太平洋港口，煤都较为短缺。为确保行动顺利，舰队进入亚洲海域的任何行动，都需要一系列长期的准备。因此，理事会强调，应在菲律宾的苏比克湾（Subic Bay）囤积大量的煤。[15]

幸运的是，理事会两年中的大部分时间都在起草训练计划，计划的主要目的就是将大西洋舰队驶进太平洋。一旦了解了罗斯福的整个意图，理事会的努力将会给更为具体的决定提供基础。1907年6月27日，一个由海军部部长、海军上将和一位陆军将军组成的代表团到达位于纽约牡蛎湾（Oyster Bay）② 的名为“萨迦莫尔山庄（Sagamore Hill）”的总统官邸，他们是来向最高统帅③提供建议并接受命令的。会议结束后，代表

① 阿尔弗雷德·塞耶·马汉（1840—1914年），美国海军战争学院院长。主要著述有《海权对历史的影响》，《海权对法国大革命和帝国的影响，1793—1812年》，《海权与1812年战争的关系》，《海军战略》等。——译者注

② 位于纽约州长岛北岸，系美国上流社会的聚居地。——译者注

③ 在美国政体中，美军最高统帅由美国总统兼任。此处即指西奥多·罗斯福，下同。——译者注

团马上就颁布了命令：开始把煤和防御性火炮输送至苏比克湾的海军停泊地，同时从香港召回亚洲舰队（Asiatic Fleet）的巡洋舰分舰队，转至西海岸。罗斯福也支持杜威把作战舰队调往太平洋，表面上是访问加利福尼亚、俄勒冈和华盛顿的港口。

或许在这一个半小时的会议中，最重要的问题是讨论要派遣多少战列舰。海军上校马汉，现在已经退休，他在年初时就已经获知，罗斯福正在考虑向太平洋派遣一些战列舰，以回应来自日本的挑衅言论。马汉的战略范式中不允许将战列舰舰队分散，他写信劝诫罗斯福不要考虑在两大洋之间调配海军。总统绝非海军战略家中的泛泛之辈，其回信有些简略："你很了解我不是吗？你知道我不会愚蠢到把我们的战斗舰队分调开来，对吧？"[16]因此，当萨迦莫尔山庄的代表团问总统打算派出多
xvi 少战列舰时，根据会议记录，他的回答是：如果海军有 14 艘战列舰做好了准备，他打算让 14 艘全部出征；如果是 16、18 或者 20 艘，他也会让它们全部出征。[17]

向太平洋进发的准备工作很快正式开始。詹姆斯敦博览会（Jamestown Exposition）是为了庆祝在詹姆斯敦定居 300 周年而组织的，6 月初的阅舰式为其中的一部分，阅舰式后舰队巡航到科德角（Cape Cod）进行射击演习。在 9 月进行了 6 天的舰队军事演示后，所有的船舰返回船籍港（homeports），为的是在 12 月去弗吉尼亚州的汉普敦水道（Hampton Roads）重新集结前，对船只进行最后的维护和补给。

1907 年 8 月 31 日，国务院给美洲中部和南部大使馆和公使馆下达通告，告知他们舰队航线和燃料补给要求。全体船员会在里约热内卢和卡亚俄（Callao）① 获得上岸短假。海军少将埃文斯期待在他到达时能够与港口主管机关进行磋商。[18]驻拉丁美洲各个区域的美国代表们立即着手决定如何利用即将到来的强大海军力量的展示，推进国家的外交政策。这个过程不会很难。为西奥多·罗斯福政府服务已经接近七年，这些外交官已经能坦然面对他用海军实力来提升美国国家利益这一脾性。

① 秘鲁西部港口城市。——译者注

西奥多·罗斯福和美国海军之间的联系贯穿了20世纪，这并非巧合。即使在21世纪初，美国水手们都认为他是海军的保护人。10月27日被定为海军节，而这一天正是他的生日，千真万确。罗斯福有此威望，原因很多。在他刚开始进入公众视野的时候，美国只是个三流国家，海军是五流；而当他于1909年3月卸任总统时，美国已经稳居一流大国之列，罗斯福几乎完全是通过个人的意志力，创建了地球上第二强大的海军。然而，将他的成功与大白舰队以及他那“拿下巴拿马”的好战主张联系起来，未免过分简单化。在被历史学家们评为“伟大的美国总统”的人选中，罗斯福是唯一一个并非靠战争或者大规模国内动乱获得其地位的人。他的声誉证明，他一方面能够灵活处理外交关系，另一方面时刻准备着应对冲突。

如果“温言在口，大棒在手，则成就非凡”是和西奥多·罗斯福联系最为紧密的一句话，那么，“大白舰队”的航行则是其外交手段中“大棒”这一方面的最佳诠释。然而，罗斯福作为一个军事家所具备的 xvii 洞察力和这样一个基本的事实形成了鲜明的对比：他的总统任期没有被战争或大规模冲突所损害。虽然外交和军事（海军）史学家对于罗斯福的评述不断，然而仍不能充分解释他在这方面的成功。外交史学家专门研究了国务院和外交部门的各种档案记录，他们对那个时代罗斯福在一些国际大事中所扮演的角色和其效果提出了质疑。[19]有的海军史学家集中研究微观层面，针对罗斯福总统任期间发生的事情进行研究；有的海军史学家选择了自上而下的、宏观的层面来研究他组建海军的努力过程。两种方法均有不足，因为它们都没有洞察到罗斯福的对外政策和军事政策具备相互关联的性质——罗斯福之所以能够“温言”，正是因为他有一根“大棒”。

本书旨在解释西奥多·罗斯福如何通过利用海军实力来支持对外政策，从根本上将美国的发展轨道从内部发展转向对外参与国家间的对话。罗斯福是一个性格奇特之人，有着多面性格，因此，现代学者们很难完全理解他的政策和动机。然而他的声音——响亮中带着尖利，快速而清晰——仍旧不绝于耳。他向美国人民谈论和平和备战，谈论帝国力量和国内改革，谈论仪式传统和技术革新，谈论国家尊严和个人的正直性格——这些并未随着时间的流逝而变成与我们无关的问题。即便是现在，对于我们所全力关注的全球恐怖主义和摇摇欲坠的国际机构，西奥多·罗斯福的话对我们也同样有劝诫的作用，只要我们能够耐心倾听。

注释：

引文出自 Charles W. Freeman Jr., *The Diplomat's Dictionary* (Washington, D. C.: Peace Institute, 1997), 228.

[1] Kenneth Wimmel, *Theodore Roosevelt and the Great White Fleet* (Washington, D. C.: Brassey's, 1998), xiv - xv.

[2] 同上, xi.

[3] "World Cruise of the Great White Fleet," *U. S. Naval Institute Proceedings* 84, no. 10 (1958): 89.

[4] Roosevelt to Harrison Otis, 8 January 1907; Roosevelt to Gov. James Gillett; 14 March 1907; Roosevelt to Kentaro Kaneko, 23 May 1907; Roosevelt to Henry Cabot Lodge, 10 July 1907, in Theodore Roosevelt and Elting Elmore Morison, *The Letters of Theodore Roosevelt* (Cambridge: Harvard University Press, 1951) (以下缩写为 *TLTR*), 1: 541 - 542, 618 - 619, 671 - 672, 709 - 710.

[5] Roosevelt to Kaneko, 23 May 1907, *TLTR*, 5: 671.

[6] Richard H. Collin, "Gentlemen's Agreements," in *Encyclopedia of U. S. Foreign Relations*, ed. Bruce W. Jentleson and Thomas G. Paterson (New York: Oxford University Press, 1997), 212 - 213.

[7] Claude A. Buss, *Asia in the Modern World* (New York: Macmillan, 1964), 296 - 297.

[8] Julius W. Pratt, *A History of United States Foreign Policy* (Englewood Cliffs, N. J.: Prentice - Hall, 1955), 446.

[9] Randolph G. Adams, *The Foreign Policy of the United States* (New York: Macmillan, 1925), 347 - 349.

[10] Roosevelt to Ambassador Kogoro Takahira, 28 April 1907, *TLTR*, 5: 656 - 657.

[11] Arthur P. Dudden, *The American Pacific* (New York: Oxford University Press, 1992), 136 - 148.

[12] Pratt, *History of U. S. Foreign Policy*, 445.

[13] Roosevelt to Kermit Roosevelt, 13 June 1907, *TLTR*, 5: 688 - 689.

[14] Roosevelt to Charles Joseph Bonaparte, 10 August 1906, *TLTR*, 5: 353.

[15] Akira Iriye, *Pacific Estrangement: Japanese and American Expansion*, 1897—1911 (Cambridge: Harvard University Press, 1972), 163.

[16] Roosevelt to Rear Adm. Alfred T. Mahan, 12 January 1907, *TLTR*, 5: 550 - 551.

[17] Wimmel, *Theodore Roosevelt and the Great White Fleet*, 221.

[18] Acting Secretary of State diplomatic mutatis mutandis, 31 August 1907, *Papers Relating to the Foreign Relations of the United States*, 1907 (Washington, D. C.: Government Printing Office, 1908).

[19] Henry F. Pringle, *Theodore Roosevelt, a Biography* (New York: Smithmark, 1995), 196.

第一章 1

罗斯福、海军至上主义与门罗主义

20 分钟后我们就要去吃饭了，泰迪①却还在画他的小船！

——爱丽丝·李·罗斯福②，1880 年

罗斯福建立“大白舰队”并非突发奇想，而是他出身状况、身心发展历程的一种映射，也显示了他对于自身全球角色的理解。西奥多·罗斯福同时代的好友、历史学家亨利·亚当斯（他的祖父与曾祖父都曾担任美国总统）如此形容罗斯福：他具备“中世纪神学家认为的上帝才拥有的属性——纯粹的行动”。③[1] 罗斯福自创“一生奋斗（the strenuous life）”④ 这一信条，并奉行不移。毫无疑问，这一信条塑造出他独特的公众形象。在父亲的坚持下，他通过锻炼改善了年少时的孱弱体质，并在后来成为了一名生活在艰苦环境中的达科他牛仔。他打过网球，练过拳击（直到在一次练习中一只眼睛永久失明），曾是一名令人敬畏的柔道高手，也曾热衷徒步越野。然而，仅仅以运动健将来定义他那就大错特错了。

因为不论以哪种标准来衡量，西奥多·罗斯福都是他那个年代最富才智的人物之一。他精通三门语言，并能用第四种阅读。[2] 他的阅读速度惊人，一晚上就能“啃掉”三本书，并在数年之后还能一字不漏地回忆起整段内容，就像是一块不断汲取知识的海绵。[3] 罗斯福是一位博物学

---

① 西奥多·罗斯福的昵称，亦即美国著名卡通形象“泰迪熊”的原型。——译者注

② 西奥多·罗斯福的第一任妻子。——译者注

③ 中世纪神学家认为，冥思不是上帝的属性，上帝只是行动。——译者注

④ 出自 1899 年罗斯福根据自身的经历在芝加哥发表的一篇演说。反映了他反对怠惰安逸、崇尚奋斗的人生思想。——译者注

家，在鸟类学、古生物学、动物学和动物标本制作方面均可媲美专家，甚至连国家自然历史博物馆的工作人员都要向他咨询野生动物展品该如何陈列与摆放。作为一名才华横溢的历史学家与社会评论员，罗斯福撰写了至少35本著作，并当选为美国历史学会会长。[4]2001年，有线电视C-SPAN（1979年由美国有线电视业界作为公众服务设施建立的私人非盈利公司）将他评选为20世纪最有影响力的作家之一，盛赞其所著的《1812年战争中的海战》（*The Naval War of* 1812）（以下简称《海战》）和多卷本《征服西部》（*The Winning of the West*）是美国历史文献方面的
2 杰作。[5]在担任总统期间，他主政的极富经验的美国政府不仅使国内社会不断发展前进，还将旧世界的规约引入了新世界的行政中枢。

西奥多·罗斯福不仅爱好广泛，能力超群，还提出了一项惊人的主张使其在人才济济的华盛顿备受瞩目，并以近40岁的“高龄”步入了华盛顿政界。他是美国屈指可数的海军和外交政策问题专家之一。那么，罗斯福的集诸多才智于一身与他的出身背景有何关系，又是怎样随着时间而臻于完善的呢？更待回答的是，这位来自纽约最显赫家庭的社会名流、一位志在成为博物学家的哈佛大学新生，又是如何完成华丽转身，蜕变成一名美国顶级国家安全专家的？

早期影响

恰逢内战前夕，西奥多·罗斯福降生在一个富裕的荷兰商人家庭。罗斯福家族是玻璃制造商，在曼哈顿拥有七世家业。[6]他们无论从社会态度、着装或名人交际圈来说，均可谓置身于精英之列。

罗斯福母亲血脉中南方“灰衣反抗军”的精神，和其海上的生活经历，指引着年轻的“小泰迪”（Teedie）① 走向了一个完全不同的人生方向。玛莎·布洛克·罗斯福（Martha “Mittie” Bulloch Roosevelt），即“米

① 家人对西奥多·罗斯福的昵称。——译者注

蒂”，是典型的南方佳丽。1853 年与老西奥多·罗斯福结为连理之后，玛莎·布洛克·罗斯福离开了她在佐治亚州罗斯韦尔市的种植园老家，和丈夫居住在纽约，但她从未摒弃自身的文化修养和心中怀有的情愫。[7] 她的孩子们都记得在内战期间他们的母亲躺在长榻上的情形——米蒂就那样一动不动，仿若折磨着这个国家的战争之痛的一个活生生的见证。老罗斯福或许是出于对妻子的同情，或许是循着当时阔绰商人一贯的做法，在联邦军队中花钱买了一个替身。不管他当时是处于何种考虑，老罗斯福肯定知道，如果自己参军，他孱弱的妻子会知道自己的丈夫和她的弟弟在互相残杀，她会背负这种可怕的负担。虽然老罗斯福的儿子（即西奥多·罗斯福）从未非难父亲的行为，但是，许多历史学家后来都认为，西奥多·罗斯福对战争的热情和在战斗中证明自己的欲望，是对父亲没有介入内战这一举动的一种补偿。[9] 不过，老罗斯福对战争的支持毋庸置疑。他在纽约和华盛顿特区来回往返，为联邦的慈善机构筹集资金。

西奥多·罗斯福的两个舅舅，詹姆斯·布洛克（James Bulloch）和 3
欧文·布洛克（Irvine Bulloch）均在南部邦联海军中服役，战功卓著。詹姆斯早期成功地偷越封锁线，并主持策划了著名的南方商船袭击舰“阿拉巴马”号（CSS *Alabama*）的建造和下水，最终获得海军少将军衔。[10] 詹姆斯的弟弟欧文以海军学校学员的身份在“阿拉巴马”号上服役，他获得了“在同‘奇尔沙治’号的对抗中发射‘阿拉巴马’号炮组（battery）最后一炮的人”这一殊荣。[11] 在罗伯特·E·李（Robert E. Lee）投降后的日子里，二人都访问了罗斯福一家在纽约的家，之后，他们隐姓埋名，迁到英国居住，在那儿以不顺应时势的南方流亡反抗者的身份度过余生。[12]

年轻的西奥多在内战中所显示的忠诚映射了他父亲的忠心耿耿（他常当着母亲的面大声祈祷反抗的南部邦联土崩瓦解），尽管如此，他极为敬重自己的两位舅舅。[13] 虽然无人言及战争（父母双方为了他们的婚姻，同意求同存异），但是，孩子们都知道当他们的父亲离开家后，米蒂就会准备好装满补给的吊篮，先用船把它们运到百慕大，在那里移交给偷越封锁线的人，由后者偷运到南方。[14]罗斯福夫人会满怀热情地向孩子们讲述自己弟弟的冒险经历，给“小泰迪”讲故事。“全是些关于船的故事，船，船，船战，直到它们沉入我灵魂深处。”[15]

年轻的西奥多曾在少年时代两次见到母亲故事中的主角——那些船。为了增进孩子们的身体健康和学识，老罗斯福带着全家做了几次为期一年的欧洲、非洲以及两地之间名胜的旅行，第一次旅行时罗斯福 10 岁，第二次是 14 岁。每次旅行都以英国为起点和终点，这是为了让米蒂能够抽空看望她的两个弟弟。小泰迪膜拜那些在他睡前故事中出现的神话般的英雄们，直接从他们带着海水咸味的海上故事中得到乐趣。[16]对这些英雄的描述点燃了他的想象力。

虽然童年时被哮喘所困，但是小泰迪有书本做伴，书本是他早期对海洋有着不减兴趣的原动力。这种影响力的一个显著例子就是那本 19 世纪的书——英国皇家海军上校弗雷德里克·莫里亚特（Frederick Marryatt）所著的《海军候补少尉伊兹先生》（*Mr. Midshipman Easy*），这本小说在罗斯福的《自传》（*Autobiography*）里被引用过无数次，它讲述的是一个在航海时代挣扎在童年自由和英国海军严酷军纪之间的年轻军官的故事。罗斯福沉湎于这些广受欢迎的故事之中，这些故事也使得他在整个青年时期都钦慕着那个航海时代。[17]

4 《1812 年战争中的海战》和其他著作

在西奥多·罗斯福的首部著作《海战》问世 100 年之后，仍是这个领域中的主流历史文献，原因有以下几点。[18]第一，其文学性强，作品的句子结构和语法完美无瑕。第二，这是美国人第一次尝试对这次战争进行严肃的档案研究和如实的描述。尽管经过了 130 年，涌现了新的研究成果，罗斯福的观点经受住了时间的考验，至今仍值得借鉴。令人更为印象深刻的是，这个让所有严谨治学的历史学家梦寐以求的成就，罗斯福在年仅 24 岁的时候就达成了。[19]第三，在首次尝试严肃历史的研究写作时，罗斯福就显示出了他的才能，并在他日后的写作中一以贯之，那就是：写作之时成竹在胸。

在他受邀写的那篇作为哈佛大学优秀毕业生先决条件的荣誉论文中，罗斯福规避了传统的话题（和可能的“荣誉”），相反，他探讨了一个自孩提时代起就让他着迷的话题：航海及其对国家力量的影响。在大量利用国会图书馆、海军部和伦敦的英国国家档案局作为首要资料来源的同时，罗斯福很快就发现自己已经完全沉浸在浩瀚的资料海洋里，他开始质疑自己是否有能力以一种易于读者阅读的形式完成这个话题。“我现在有许多的信息了，”他给自己的姐姐安娜（Anna）写信说，“但是我不知如何用文字表述；我怕这个艰巨的任务我完成不了。”[20]他在欧洲度蜜月期间，前去拜访了自己在英国的舅舅詹姆斯·布洛克，这趟行程振奋了这位年轻作家的信心。他整理好了自己的材料，克服了种种顾虑。[21]

《海战》讲述了美国和其过去的宗主国——英国之间的海军军事对抗。尽管该书的前两章连罗斯福本人都认为“内容枯燥无味……泛读之下感觉有点像字典”，[22]不过，后续的章节则为读者们极为详尽地讲述了大规模海战的情况，有着鲜明的人物刻画，并对那些确保成功或预示失败的军事行动，做出了颇有见地的评论。作者围绕舰队行动、一对一战舰对决和商船袭击等的战术思考进行了极为详尽的说明。一个刚毕业的大学生（撰写前几章时罗斯福尚未毕业）居然能够驾驭这些大规模军事交锋时所使用的专门术语，这一事实至今让读者们赞叹不已。他对细节的掌控能力是辛苦努力的结果。

他的一位朋友后来忆及有次晚上来到罗斯福家里参加一个社交聚会， 5
他发现这位年轻的历史学家正对着身前遍地的航海日记、船舰和火炮模型入神，罗斯福完全沉浸在对昔日海战的想象之中。[23]

尽管取得了不错的成绩，但是，单纯的战略描述是无法让罗斯福在海军理论专家中获得一席之地的。真正让他获得国际关注的，是他书中所体现出来的战略眼光。罗斯福并不满足于一味地描述“麦迪逊先生的战争"①中驱逐舰和小型护卫舰之间的冲突，他从中总结了教训，并将其运用到当代的事件之中。将对昔时的战略经验的见地，融会到《海战》的军事行动分析的层面，这表明，作者早在海军上校阿尔弗雷德·马汉到海军战争学院（Naval War College）报到的数年前，就已经领略到了美国海军的实力。事实上，马汉所谓的"海军实力的因素"，最初曾以某种形式出现在罗斯福的杰作之中。

罗斯福的努力受益于历史契机，比如恰逢美国扩张运动高涨那次机遇。在美国政治文化浑浊的暗流之中产生影响的力量来源之一，是对蔓延开来的救世共和式民主的复苏的兴趣——还有随之而来的属性——世界范围内的个人自由。美国其他团体因不满美国大陆受此思想的控制，于是去寻找其他通往更多财富的领土。[24]社会达尔文主义认为，国家和物种一样，需要斗争以求生存，这种思想是那个年代扩张主义的另一个因素。不能扩张就意味着不能竞争。[25]内战后经济的产业化需要为美国制造的产品寻找新的市场。那些市场领导者们考虑到他们的工业化生产很快会超过美国人民的购买欲望，就开始寻找其他的市场进行控制。[26]不管上升的扩张主义思潮潜在的原因是什么，罗斯福抓住了这个可乘之机。

《海战》出版之时，罗斯福正在纽约州的立法院任职。该书广受好评。《纽约时报》称它"在每一方面都非常出色"；《陆海军杂志》（*Army and Navy Journal*）赞扬罗斯福的"材料驾驭之轻松，推理之广泛……以及其历史角度之出众"；《费城公报》（*Philadelphia Bulletin*）盛赞"《海战》是对我国历史之重大贡献"，而英国的《周六评论》（*Saturday Review*）称赞这本书"无意夸耀祖国……也无意诋毁或贬低敌手"。[27]其

---

① 詹姆斯·麦迪逊（James Madison，1751—1836年）1751年出生于弗吉尼亚，家境舒适但非富裕。麦迪逊1776年入选弗吉尼亚议会（当时称为Convention），历任多种州政府职位，1780年被选派为代表，出席大陆会议，直至1783年。麦迪逊与杰斐逊终身交好。当麦迪逊当选为新政府的国会众议员时，开始改变他原本热心的联邦主义，转向当时因反对汉密尔顿的财政方针而逐渐形成的民主共和党。1800年，麦迪逊成为杰斐逊的国务卿，并继杰斐逊之后成为总统，1808年后连任两届。1812年对英战争爆发，战争持续到著名的纽奥良之役，美国获胜，史称"麦迪逊先生的战争"。——译者注

他对罗斯福的前途持批评态度的人也都很关注这部新作。

坐落在罗德岛纽波特（Newport）的美国海军战争学院的院长，海军
少将斯蒂芬·B·卢斯（Stephen B. Luce）写道：“我们一定要把你的作 6
品当做教材来用。”[28]卢斯于1884年创建该学院，学院在一个岛上，是他之前用来收留穷苦人的一处住宅，这个地方处在这个国家富豪精英们奢华的避暑公馆的视野之内。[29]斯蒂芬·卢斯是海军各级军官内部人数不断增多的反对派的领袖，鼓吹舰队现代化和改革。卢斯认为现代海军军官不必掌握在军舰后甲板上的现代战争中制胜的一切东西。美国海军战争学院是一所致力于研究军事冲突的研究生院。[30]卢斯给罗斯福的信函中包括一份邀请罗斯福到纽波特做演讲的请柬。[31]罗斯福欣然应邀前往。他的演讲题目是《1812年战争中的海战的真实状况》，这次演讲给他提供了充足的空间去吹响备战的号角。这次访问发生在海军少将卢斯回到海上任职之后，但它给了年轻的作者一次得见海军战争学院新任院长、海军上校阿尔弗雷德·马汉的机会。在《海战》出版的四年内，美国海军规定，每艘军舰的图书室内都应收藏一本。[32]

罗斯福的专长和他个人的思想发展并未因《海战》的出版而停滞不前。罗斯福的第一任妻子爱丽丝不幸过世后，他于1887年和1888年在达科他州巴德兰兹地区（Dakota Badlands）自己的农场里独处时分别撰写了两部传记——《托马斯·哈特·本顿》（*Thomas Hart Benton*）和《古弗尼尔·莫里斯》（*Gouverneur Morris*）。在这两部作品中，罗斯福利用自己早年二线政治家的身份，阐述了早期国会关于海上力量决策的不足。

古弗尼尔·莫里斯在美国反对英国殖民统治的革命时期为美国大陆国会效力；在美国邦联时期任美国驻法大使；在美国议会成立初期任联邦议员。关于这位昔年的政治家，罗斯福认为，“他最大的智慧体现在对我们的海军的看法上；他的政党，联邦党人正在给我们建立一支海军；但这一切在杰斐逊派当政时几乎没有起步，然后，不知出于一种怎样的愚蠢，他们竟然停止了这个工作。”[33]罗斯福的这句话是在暗示一种向联邦激进主义发展的倾向，特别是对于行政部门而言。

1821年，待来自密苏里的托马斯·哈特·本顿（Thomas Hart Benton）

进入参议院时，联邦党派已经从美国政坛淡出，向具有压倒性优势的民主共和党臣服，这种不可阻挡之势先是随着杰斐逊①的当政而到来，后在安德鲁·杰克逊（Andrew Jackson）② 时期继续发展，并在接下来的几十年间主宰了美国政治。本顿是安德鲁·杰克逊忠实的追随者，信奉“天定命运论”的哲学，这种哲学在几乎整个 19 世纪是美国外交政策的基础，引导了美国外交政策的发展。

本顿设法以西部扩张为中心调整政府资源，他认为美国海军已经限制
7 了此方面的公用事业。[34] 罗斯福有失偏颇地写道：“本顿对海军实力增强的反对似乎在一定程度上产生于充满怨毒的党派性；一定程度上产生于十足的无知；一定程度上来自于对任何性质的现有军事部队或海军凭空的惧怕。他的这种思维，连同其他许多类似的想法，都是从杰斐逊党人那里继承过来的。”[35] 在未来的几年，英国中央政府强权的记忆将有可能继续困扰新生的共和国。

在这一时期的写作中，罗斯福对托马斯·杰斐逊的偏见显而易见。第 3 任总统杰斐逊的消极海军政策是避免在公海的对抗，而建造仅能在沿海水域行动的炮艇，第 26 任总统西奥多·罗斯福对此颇为不满。虽然罗斯福承认杰斐逊的“观点和理论对国民生活的影响重大”，然而他把这位总统描述为“总统职位上最无能的执行者”。詹姆斯·麦迪逊，杰斐逊的学徒和政治继承者，进步甚微：“（麦迪逊）政府稀里糊涂地被卷进了战争，一场他们既没有智慧去躲避，又没有深谋远虑去准备的战争。”[36] 罗斯福认为早期的美国政府对不起美国民众，损害了国家在海上的影响力。在年少时他就能见微知著，体会到海军实力作为军队实力的一个子集的重要地位，以及军事实力在国际关系方面的重要性。

① 托马斯·杰斐逊（Thomas Jefferson，1743—1826 年），美国第 3 任总统，民主共和党创始人，参与《独立宣言》起草，被认为是美国自由、民主思想的主要奠基人之一。——译者注

② 美国第 7 任总统。——译者注

主张未雨绸缪

假如西奥多·罗斯福在写完《海战》后就止步于斯，那么他不久就会湮没无闻。他在美国历史中的显著地位反映了他战胜挫折、远见卓识和专心达成抱负的能力。作为一名新晋的纽约议员，罗斯福具备一种完善、全面的人生哲学，这对于一个二十几岁的人来说是极为难得的。从他的著作和个人信件中可以发现，他是一个奋发努力的人，为实现理想而努力——这种理想与为公众服务交织存在。他童年时渴望成为一名博物学家，或者从事家族利润可观的玻璃制造生意，然而当他开始将政府工作作为一种事业的时候，就决意放弃他曾经的抱负了。当然，他早期的作品为他将来的政治原则奠定了坚实的基础。

罗斯福的著作中自始至终贯穿着这样一条主线：美国要在世界强国
队列中有一席之地的话，必须有一支现代舰队，而且，美国要准备好使 8
用这支舰队。1888 年 1 月，罗斯福应邀在纽约联盟俱乐部发表演讲。他演讲的内容综合了全球重商主义和亟须一支强大的海军等概念，这些概念形成了一个强有力的、条理清楚的论点。为了给在座的纽约商人阶层的领导成员以警醒，罗斯福说："我们竟然没有能称得上战舰的军舰，我们富有的沿海城市竟然受智利这种末流国家（原文如此）摆布，这对我们的国家而言是一种耻辱。"[37]因此，到了 1890 年，在著名的海军战略家阿尔弗雷德·塞耶·马汉名声大噪之前，西奥多·罗斯福早已成为美国国内精英知识分子圈内的名人，对战略讨论有重要贡献。

当然，马汉的贡献也不容忽视。马汉生于一个军事知识分子家庭。他的父亲是西点军校的教员，而他本人在 16 岁时就进入了美国海军学院。他 34 年的海军军事生涯平平无奇，在 1885 年被委派到海军战争学院工作时，他的才学尚未获得人们的认可。[38]一次在一本罗马帝国的史书中读到海权在战争中的重要性时，他有所顿悟。[39]接到纽波特报到的命令后，他把自己关在纽约阿斯特图书馆，准备给学生们的演讲稿。这些报告和由此而撰写的专业文章于1890年被收入马汉具里程碑意义的著作《海权对历史的影响：1660—1783》。[40]

《大西洋月刊》（*Atlantic Monthly*）费尽心思为这本研究海权的新书寻找评论家，它选中了研究此方面的先锋人物——西奥多·罗斯福。罗斯福已经读过这部著作，并且表示出浓厚的兴趣。在一封给马汉的书信中，他洋洋洒洒地写道："最近两天虽然繁忙，但我用了一半的时间拜读大作……我可以坦言相告，您的作品是我所熟知的此类书籍中最为详尽，最具教育意义的一部概论……我深信它会成为一部经典的海军书籍。"[41]罗斯福公开发表的评论，也与这封信一样不吝赞美之辞。

马汉的论点可以归纳如下：贸易是国家力量的来源，而稳定的贸易需要海军来保护港口、巡逻海上交通线；因此，要实现国家强大的目标，一支实力雄厚的海军至关重要。数年后，一位英国海军上将评论道："我认为在我的时代里，海军领域还没有一件事情能和马汉第一批作品的出版这种具有划时代意义的事情相媲美。"[42]在整个19世纪90年代，罗斯福始终支持建立更为强大的美国海军，他甚至开始和马汉上校合作，并且支持他的思想。[43]

9 那些年里，罗斯福结交了历史学家亨利·卡伯特·洛奇（Henry Cabot Lodge），来自马萨诸塞州的一位崛起的政治巨子。洛奇代表了卡伯特家族和洛奇家族的结合，前者是马萨诸塞州最为古老的欧洲家族之一，后者是在海洋运输方面颇有名气的富豪新秀。洛奇由几个美国最为重要的历史学家培养成才，他在哈佛大学就读，专攻历史和英国文学。洛奇年轻时曾四处游历，这使他对世界能作出缜密的评鉴，尤其是对国际关系复杂微妙的欧洲。回到哈佛之后，他把自己感兴趣的话题融会到一篇博士论文之中，这篇论文全面地研究了盎格鲁-撒克逊法律的历史发展进程，他由此开始了作为一名作家、编辑和教育家的职业生涯。洛奇在哈佛教了几年书，但发现在这里无所建树，遂转而从政。[44]

亨利·卡伯特·洛奇于1887年成为美国众议院的议员，在1893年之前在美国立法机关的下议院任职，之后被擢升至参议院。[45]洛奇和罗斯福于1884年在芝加哥举行的共和党全国大会上会面，彼时两人的身份都是各自州的代表。一位罗斯福的传记作者后来说："两人乍一看似乎不可能相处融洽。"[46]虽然看起来不可能——一个活力充沛，性格外向，而另一个则由于其清教徒的教养影响，举止极为矜持，以至于最简单的人际接触也似乎让他痛苦——两人却偏偏成了"一对"。罗斯福后来说，洛奇"不管是从个人立场，还是政治立场，或者其他任何方面而言，都是我最亲近的朋友，他和我的这种关系是我和其他人不曾有，也不会有的。"[47]这种友谊建立在信任、忠诚、互惠互利和紧密的脑力合作的基础之上。

此后二人开始通信，他们最终通过对美国历史共同的热爱而启动了一个联合写作计划。他们共同塑造了一个全面的外交－军队倡议，他们称之为"大政策"。它一方面是对门罗主义的广义的诠释，另一方面以一支强大的海军作为支持。大政策所追求的最低目标，是在西半球建立美国的主导权。[48]

1895 年 3 月 2 日，亨利·卡伯特·洛奇在参议院做了关于"大政策"的演讲。洛奇从战略和商业角度阐述了围绕合并夏威夷的建议产生的争议，他的结论是，美国至少需要 3 艘战列舰和 9 艘鱼雷艇才能保证在全球各地成功获得自身利益。[49]对于罗斯福而言，他知道如果要让美 10
国民众认为大政策合情合理，还需要从传统的美国外交政策标准中奠定一定的基础。这一先例他是在詹姆斯·门罗（James Monroe）① 的门罗主义中发现的。

对于西奥多·罗斯福而言，门罗主义不仅代表美国外交政策的一个历史悠久的传统，还是一条通往未来的道路，使美国在国际体系中占据有影响力的大国地位。早在 1893 年他就写道："我相信我们最终可以将欧洲力量从这个大陆清除掉，我不希望在我们国旗升起的地方看到它再降下。"[50]1896 年，在一封写给《哈佛深红报》（*Harvard Crimson*）编辑的书信中，罗斯福重谈这个话题，针对某些哈佛大学教授正在游说反对美国的南美洲政策，他提出了异议。英国正试图恐吓委内瑞拉，让其清

① 美国第 5 任总统。——译者注

偿最近拖欠的债务。美国采取行动告诫英国不要在西半球占领领土。罗斯福先是将这个问题放置在事关“美国的荣誉和尊严”的语境之中，进而陈述道：

> 门罗主义禁止我们以一个州的领土为代价默许欧洲国家在美国土地上进行任何领土扩张……如果我们每次都允许一个欧洲国家自行确定它想要的领土是否属于自己的话，那么门罗主义便没有真正存在……如果哈佛人想要和平和荣誉兼得，他们要……要求我们的代表坚持最有力地执行门罗主义；要进一步要求立即准备建造一流的海军。[51]

他的书信在哈佛大学学术界和校友之间引起了极大的轰动，此时正在纽约任警察局局长的罗斯福又续写了一篇文章出版在《文学士》（*Bachelor of Arts*）杂志上，旨在为自己对门罗主义的理解辩护。这篇文章追溯了门罗1823年的年度国情咨文中的原则以及早期的共和国设立的判例，引用了法国早期欲从西班牙获取领土的企图。罗斯福评说道：“我们的政治家们马上宣布，他们认为让一个弱小的国家向一个强大的欧洲国家割让有争议的领土，对美国而言是一种敌意行为。”[52]罗斯福十分清楚，这样一种政策需要一支在规模和实力上能媲美英国的海军来支持。事实上，半个世纪以来，门罗主义一直默默依靠英国的海军实力来阻止其他的殖民国家进入西半球。

11 罗斯福的思想形成于19世纪外交的历史背景之下，它清楚地表明，罗斯福信仰对门罗总统的“门罗主义”的一种强硬诠释，并把它看做是将美国建成一个大国的关键。不过他知道欧洲的强国不会赞同这种扩张。[53]若要使这种理解有所成效，美国需要用可靠的作战实力来支持门罗主义，而且，美国需要通过备战的方式避免战争。

恰是这种备战和威慑的思想使得罗斯福在影响力上超越了阿尔弗雷德·马汉，使得他成为少数将思想和行动结合起来的人之一。罗斯福19世纪80年代到90年代的作品，将他所在时代的辩论锁定在吸取过去的经验教训方面，其杰作《海战》是一个开端，它在对比杰斐逊民主党人和当代共和党人海军政策的同时，强烈号召备战：

> 1812 年时我们的海军和我们现在的海军截然不同，在 1882 年……我们现在有大量毫无用处的船舰，这些船舰全部都是不入流的，而彼时我们仅有数艘船舰，然而每一艘就其档次而言都是任何外国军舰无可比拟的。要使我们的战舰达到 1812 年的状态，并不需要（虽然事实上既明智又经济）花费比现在更多的资金；与其去修补 100 艘陈旧的废船，不如用这笔资金去建造十几艘最先进的战舰。[54]

罗斯福继续总结道："我们不能奢望我们在政治上的短见会让我们拥有一支一流规模的海军；但是最起码一点，我们手头现有的这些船舰，没有理由不具备最佳的质量。"[55]诸如此类的话语让他扶摇直上，获海军部副部长一职。

成为伟人的基础

在 1896 年的总统竞选中，西奥多·罗斯福投身于为共和党成功赢得选举之中。作为纽约社交精英群体的一个古怪之人，他在 1880 年从哈佛大学毕业后就专注于党派政治。在为共和党尽了应尽的义务之后，1896 12
年，罗斯福在联邦公务员委员会（Federal Civil Service Commission）任职并在纽约市担任警察局局长，[56]他想在华盛顿寻找一个具有真实影响力的位置。威廉·麦金莱①（William McKinley）的胜利给了他希望，他寻找的机遇近在眼前了。罗斯福和麦金莱的一个共同的朋友后来说："当……我们正走回家里时，罗斯福先生说，'有一样东西我渴望拥有，

① 美国第 25 任总统。——译者注

却不会得到——麦金莱永远都不会给我。我想要去做海军部副部长。’他说他觉得麦金莱先生不喜欢他。（我知道这确实是真的，但是，当然了，我没有告诉他。）”[57]

11 月下旬，参议员亨利·卡伯特·洛奇行至俄亥俄州的坎顿市（Canton），要去总统官邸和当选总统谈话。在谈话中，洛奇极力主张麦金莱满足罗斯福的愿望，任命他到一个有影响力的职位。开始麦金莱总统对罗斯福的态度似乎有点犹豫。他钦佩罗斯福的精力、忠诚和智慧，但他告诉洛奇：“我希望他没有一入职就要推行预先设想好的计划。”洛奇告诉总统说没有。[58]麦金莱总统并未立即相信。“我需要和平，”他告诉罗斯福的一个朋友，“而有人告诉我，你的朋友西奥多……总是和每个人都过不去。恐怕他太好斗了。”[59]任命罗斯福的这个决定耗费了一些时日。纽约杂志《评论回顾》（*Review of Reviews*）在春末报道称，“华盛顿不急于做出职位变动，但是诸如副部长之类的职位已经有人填补了。尊敬的西奥多·罗斯福已经……就任美国海军部副部长。”[60]罗斯福感觉到纽约的职业政客们看到他迁至华盛顿会很欢欣。他向一个朋友吐露心声：“这些呆板的人心里清楚我会被任命为美国海军部副部长。”[61]这次任命可谓妥帖之至。

1897 年 4 月 19 日，西奥多·罗斯福就任海军部副部长，时年 38 岁。他对他的朋友鲍曼·麦卡拉（Bowman McCalla）海军上校说：“我今天刚就职，虽然我对工作的细节还不尽了解，但我相信这里的环境会很不错。你知道，我一直都特别热衷于海军，这次任职给了我施展抱负的机会，我也衷心希望我能利用这次机会推动海军的发展。[62]

作为海军部副部长，他要向约翰·D·朗（John D. Long）负责，约翰·D·朗是前国会议员和马萨诸塞州的前州长。他和罗斯福的工作关系在饱含顾虑的前提下展开。他冷静地将自己划归到这些人的队伍之中：
13 他们认为当前大国间军备竞赛的灾难性结局要么是破产，要么是战争。[63]罗斯福的观点和这种看法有天壤之别，但是朗很快转而欣赏这个年轻人的精力，这对自己的毫无生气是一个自然而然的补充。在他们的首次会面后，朗在日记里写道，罗斯福是“这个位置（海军部副部长）

的最佳人选。”[64] 而罗斯福认为这位前辈是“一个完美的可亲近之人”。[65] 朗很快就开始给他的副部长规定职责。在一个海军部内部规定行政职责的备忘中，朗指示：“不管是何情由，只要海军部部长不在军部，不管这段时间持续一整个办公日还是办公日的一段时长，罗斯福即可自己履行海军部部长的职责，签署在权限范围内的所有命令和其他文件。”[66] 接下来的周末罗斯福回到牡蛎湾，陪伴他不断兴旺的家庭，但由于使命感和错失了机会等原因，他发誓，若非特别命令，他再不会离开华盛顿。他以典型的罗斯福式话语风格，解释了自己忠于职守的原因：“即便有丝毫产生事端的可能，我也不会再离开岗位。”[67]

1897 年 6 月 7 日，在他宣誓就职后不到两个月，他在海军战争学院发表了一项具有轰动效果的政策声明。《哈勃周刊》（*Harper's Weekly*）报道指出：“新任海军部副部长西奥多·罗斯福先生最近在纽波特海军战争学院发表演说，该演说理所当然地引起了广泛关注，也雄辩、有力地维护了他的观点——这个共和国必须有一支伟大的海军，以便为战争做好准备；对战争的准备是维护和平最有把握的途径。”[68]

罗斯福借助这个机会批评了美国的中产阶级和上流社会的慵懒，赞同回归过去的尚武精神，同时快速建立起美国海军。在这次名为《被忘却的华盛顿格言》（*Washington's Forgotten Maxim*）的讲话中，罗斯福引用了开国元勋的格言——备战是促进和平最有实效的途径——来敲响人人备战和举国备战的警钟。这番言论是他内心思想体系的外在表现，无论在当时还是现在，看来都显得极度好战。

罗斯福坚持认为“备战是和平最有把握的保证”，他抱怨美国正处于丧失全球竞争优势的危险之中，而这种优势只能在战争或在战争行业中才能历练而成。罗斯福引用自己对 1812 年海战的广泛知识，勉励面前 14
的海军军官们要对他们的职业充满自豪感：

> 当内忧外患来临时，民众将带领他们的人视为英雄，民心是公正的。没有任何一种和平会比最终赢得战争更为伟大。战士的勇气，必须直面风暴的政治家的勇气，这样的风暴只有具

> 有勇士般的品质才能平息，比仅在和平时代表现的任何品质都更高贵。这绝不是说我们应该通过战争来培养战士的秉性和品质；但如果我们享有的和平是以给他们造成损失为代价而获得的，那么不管这种和平所附带的好处是什么，这种代价也太过于昂贵。也可能在渺远的未来竞争中，对战争的需要会消失，但是这样的将来仍旧有百年之遥。除非能够借助军队，时刻准备着保护自己的权利，否则没有任何国家能在世界中保有自己的地位，或者做任何值得做的工作。这种有序的自由是我们文明的基础和顶点，只能被那些愿意为一种理想而战的人获得和维护；这些人崇尚荣誉，坚守信仰，热爱自己的国旗和国家。

罗斯福号召快速扩大海军的规模，以推行门罗主义，并将此作为其劝勉演说的结束辞。[69]

他那好战的语调并未被人们所忽略。全国大多数主流报纸均刊登这次演说。许多编辑都对他有关美国在世界中的角色的毫无歉意的论调进行了评论。对于多数美国人而言，罗斯福在纽波特发表的政策声明代表了近 20 年扩张主义思想发展的高潮。[70]而一些人则对罗斯福的逻辑存在异议。社会评论家卡尔·舒尔茨（Carl Schurz）辩称：“如果和平是导致一个国家道德素质衰弱的根源，而战争是增强道德的因素，那么，依靠建立海军而防止战争的方法最终会让国家变得‘柔弱’。”罗斯福传记的作者中至少有一人认为纽波特声明只有一个目标。华盛顿的决策者们对夏威夷和古巴虎视眈眈，所以埃德蒙德·莫里斯（Edmund Morris）① 认为罗斯福的话其实旨在“奠定，而非只是影响国家的外交政策”。当然，
15 威廉·麦金莱总统也阅读了罗斯福的非官方讲话的记录。“我觉得罗斯福是对的，”他对他的一个参谋人员说，“我和他之间唯一的区别在于我的责任更加重大。”[71]在海军部，西奥多·罗斯福找到了他的立足点，并

① 罗斯福传记《西奥多·罗斯福的崛起》（*The Rise of Theodore Roosevelt*）的作者。——译者注

且他很快就发现，利用这个立足点他可以改变许多。

华盛顿湿热的夏天给这位海军部副部长提供了发挥其不竭精力的机会。朗回到了他在马萨诸塞州的农场避暑，留下罗斯福负责部内事务。年轻的罗斯福不失时机地开始了行动。在回复一位国会议员的正式请求时，他欣喜地说："终于……我独掌大权了，你的请求要经过……我不确定我的作为能获得许可，但是我已经下定决心。"[72]难能可贵的是，罗斯福全力投入到了朗毫无兴趣也无精力去做的工作中。他很轻松地看待海军战略中更具概括意义的问题，将自己沉浸在对海军所面临的技术、管理和后勤等挑战的研究之中。[73]他在多个涵盖海军各方面活动的，具有实验性质的委员会里担任主席，信心因此不断加强。在这段时期，他故意将那些朗因为技术和政治原因而逃避的事项确定了下来。[74]罗斯福从来就不是一个逃避争议的人，此时正是如鱼得水。他在致友人的信件中回忆了他做"盛夏海军部部长"的一段时光。"部长不在，"他在给一个朋友的信中写道，"我正管理海军，可谓不亦乐乎。我专注到了自己的工作中。处理重大的事件和极富兴味的事件让人心情爽朗。"[75]

西奥多·罗斯福带着一套有关海军和国家的条理分明的理论进入了海军部。随着《海战》的问世，他促进了一支大规模海军的兴起，加强了美国在世界事务中所扮演的角色。而如今处在华盛顿权利的边缘，他直面挑战：要说服他的上级——海军部部长以及总统——让他们相信，他的思想是正确无误的。不过，他首先要确立一套可执行的方案，此方案要在白宫强加的财政预算和哲学体系的限制范围内。

1897 年 5 月，罗斯福致函海军上校马汉，询问在太平洋和大西洋进行海军扩张和为舰队建设稳固的基础设施的必要性。马汉和罗斯福至此已经就类似话题进行了数年的沟通，但是在就职后，他积极向马汉征求建议，他的书信内容也愈加具体。作为非正式顾问团的一名成员，马汉向海军部这位杰出的战略家进行了陈述：

> （照我的意思，我们明天就可以吞并那些岛屿——夏威夷群 16
> 岛。如果不可行，我会在这些地方建立摄政政权。）我认为我们

> 应当立即开凿尼加拉瓜运河，与此同时，我们应该建造12艘新战列舰，其中一半的战列舰应分布在太平洋海岸……我会把“俄勒冈”号（*Oregon*），必要的话，还有“蒙特利”号（*Monterey*）（两艘战舰都装载着煤或者配有供煤船）遣往夏威夷……但是西印度群岛也存在大问题。除非我们能把西班牙彻底从那里赶走（照我的意思，此事明日可毕），否则，我们在那里会一直受到威胁。[76]

数日内，可能是在马汉的推动下，副部长罗斯福收到了几份应对太平洋和大西洋紧急事件的作战计划。[77]这些计划是在新成立的海军情报部主管，海军少校威廉·威尔特·金博尔（William Wirt Kimball）的指导下完成的，他是军需品和潜艇能源研究方面的先驱者，在后来的美西战争中指挥美国的鱼雷快艇中队。这些方案代表着在多种紧急情况下详细的准备措施和行动命令。金博尔在舰队中服役40年（1870—1910年），终获海军少将军衔。服役期间他以战术改革和战略方面的卓越天分著称。[78]现在，手中有了金博尔的作战计划，罗斯福开始充实其战略构架。

尽管非常努力，罗斯福仍旧未能消除约翰·D·朗根深蒂固的抵触态度，他一直对建立一支更强大的美国舰队的必要性持怀疑态度，特别是战列舰舰队。这位海军部部长对欧洲船舰构造性能的不断提升感到担忧，惧怕美国码头里的船只在尚未下水便已过时。尤其是，他怀疑在美国海军战略中使用战列舰的有效性。如果美国海军仍是一支仅用于防护海岸线的军队，那么更小、更廉价的装甲巡洋舰队已经足够。战列舰预示着美国需要采取跨洋主动进攻战略，这和美国由来已久的战略不相符。

罗斯福开始在幕后运筹帷幄，他再次向马汉求助。1897年6月9日，他在一封信中告诉马汉：“我此番话语可谓绝对秘密……海军部部长朗对组建我们的海军态度暧昧，在战列舰这个话题上尤甚。事实上，他反对增加我们的战列舰。这件事于我而言，是个值得密切关注的问题。我忖度，您应当给他去函——不是现在，而是在将来的某个时间——向
17 他适当解释一番当前拥有更多战列舰的重要性。”[79]而最终，罗斯福认识

到，要消除美国民众的消极情绪，他需要的不仅仅是马汉的协助。[80]

罗斯福深信美国在不远的将来会面对来自日本或西班牙的冲突，于是，他开始寻觅扩大舰队的计策。1897 年 9 月 29 日，他开始行动，请求与海军部长会面，商讨海军政策的重大变化。[81]翌日早上，罗斯福给约翰·D·朗呈递了一份详细的备忘录。在充分利用金博尔主导制定的作战计划的基础上，他制定了自己的政策建议，其依据的背景是：美国即将兼并夏威夷，同时在西半球推行门罗主义，抵御来自欧洲殖民国家不断增加压力的政策，如今正面临挑战。罗斯福提示他的上级，战列舰可起到双重作用：维护和平；赢得战争。他将战列舰舰队称作“最廉价的保险”。接下来他陈述了自己的具体需求：“我认为国会应立即给我们提供 6 艘新战列舰——2 艘配置在太平洋，4 艘配置在大西洋——和 6 艘大小与‘布鲁克林’号（*Brooklyn*）相当的大型巡洋舰。”他针对组建海军这一问题，展示出了自己精深的见解，将朗的注意力转向美国对新的干船坞和增加现存修复设备的需求。另外，罗斯福敦促位于华盛顿的海军军工厂应尽快用生产出来的新型速射武器淘汰掉过时的火炮。最后，他建议购买自动推进武器，留作储备。[82]

在罗斯福强有力的论据和其人格魅力的影响之下，朗开始被磨得失去了耐心。这位海军部部长的日记表明，由于精神上和体力上的疲劳，他开始顺从罗斯福。例如，在 1898 年 1 月 13 日，他在日记中写道：“忙碌的早上。罗斯福先生走进来，关上门，以他惯有的坚决而又较真的语气开始……他谈及的海上和军事的行动方案，以及为紧急事件所准备的行动计划的必要性，都让我厌烦。到明天早上，他肯定会召集六七位部局的领导，浪费 20 张上好的书写纸，而且一夜没睡。”[83]从约翰·D·朗的语气很容易发现，他不认为海军部有什么事情值得通宵达旦地工作。于是海军部门开始出现由约翰·D·朗签署但代表着罗斯福思想的文件。

罗斯福自信于其事业的正义性和最终的胜利，从而将自己的焦点转向了作战舰队。现在，对舰队日常的管理是军队领导的机密特权。罗斯福需要一个极有影响力的人的援助，对当前服役的船舰进行充分配给， 18
此事当从速进行。美国和西班牙的关系压力激增，但是海军在备战上却不容乐观。罗斯福经过数月的深思熟虑，准备好了辩论理由，对马汉和洛奇书面以及口头的意见进行辩驳。他以自身的说服能力来影响那个掌握最高权力的人：威廉·麦金莱。

自从上任时起，罗斯福就开始设法通过一个有系统的、循序渐进的过程，引起总统对海军的兴趣。[84]罗斯福从对舰队中每只舰船作战能力的分析开始，继而详细纵览了舰队的作战战术和战略，最后对高级指挥官的性格进行了剖析。他的最终要求是，把舰队部署在靠近古巴和菲律宾群岛的地区，以应对可能发生的敌对行动。[85]麦金莱在美国内战中从一名列兵加衔至少校，他对海军的未来态度温和而暧昧。对西班牙或日本迫近的威胁，他根本不以为然。麦金莱对如此重要的话题无动于衷，这让罗斯福感到丧气，然而，他向总统许诺："战争开始时海军部门定会处于我们所能达到的最佳状态。"[86]他将麦金莱的无动于衷理解为默许，然后继续推行他的思想，仿佛这是他理应完成的任务。

备 战

罗斯福以其典型的不懈的热情，着手准备美国海军，以备和西班牙开战。得力于马汉的"力量投射"理论和金博尔的作战方案，罗斯福提升了当前在美国海岸或外国海域巡逻的松散的分舰队的编队和操练方式，使其成为有凝聚力的战斗群。1897 年 6 月，作为朗不在海军部时的代理部长，罗斯福针对一个授权在 8 月展开海上演习的命令做了补充。"我迫切希望看到你们尝试我们由 7 艘远洋装甲舰组成的分舰队，"他写道，"虽然它由 3 艘一级战列舰、2 艘二级战列舰和 2 艘装甲巡洋舰组成，但是，从舰种来说，他们十分接近，所以，可以用他们来进行演习；如果我们要打一场海战的话，我认为它们都会加入编队参战。"于是，他不请自来，观看了射击演习。[87]

19 罗斯福下令让美国舰队以一支有凝聚力的军队的形式进行演习，这之后他转而考虑这些军队力量在哪里最能发挥效力。"缅因"号（*Maine*）

在哈瓦那港（Havana Harbor）沉没①的数月前，罗斯福向马汉吐露，他在推行这样一种战略：将大西洋舰队的主力部署在基韦斯特（Key West）②，其余的力量调转至西班牙的海岸，以骚扰商务船运以及向特定的几个西班牙港口挑衅。在太平洋地区，罗斯福认为，“我军亚洲分舰队应该封锁马尼拉，如有必要的话，占领它。”[88]这位副部长警告道：美国必须行动迅捷，以免引起欧洲强大的帝国主义侵略者的关注。

1898年1月14日，西奥多·罗斯福极力说服海军部部长朗让海军备战。他警告说，没有充分准备而陷入战争的话，会招致灾难，进而具体要求彻底调整海军部署。罗斯福引用了金博尔的作战方案，并再次建议将大西洋舰队立即调往基韦斯特，让新上任的亚洲分舰队的指挥官乔治·杜威准将受命在菲律宾群岛备战。[89]朗考虑了罗斯福的建议，尽管西奥多·罗斯福连珠式的思维继续搅扰着他，但他仍是无所行动。

正如19世纪的陆军需要填饱肚子行军一样，世纪之交的海军军舰需要依赖煤的稳定供应。所有的远洋海军均需要海外基地进行其船舰的维护，或者至少需要大量的支援船只来提供中途的补给。几年来，罗斯福、洛奇和马汉都支持两种方式双管齐下。虽然兼并夏威夷给美国在太平洋的行动提供了一个中枢，而建立起必要的基础设施则需要耗费数年的时间——这样的时间在罗斯福看来是国家不能提供的。罗斯福在预想一支能在三个地区独立作战的海军。古巴有临近的优势，而西班牙海岸和菲律宾群岛则没有。为了让美国的舰队能在美国领海之外执行更长期的任务，罗斯福游说他的上级，劝他们进行煤和运输船（跟随战舰进行补给的煤船）的战略储备，增强远期维护设备的工作能力。

1897年年末，华盛顿迎来了冬天，同时美西关系也日渐紧张，罗斯福在给洛奇、朗和麦金莱的书信中不断以愈加尖锐的笔调强调，尽最大

① 1898年2月15日，美国军舰“缅因”号停泊在古巴哈瓦那港时发生爆炸，数百人伤亡。因为当时的古巴是西班牙殖民地，美国指责西班牙策划了这一事件，并借此对西宣战，从西班牙手中夺走了古巴和菲律宾。而爆炸的真实原因至今不明，存在煤舱自燃、美国自导自演等几种说法。——译者注

② 美国佛罗里达州西南，墨西哥湾中的一个小岛。——译者注

20 努力为战列舰维持煤炭供应的重要性。[90]罗斯福大胆恳求朗号令大西洋舰队“储备煤炭，待命作战”，并建议为每艘战舰配备“充足的运煤船”。[91]

罗斯福更加积极地为海军谋取新的炮火和附带的弹药。通过在各种海军计划署和委员会数月的研习，他掌握了各种火炮系统的性能和效能的广泛差异。美国海军自身的火炮系统数年来饱受忽略和漠视，其发展被遏止，但是罗斯福的调查研究使得他了解了新兴的技术。[92]而不幸的是，许多的新武器被安装到了陈旧的战舰上，而更新、更快的船舰则装备了更旧的火炮。1897 年 6 月，罗斯福在一封给一个海军工程师的信中说道：

> “我们需要把战列舰和巡洋舰上陈旧的慢射火炮换成现代化的速射火炮。“哈特福德”号（*Hartford*）根据法律已经装备了速射炮组，但这些火炮装在“哈特福德”号上毫无用处，至少没有装在“费拉德尔菲亚”号（*Philadelphia*）和“圣弗兰西斯科”号（*San Francisco*）上那么有用。我现在急于和你商讨，是不是有办法能把这种炮组安装在这两艘战舰中的一艘上，以发挥火炮的真正效用。”[93]

罗斯福在接下来的整个夏天的信函中，都不断提及最强力的武器和最强力的战舰结合的必要性。[94]一次谈到一项将所有战列舰上陈旧的 8 英寸炮整体替换为 6 英寸速射炮的命令时，他写道，“我个人为这些战列舰上的 8 英寸炮遭卸载感到遗憾。这种 8 英寸炮从某种程度上说是一种穿甲弹，而 6 英寸炮则不是。”[95]鉴于战争威胁的不断逼近，罗斯福指示海军兵工厂生产的新火炮应该“尽快”安装。[96]

罗斯福由此及彼地想到，新的火炮需要新的弹药。数年来，海军的弹药供应一直短缺。紧缩的财政预算迫使海军领导者们对武器的发射进行限制。这种情况严重到指挥官们需要对每一发炮弹负责，一旦超过支出，他们就面临自己负担额外费用的可能。在海军部任职期间，罗斯福设法缓解舰长们的这种压力，他鼓励海军多进行实弹演习以便提高火炮的精准度。[97]他随大西洋舰队出航，前去观看海军的射击演习，回来之后对新式武器平添由衷的敬意。然而他的顾虑是，在舰队之间多重交火
21 的情况下，现有的弹药储备难以满足冲突所需。在预测开支时，他写道："我们应该提供合理的炮弹储备（共约 9 000 发），以便能够为所有的战舰补充弹药。"[98]在写给朗的书信中，他将对弹药的需求描述为"紧急需求"。[99]

罗斯福在此时期的信函中反复提到，有必要让所有可用的战舰处于高度备战状态。这个意见和他个人所持的推行备战的思想是一致的。在 1897 年到 1898 年这个过渡时期，他的注意力从海上服役的战舰转向在泊船设施维修的舰只。[100]罗斯福急切地想要打造最强大的力量来对抗敌人，他不会忽略任何一艘船舰。[101]不管是战列舰还是在内战后使用的小型浅水重炮舰，在他的计划里都有一定的作用。速度是要旨。罗斯福对亨利·亚当斯的精神作了进一步强化，要求身边的人采取连续行动。这段时期的一封代表性的书信中满是"火速"、"尽快"等字眼，并附有时限，比如"48 小时之内"。[102]罗斯福在这个时期采取的每一步行动都深具紧迫性。

西奥多·罗斯福自视为"一屋子盲人中唯一的一个有视力的人"，他的书信显露出他愈加迫切地让美国备战的心态。1898 年 2 月 25 日星期五，约翰·D·朗走进办公室，在一夜不眠之后他显得疲惫、紧张和暴躁。"缅因"号在哈瓦那港灾难性的毁灭加速了战争的到来，这让他难以安眠。在做了一点工作之后，他表示下午要返家休息，让他的副部长代理职务。他现在对罗斯福的看法已经改变，因为这位副部长曾向他警告过并努力准备应对的战争，已经近在眼前了。他在当晚的日记里这样描述罗斯福："他如此富有激情，如此忠诚，从某些方面来看，他是个不可多得之人。但是，我对他的判断力和谨慎还缺乏信心。他容易冲动发火。若我今晚能安然入睡，我感觉明日应当返回海军部，无须休假一日。"[103]

朗的顾虑不是没有道理。在他离开海军部之后，西奥多·罗斯福便

关上房门，开始向舰队下达其系列电报中的第一条信息：“海底电报，香港，杜威收。命除“莫诺卡西”号（*Monocacy*）外之分舰队开至香港。储满煤。一旦与西班牙宣战，尔等使命为，令西班牙分舰队留在亚洲海岸，继而伺机出击菲律宾群岛。坚守奥林匹亚（Olympia），等候指令。”[104]

22

后续结局

当海军部部长约翰·D·朗翌日返回海军部时，他惊讶地发现在他离开期间，他的副部长已经开始了一系列的行动，这些行动有将美国海军从近岸防御这项基本使命向军事实力投射转移之可能。在5小时之久的忙乱中，海军部副部长命令在大西洋和太平洋的战舰向前推进，指示购买、存储额外的煤和弹药，将华盛顿海军工厂的尖端火炮转移至纽约的战列舰之上，并命令在舰内停靠的快船时刻为紧急行动待命。[105]罗斯福以及海军部做出此项举措时，并未获得总统的批准或指示，这在美国政治中不是一件好事。约翰·朗被他这位下属的重大之举所震惊，他在日记里写道：“他昨天下午似乎被魔鬼附体了。”[106]

西奥多·罗斯福未获其上级的许可擅自行动，此事无须讨论。因为在那一天，不管是总统还是海军部长，本来都应该批准他的方案。但是，他们获得了行动简报；他们知道行动的细节却拒绝发起行动。数月以来，罗斯福向他们讲明了战时海军需具备的条件，但是他们——因为哲学、政治经济学或者是无知——忽视了罗斯福。虽然罗斯福的行动招致了极其强烈的负面反应（因为这些行动，他自此再也没有单独负责过部门事务），但是，回顾海军书信集可以发现，罗斯福发布的任何一份电报、要求或者命令，后来都未被撤销。

23 1898年2月25日，罗斯福的行动使他的朋友马汉和洛奇感到满意：他满足了二人的战略眼光，但罗斯福本人并不满意。在他尽其所能孤注一掷后，他意识到，他在海军部没有未来。这种想法甚至在朗第二天回到办公室之前就已萌生。2 月 25 日，他的最后一封信写给了 C · 惠特尼 · 蒂林哈斯特（C. Whitney Tillinghast）将军，罗斯福家所在的纽约州的国民警卫队将级司令官，罗斯福在信中警告后者应开始让自己的部队待命，为即将到来的冲突做好准备。罗斯福提出了一个简单的请求作为对提供如此重要信息的回馈："恳请知悉，我有几分离开之意。"[107]西奥多 · 罗斯福不久之后就辞去了海军部的职务。他再也不会将自己局限在华盛顿特区甚至是美国国内了。他成为了复杂难解的世界中活跃的一分子。

1898 年 5 月，西奥多 · 罗斯福辞去了海军部副部长的职位，转而在美国第一志愿骑兵团任副指挥官一职，该骑兵团后来获得"勇猛骑兵团"（Rough Riders）的美名。[108]罗斯福不久被擢升至上校，有了指挥兵团的权力，此后，他带领骑兵团向古巴圣胡安高地（San Juan Heights）的凯特尔山（Kettle Hill）发起了那次骁勇的冲锋。他的指挥官因为他的英雄行动而提名授予他国会荣誉勋章，但该提名遭到了罗斯福的政治对手——陆军部长的阻挠（该勋章于 103 年后授予了罗斯福家族）。不过，罗斯福在战场上的英勇之举使他成了一位民族英雄，他回到纽约州，赢得了纽约州州长的竞选。

待在阿尔巴尼市（Albany）担任纽约州州长的工作对罗斯福而言实在是大材小用了，他继续致力于增加自己在国内和国际事件中的影响力。1900 年 2 月，国务卿海约翰（John Hay）和英国大使签订了一项协议，将美国修建连接大西洋和太平洋运河的独占权利予以转让。[109]罗斯福站出来强烈反对该项协议，并和他的朋友亨利 · 卡伯特一道积极游说，反对参议院批准该项协议。[110]他的这种行动伤害了海约翰的感情，他本是罗斯福已故父亲的一位旧友，而且耗费了很大的努力来批准这项协议。罗斯福在一封信中为他的行动进行解释，他称自己是原则性地反对这项协议。海约翰的协议会禁止在运河上修建防御工事，而罗斯福认为在港口修建防御工事的能力对美国舰队主动出击极为关键。像运河这样的资产处于不受保护的状态会使美国舰队为了保护运河而受牵制。第二，此项协议产生了一个共有权的问题，这是有悖于门罗主义的，会招致其他国家在加勒比海地区寻觅领土和其他战略位置。[111]

罗斯福那种对政治改革不竭的精力使纽约政府欲寻机免去阿尔巴尼市这位年轻州长的职务。罗斯福在战场上的美名似乎是他赢得连任的保证，这名誉也使得他具备了副总统候选人的资格，1899 年，美国副总统加雷特·霍巴特（Garret Hobart）去世后这一职位出现空缺。[112] 虽然在 1897 年，麦金莱总统曾拒绝罗斯福作为其总统非正式顾问团的成员，但这位年轻的纽约政治明星的才华使他成为 1900 年共和党参加竞选的候选人名单中一个耀眼的竞选伙伴。竞选很成功，但悲惨的是，1901 年 9 月，麦金莱被杀手刺死，这次刺杀让罗斯福在 41 岁之际成为美国最年轻的总统。罗斯福青年般的活力和富有条理的国家战略相得益彰，即把外
24 交和军事实力合并，构成一个有效的整体。他还有曾在美国政府最高层做出过决策这一经验优势，以及在枪林弹雨的战斗中展现自身英勇品质的声望。这一切使得他处于成功的有利位置。

注释：

引文出自 Owen Wister, *Roosevelt, the Story of a Friendship*, 1880—1919 (New York: Macmillan, 1930), 24. Portions of this chapter appeared previously in "Roosevelt's Naval Thinking prior to Mahan," in *Theodore Roosevelt, the U. S. Navy and the Spanish American War* (New York: Palgrave Press, 2001); and "Fulcrum of Greatness," *Naval History Magazine* (December 2002).

[1] Henry Adams, *The Education of Henry Adams* (New York: Random House, 1931), 417.

[2] Edmund Morris, " 'A Matter of Extreme Urgency': Theodore Roosevelt, Wilhelm Ⅱ, and the Venezuela Crisis of 1902," *Naval War College Review* 55, no. 2 (2002): 73.

[3] H. W. Brands, *T. R.: The Last Romantic* (New York: Basic Books, 1997), 62 - 63; Theodore Roosevelt, *The Naval War of* 1812, Vol. 2 of *The Works of Theodore Roosevelt*, National Edition (New York: Scribner's, 1926), xi.

[4] Morris, "A Matter of Extreme Urgency," 73.

[5] "Theodore Roosevelt: The Winning of the West," C - SPAN American Writers, http: //www. americanwriters. org/writers/Roosevelt. asp.

[6] Theodore Roosevelt, *Theodore Roosevelt, an Autobiography*, Vol. 20 of *The Works of Theodore Roosevelt*, National Edition (New York: Scribner's, 1926), 3.

[7] Pringle, *Theodore Roosevelt*, 6 - 7.

[8] Brands, *T. R.*, 19; David McCullogh, *Mornings on Horseback* (New York: Simon and Schuster, 1981) 57; Nathan Miller, *Theodore Roosevelt, a Life* (New York: William Morrow, 1992), 33; Edmund Morris, *The Rise of Theodore Roosevelt* (New York: Coward, McCann and Geoghegan, 1979), 39 - 40; Edward J. Renehan, *The Lion's Pride* (New York: Oxford University Press, 1998), 24 - 25.

[9] Morris, *The Rise of Theodore Roosevelt*, 38 - 39.

[10] James D. Bulloch, *The Secret Service of the Confederate States in Europe* (London: Bentley and Son, 1883), 4.

[11] Roosevelt, *Autobiography*, 14 - 15.

[12] Bulloch, *Secret Service of the Confederate States in Europe*, 7 - 17.

[13] William R. Thayer, *Theodore Roosevelt* (New York: Grosset and Dunlap, 1919), 6.

[14] Morris, *The Rise of Theodore Roosevelt*, 43.

[15] F. C. Iglehart, *Theodore Roosevelt: The Man as I Knew Him* (New York: Christian Herald, 1919), 121 - 122.

[16] There is a common misperception that Theodore Roosevelt routinely went by the nickname "Teddy." This is not true. Family and close friends called him "Teedie" or "Tee" (Morris, *The Rise of Theodore Roosevelt*, 331).

[17] Roosevelt, *Autobiography*, 18.

[18] William S. Dudley, "Naval Historians and the War of 1812," *Naval History* 4 (Spring 1990): 53.

[19] Roosevelt, *Autobiography*, ix.

[20] Theodore Roosevelt to Anna Roosevelt, 21 August 1881, *TLTR*, 1: 50.

[21] Theodore Roosevelt to Martha Roosevelt, 14 September 1881, *TLTR*, 1: 52.

[22] Roosevelt, *Autobiography*, 24.

[23] Wister, *Roosevelt, the Story of a Friendship*, 24.

[24] Frederick Merk, *Manifest Destiny and Mission in American History: A Reinterpretation* (New York: Alfred A. Knopf, 1963), 228 - 265.

[25] Pratt, *History of U. S. Foreign Policy*, 219 - 242.

[26] Walter LaFeber, *The New Empire: An Interpretation of American Expansion*, 1860—1898 (Ithaca, N. Y.: Cornell University Press, 1963).

[27] Morris, *The Rise of Theodore Roosevelt*, 773 - 774.

[28] Peter Karsten, "The Nature of 'Influence,'" *American Quarterly* 23 (Fall 1971): 588.

[29] Capt. Edward L. Beach, *The United States Navy* (New York: Henry Holt, 1986), 330.

[30] Capt. W. D. Puleston, *Mahan: The Life and Work of Captain Alfred T. Mahan, USN* (New Haven: Yale University Press, 1939), 69.

[31] Karsten, "The Nature of Influence," 587 - 588.

[32] Warren Zimmermann, *First Great Triumph: How Five Americans Made Their Country a World Power* (New York: Farrar, Straus and Giroux, 2002), 197.

[33] Theodore Roosevelt, *Thomas Hart Benton. Gouverneur Morris*, Vol. 7 in *The Works of Theodore Roosevelt*, National Edition (New York: Scribner's, 1926), 423.

[34] Elbert B. Smith, *Magnificent Missourian: Thomas Hart Benton* (Philadelphia: Lippincott, 1957), 225 - 227.

[35] 同上, 174 - 175.

[36] Roosevelt, *The Naval War of* 1812, 405 - 406.

[37] Roosevelt to Henry Cabot Lodge, 22 January 1888, in Henry C. Lodge and Theodore Roosevelt, *Selections from the Correspondence of Theodore Roosevelt and Henry Cabot Lodge* (New York: Scribner's, 1925), 63 (以下缩写为 *SCTRHL*).

[38] Guy Cane, "Sea Power——Teddy's Big Stick," *U. S. Naval Institute Proceedings* 102, no. 8 (1976): 41.

[39] Zimmermann, *First Great Triumph*, 89.

[40] Harold Sprout and Margaret Sprout, *The Rise of American Naval Power*, 1776—1918 (Princeton: Princeton University Press, 1939), 202 - 203.

[41] Roosevelt to Mahan, 12 May 1890, *TLTR*, 1: 222.

[42] William L. Langer, *The Diplomacy of Imperialism* (New York: Alfred A. Knopf, 1951), 419.

[43] Roosevelt to James S. Clarkson, 22 April 1893, *TLTR*, 1: 313.

[44] Zimmermann, *First Great Triumph*, 155 - 162.

[45] Ernest R. May, *American Imperialism* (New York: Atheneum, 1968), 27.

[46] Morris, *The Rise of Theodore Roosevelt*, 259.

[47] William C. Widenor, *Henry Cabot Lodge and the Search for an American Foreign Policy* (Berkeley: University of California Press, 1980), 88.

[48] Pratt, *History of U. S. Foreign Policy*, 223.

[49] Zimmermann, *First Great Triumph*, 150 - 151.

[50] Roosevelt to Clarkson, 22 April 1893, *TLTR*, 1: 313.

[51] Roosevelt to the editors of the *Harvard Crimson*, 2 January 1896, *TLTR*, 1: 505 - 506.

[52] Theodore Roosevelt, *American Ideals and Other Essays, Social and Political* (New York: Scribner's, 1906), 50.

[53] LaFeber, *The New Empire*, 195.

[54] Roosevelt, *The Naval War of* 1812, 143 - 144.

[55] 同上.

[56] Roosevelt, *Autobiography*, 133, 173.

[57] Mrs. Bellamy Storer, "How Theodore Roosevelt Was Appointed Assistant Secretary of the Navy," *Harper's Magazine*, 1901, Theodore Roosevelt Collection, Harvard University (以下缩写为 TRC).

[58] Lodge to Roosevelt, 2 December 1896, *SCTRHL*, 240 - 241.

[59. Zimmermann, *First Great Triumph*, 238.

[60] *Review of Reviews* 15, no. 5 (1897): 518.

[61] Roosevelt to Lodge, 23 March 1897, *TLTR*, 1: 590.

[62] Roosevelt to Capt. Bowman McCalla, 19 April 1897, *TLTR*, 1: 599.

[63] Wendell D. Garrett, "John Davis Long, Secretary of the Navy, 1897—1902: A Study in Changing Political Alignments," *New England Quarterly* 31, no. 3 (1958): 295.

[64] John Long, *The Journal of John D. Long*, ed. Margaret Long (Ringe, N. H.: Richard R. Smith, 1956), 209.

[65] Roosevelt to Cecil Spring Rice, 28 April 1897, *TLTR*, 1: 604.

[66] Long, 21 April 1897, *Journal.*

[67] Roosevelt to John D. Long, 26 April 1897, *TLTR*, 1: 603 - 604.

[68] "Armed or Unarmed Peace," *Harper's Weekly* 41, no. 2113 (19 June 1897): 603.

[69] Theodore Roosevelt, *American Ideals. The Strenuous Life. Realizable Ideals*, Vol. 13 in *The Works of Theodore Roosevelt*, National Edition (New York: Scribner's, 1926), 182 - 199.

[70] May, *American Imperialism*, 192 - 230.

[71] Morris, *The Rise of Theodore Roosevelt*, 571 - 572.

[72] Roosevelt to Senator Cushman Davis, 13 August 1897, *TLTR*, 1: 649.

[73] Roosevelt to Long, 18 June 1897, *TLTR*, 1: 628.

[74] Roosevelt to Lodge, 17 August 1897, *SCTRHL*, 1: 272.

[75] Roosevelt to Bellamy Storer, 19 August 1897, *TLTR*, 1: 655.

[76] Roosevelt to Mahan, 3 May 1897, *TLTR*, 1: 607.

[77] Roosevelt to Capt. Henry Taylor, 24 May 1897, *TLTR*, 1: 617.

[78] Clark G. Reynolds, *Famous American Admirals* (Annapolis: Naval Institute Press, 1978), 173 - 174.

[79] Roosevelt to Mahan, 9 June 1897, *TLTR*, 1: 622 - 623.

[80] Roosevelt to McCalla, 3 August 1897, *TLTR*, 1: 636.

[81] Roosevelt to Lodge, 29 September 1897, *SCTRHL*, 1: 284.

[82] Roosevelt to Long, 30 September 1897, *TLTR*, 1: 695 - 696.

[83] Long, 13 January 1898, *Journal*, 212 - 213.

[84] Roosevelt to William McKinley, 26 April 1897, *TLTR*, 1: 602 - 603.

[85] Roosevelt to Lodge, 21 September 1897, *SCTRHL*, 1: 278.

[86] Roosevelt to Lodge, 15 September 1897, *TLTR*, 1: 676 - 677.

[87] Roosevelt to Adm. Montgomery Sicard, 17 June 1897, *TLTR*, 1: 626 - 627.

[88] Roosevelt to Lodge, 21 September 1897, *SCTRHL*, 1: 278.

[89] Roosevelt to Long, 14 January 1898, *TLTR*, 1: 759 - 762.

[90] Roosevelt to Lodge, 21 September 1897, *SCTRHL*, 1: 278.

[91] Roosevelt to Long, 14 January 1898, *TLTR*, 1: 759 - 762.

[92] Roosevelt to Capt. William Cowles, 5 April 1896; Roosevelt to Cowles, 20 June 1896; Roosevelt to Richard Dana, 8 May 1897; Roosevelt to Long, 30 September 1897, *TLTR*, 1: 524, 544, 609 - 610, 695 - 696.

[93] Roosevelt to Charles A. Boutelle, 22 June 1897, *TLTR*, 1: 629.

[94] Roosevelt to Long, 18 February 1898, *TLTR*, 1: 778 - 779.

[95] Roosevelt to Cowles, 3 August 1897, *TLTR*, 1: 637.

[96] Roosevelt to Long, 30 September 1897, *TLTR*, 1: 695–696.

[97] Roosevelt to Boutelle, 21 August 1897; Roosevelt to William Bigelow, 29 October 1897; Roosevelt to Capt. Arent Crowninshield, 24 November 1897, *TLTR*, 1: 656, 702, 720.

[98] Roosevelt to Long, 30 September 1897, *TLTR*, 1: 695–696.

[99] Roosevelt to Cowles, 3 August 1897, *TLTR*, 1: 637.

[100] Roosevelt to Long, 9 August 1897, *TLTR*, 1: 642.

[101] Roosevelt to Long, 13 August 1897, *TLTR*, 1: 650.

[102] Roosevelt to Lodge, 21 September 1897, *SCTRHL*, 1: 278.

[103] Long, *Journal*, 216.

[104] Roosevelt to Commo. George Dewey, 25 February 1898, *TLTR*, 1: 784–785.

[105] The original letter books from which these orders were extracted are located in Record Group（以下缩写为 RG）80, Records of the Department of the Navy, National Archives（以下缩写为 NARA）, Washington, D. C.

[106] Long, *Journal*, 216–217.

[107] Roosevelt to Gen. Whitney Tillinghast, 25 February 1898, *TLTR*, 1: 784.

[108] *TLTR*, 2: 1 495.

[109] Walter LaFeber, *The Cambridge History of American Foreign Policy* (Cambridge, Mass.: Cambridge University Press, 1993), 2: 192.

[110] Thayer, *Theodore Roosevelt*, 180.

[111] Roosevelt to John Hay, 18 February 1900, *TLTR*, 2: 1 192.

[112] James D. Richardson, ed., *Compilation of the Messages and Papers of the Presidents*, (New York: Bureau of National Literature and Art, 1920), 14: 6 522–6 523.

第二章

125

强大的军力和 1902—1903 年的委内瑞拉危机

> 但是，我认为我成功地对德皇施加了影响，不露声色地、非官方地、以同样的彬彬有礼强调道：在加勒比海地区进行领土扩张是对门罗主义的妨害，意味着没有终结，立刻、毫不拖延的战争。
>
> ——西奥多·罗斯福，1905 年 11 月 1 日

近代历史中鲜有像 1902—1903 年的委内瑞拉危机那样扑朔迷离的事件。一个多世纪以来，史学家们针对西奥多·罗斯福对 1902 年冬天发生的事件追忆的准确程度辩论不休。许多传记作者和外交史学家指出，罗斯福的描述缺乏时代证据。然而，他们无一例外地忽略了参与支持罗斯福政策的部队的行动记录。通过仔细研究当时行动现场的军事指挥官的服役记录，人们可以发现罗斯福在 1902 年冬至 1903 年在加勒比海地区的真实意图。

委内瑞拉谜团始于罗斯福在之后的信函中所坚持的主张。罗斯福称他曾积极地胁迫欧洲的封港舰接受调停，此事一直不为人所知，直到 1915 年 10 月，一封罗斯福的信函出现在前国务卿海约翰的传记附录之中时，此事才被公之于众。[1] 传记的作者，威廉·R·萨尔（William R. Thayer）将这封信附于传记之中，凸显罗斯福执政早期的一次不为人知的外交危机。该信书于 1915 年年初，以总统的视角生动地再现了 1902 年年末的危机：

> 我也相信德国意欲占领委内瑞拉的某港口，将其变成一个加强防卫的军队集合地……目的是采取某个计策控制将来的巴拿马运河（Isthmian Canal），并对南美洲事务进行总体上的控
> 26 制……德国拒绝接受调停……我终于意识到再行拖延也是徒劳，于是采取了相应的行动。我令杜威上将在波多黎各附近集结我们的舰队，以便“调遣”。我给他们下达的命令是，舰队应调集停当，保持备战状态，并能够在受命一个小时内出动……我见到了（德国）大使，清楚地向他告知：鉴于德国海军分舰队在委内瑞拉海岸驻停，我不能再让他们继续拖延对调停要求的答复；我不会默许对委内瑞拉领土任何形式的占领。大使回应说他的政府不会同意调停……于是，我请他转告德国政府，如果在接下来的10天内没有调停的消息，我即命杜威率领舰队驶往委内瑞拉海岸，确保德国政府不会对任何（委内瑞拉）领土进行占领。他表示极为关注，并告诉我是否意识到采取如此行动的严重后果……我的答案是，在做此步打算前，我已经全面地评估了代价，我请他观看地图，因为一瞥之下便可发现，和世界上其他任何一个地方相比，若美国和德国在加勒比海地区产生冲突的话，会给德国带来更大的不利。一周后，德国大使前来和我会面，谈了一些开心的话题后起身离开。我询问对于我的要求德政府是否有所回复，他说没有，我便告知他苦苦等待仍是徒劳，我将命杜威在我规定的时间的基础上提早24小时动身。他……说，他的政府不会同意调停。然而，在杜威奉命行动之前不到24小时，德国大使便通知我说，德意志皇帝陛下已指示他对我做出请求，让我进行调停。[2]

毫不夸张地说，此番描述引起了争议。在第一次世界大战在欧洲肆虐之时，许多罗斯福的批评家认为他正描述一种先前便已存在的对德国皇帝的憎恨，而这种憎恨事实上并不存在。在罗斯福总统任职期间，他曾和德国皇帝威廉二世（Wilhelm Ⅱ）定期通信，甚至曾在1910年访问德

国，并以德皇私人来客的身份观看了一次军事演习，二人随后互换了照片 27
和纪念品。他们性格相近，而且，在当代观察家们看来，二人彼此欣赏。

他的批评家们确信，当时的外交记录不支持罗斯福的说法。第一次世界大战的政治活动和罗斯福对参加 1916 年总统选举的兴趣是他的信函出现在萨尔传记中的原因。罗斯福早期的传记作者亨利·C·希尔（Henry C. Hill）和亨利·普林格（Henry Pringle）循着这条线索，密切关注了罗斯福对史实的描述和现存的外交记录之间不一致的现象。普林格甚至称罗斯福“对历史事件的记载是浪漫主义的，甚至可以说是荒唐的”，他将罗斯福的记述定义为“明显缺乏精准度”。[3]

对罗斯福的这种定位最早出现在 1996 年的论文《外交史》（*Diplomatic History*）中。在“德国的极度挑战”（“The Height of the German Challenge”）中，外交历史学家南希·米切尔（Nancy Mitchell）贬抑了罗斯福的说法，称这些言辞“让许多学者陷入了玄之又玄的对总统诚信的辩论之中”。他到底这样做了还是没做？很明显，她相信罗斯福并未发布最后通牒。[4]

早期的文章，比如西沃德·利弗莫尔（Seward Livermore）于 1945 年出版的《西奥多·罗斯福，美国海军和 1902—1903 年的委内瑞拉危机》（*Theodore Roosevelt, the American Navy, and the Venezuelan Crisis of* 1902—1903），明确地主张重新审视罗斯福在危机化险为夷的过程中所扮演的从消极旁观到积极参与的角色。[5]罗斯福的文学传记作者爱德蒙德·莫里斯更进一步地采用了这种推定法，得出了新的结论。他的研究揭示了一些实例：原本数量繁多的总统和国防部通信出现骤减，说明有人在刻意规避历史记录。他进一步解释：“因为相关记录在美国、德国和英国 3 个国家的档案中存在很大的空白，所以危机的程度……须推敲得知……”[6]莫里斯认为历史记录的空白如此明显，这和罗斯福通常的高尚人格不符，况且官方的邮件数量也有利于确定这些史实的具体时期。[7]

当今所有支持罗斯福在委内瑞拉危机中所扮演角色的记述都依赖于默证法，这些解释鲜有对美国、大不列颠和德国有关这一时期外交记录的参考，好像这些记录都很一致地规避对昔日危机史实的记录，这一点引起人们的关注。然而，这并非都是实情。

28 有关参与1902—1903年“冬日演习”的作战部队和海军指挥官的记录再现了加勒比海地区史实的清晰画面。从1902年12月8—18日的11天中，美国、英国、德国和委内瑞拉之间的未来悬于一线，西奥多·罗斯福谨慎地介入委内瑞拉和另外两个欧洲强国的外交谈判。当德国极力废除门罗主义，在南美占领殖民地，故而一再忽略美国总统调停的号召时，罗斯福命令集结好的美国大西洋舰队执行任务，在西半球确立美国至高无上的利益。

决定性因素

1901年5月，一艘德国军舰出现在委内瑞拉的玛格丽特岛（Margarita）海域，开始绘制通向港口的海图。虽然委内瑞拉在超过75年的时间里一直保持独立，但是不断煎熬于许多拉美共和国共有的疾苦：在国际大国中债台高筑，且腐败、弱小的政府无力偿还。委内瑞拉的宪政结构保留着殖民地历史中的许多专制主义特征以及持续存在的天主教、军方和有组织的地主阶级，这些群体创造并支持这样一个等级高度分化的社会系统，而这样的一个社会系统极易被贪污腐败所污染。在19世纪90年代，委内瑞拉前后有五位总统执政，轮换扮演改革家和铁腕人物的角色，但都从负责向他们的国家贷款的谈判工作中收取回扣以获得财富，这些贷款均以能让欧洲的放款国渔利为条件。当委内瑞拉负债累累而无力用纸币偿还利息之时，这些欧洲大国开始前来催债。1895年，催债导致委内瑞拉“有争议”的领土被割让给了英属圭亚那，但是，委内瑞拉防止了自身完全的殖民同化。[9]纵观此次危机始终，从美国官方措辞严厉的回应和行动中可以明显发现，美国担心委内瑞拉放弃领土的举动会刺激其他欧洲大国在此地区扩张或建立殖民领地的野心。[10]

1902年，领导的重担落在了西普里亚诺·卡斯特罗（Cipriano Castro）将军肩上，有利的历史时机让他从模式化的拉丁美洲独裁者之中脱颖而出。西普里亚诺·卡斯特罗将军是一位职业军官，19 世纪 90 年代的大部分时间都在邻国哥伦比亚流亡。他于 1899 年 5 月 23 日发起一次 29 革命，其既定目标是建立一个强大的中央政府，因为他和他的那些支持者都认为，一个强大的中央政府对推进国家的进步事业来说是必需的。[11]卡斯特罗的军事铁腕背景对他的外交政策影响深远，其外交政策是苛刻的、具有侵略性的、公开行动的集合，缺乏技巧性和差别性。美国驻委内瑞拉代表将卡斯特罗描述成一个“无知、顽固和倔强的人（原文如此）。很明显，他认为自己是一股主导世界的力量……他没有游历的经验；对外面的世界一无所知；他意识不到美德和正义的力量；他相信自己是幸运之子，靠自己一人之力即能管理他的国家，控制国家的命运。”[12]1901 年的很长一段时间里，卡斯特罗都在试图挑起哥伦比亚的内乱，企图推翻哥伦比亚政府，在玻利维亚、哥伦比亚和委内瑞拉范围之外建立一个更加伟大的委内瑞拉共和国。[13]

1901 年年末，委内瑞拉的欧洲债主们的要求到了咄咄逼人的地步，卡斯特罗总统便将注意力转向了攀升的外债问题。委内瑞拉数年内甚至连债务的利息都未曾偿还，这让德国、英国和意大利愈加担忧。卡斯特罗把它们提出的经济补偿要求都转移给了委内瑞拉的法院系统，法院的席位全部由卡斯特罗的支持者们所占据，做出的裁断都是为了保护委内瑞拉的利益。另外，卡斯特罗的海军在海上扣押外国船只和货物，在委内瑞拉的外国人住所遭抢掠。[14]而当欧洲大国威胁诉诸武力干预以收取债款并解决其他的针对外国人的犯罪问题之时，卡斯特罗明确表示，他相信门罗主义能够有效庇护他的国家。[15]

门罗主义于 1823 年由詹姆斯·门罗总统和其国务卿约翰·昆西·亚当斯（John Quincy Adams）① 首次阐明，它阻止了欧洲在西半球进行殖民扩张的企图。[16]美国内战的影响和美国海军的惨痛状况使得美国在 19 世纪的绝大部分时间里没有推行门罗主义的工具。阻止欧洲向西半球扩张就成了英国的责任。英国在加拿大和加勒比海地区的殖民和商业利益使

① 美国第 6 任总统。——译者注

得它成为美国战略中的隐秘伙伴，即使在它自身的政策和美国政策在其他领域互相冲突的情况下也是如此。[17]美国愿意接受这种依赖关系，直到19世纪的最后10年，“日不落帝国”给英国带来的负担，美国海军的兴起以及连续三次的危机（1891年的巴西危机、1894年的尼加拉瓜危机和1895年的委内瑞拉危机）迫使英、美两国重新考虑了其伙伴关系的
30 性质。[18]而对于委内瑞拉，亲英派的国务卿海约翰明确表示，门罗主义从不保护一个有不义之举的国家。欧洲各国列强，在德国和大不列颠的领导下，准备考验美国的消极主义的极限。

虽然威廉·麦金莱总统名义上支持欧洲国家，鼓励卡斯特罗努力做到诚信地偿还贷款，但是，他的副总统采取的却是更为强硬的路线。[19]副总统西奥多·罗斯福宽慰美国南部的邻国，称门罗主义不会对它们构成威胁，但是，对意图在新大陆寻求永久性领土的“旧世界力量”来说，则意味着一定程度的矛盾。[20]他甚至特意直接向德国总领事清楚地阐明了个人对门罗主义的理解，并鼓励他向特奥多尔·冯·霍勒本（Theodor von Holleben）大使和德皇威廉（Kaiser Wilhelm）传达这个意思。[21]两个月后，霍勒本大使拜访了罗斯福，代表德国表示了对威廉·麦金莱总统遇刺的同情。由此可见，这番谈话定是对这位德国大使产生了很大影响。

1901年9月，在罗斯福开始第一届总统任期的最初几天里，那些欧洲大国对西半球施加了很大的影响（表1），这些欧洲国家有为数众多的殖民地散布在加勒比海地区，而且在南美有数量可观的商业投资。罗斯福深知欧洲各主要国家不欢迎他对1823年门罗主义扩张性的解读。欲让此政策有所成效，必须以可靠的军事力量做后盾，这之后才能让欧洲的帝国信服，他能够使用这种力量。

表1　海军战斗力排名，1901年

	大不列颠	法国	德国	美国	日本
战列舰	28	9	15	10	6
巡洋舰	120	37	26	20	31

资料来源：海军年鉴（华盛顿特区：政府印务局，1909），655－657。

海军强制外交 31

入主白宫不久，西奥多·罗斯福就收到一份海军少将罗布利·D·埃文斯提交给前任总统的报告，报告对“我们的海军在战时的真正价值”提出了质疑。埃文斯的报告代表海军总理事会——一个成立于1901年的由十几位高级军官组成的旨在向海军部部长针对作战方案、舰队部署、基地建设等提出建议的顾问团。埃文斯继续详细陈述了一旦爆发战争，其他主要海军强国所拥有的战舰的战斗力。[22]埃文斯对美国、欧洲的帝国力量以及在太平洋崛起的日本等国之间的海军实力进行了考察，他注意到“即使是再迟钝的观察者也能发现它们之间存在的显著差异，并意识到倘若当前诸多国际问题中的任何一个问题迫使我们诉诸战争，我们将身处怎样不可靠的处境。”埃文斯总结道，“总理事会敦促加速建造已经授权的战舰……同时，进一步增加现有的战舰数量，这同样有必要，或者说更有必要……这些均应以极尽强调的方式提醒国会。[23]罗斯福的反应仍是一贯性的兴致高涨。“我正在绞尽脑汁，”在就任总统的第一个月内，他向朋友诉说，“继续壮大海军。”[24]身为美国首席外交官和美军总司令的罗斯福，正清晰地勾勒着其需要壮大的海军力量。

罗斯福让欧洲的领导者们左右为难。美国民主的民粹主义秉性导致了其多变的外交政策以及前后矛盾的对外声明，这些主要是为国内内政定制的。[25]罗斯福更具全球眼界，他在拟制自己的声明之时将国内人民和外国听众放在同等的位置上，而在外交政策方面他也并没有夸夸其谈。[26]这位门罗主义忠实的拥护者将1901年发布的一份德国公报认定为对美国的挑战和对其个人的冒犯，如果德国和英国领事馆的外交家们了解罗斯福其人并回顾过他之前的声明，他们就不会感觉诧异了。那份德国公报称，虽然德国和盟友大不列颠不以获取领土为目的，但是，情况所需之时它们会“暂时占领”委内瑞拉的港口及海关。

罗斯福对这样的言辞深感不满。[27]毕竟，德皇的兄弟最近已“暂时” 32

占领了中国的领土，继而（以武力威胁）进行谈判，条件是对租借地享有99年的租期。[28]海军少将亨利·克雷·泰勒（Henry Clay Taylor），兼任美国航海局（Bureau of Navigation）局长和总统的海军高级顾问，他在一份给总统的备忘录中写道，假如委内瑞拉不理睬欧洲的封锁，那么这些国家将会以轰炸港口设施并入侵委内瑞拉作为回应。目前，德国在此种情况下常用的战略无非是要求赔偿金以弥补冲突带来的损失。国务卿海约翰早在几年前任驻英国大使时，便已对德国的这种战略发表过意见："德国人的思维是，无论何处爆发战争，若德国无利可图就太不公平了。"[29]泰勒在备忘录中总结道，根据经典的欧洲政策模式，卡斯特罗总统"只能提供自己的领土"，从而保证德国在南美大陆获得据点。[30]巴拿马运河穿越中美洲地峡将南北美洲连接，而委内瑞拉俯视通往运河的关键通道，这位年轻的美国总统准确无误地意识到会有这样的一个前景：德国会在此建立海军基地，或者是一个活跃的海军殖民地，对美国的长期利益形成显著的、实实在在的威胁。单是这样的一种想象便足以让罗斯福做出行动了，而历史记录显示他也发现了一个机会，即利用委内瑞拉事件的困局，来将美国的地位提升到能与其他大国并驾齐驱，将他本人的地位也提升到和欧洲诸国领导人不分伯仲。为了最大限度地把握这个机遇，他借重那些他理解并尊重的人的才能。

1901年6月，海军总理事会在海军上将乔治·杜威的领导下，向麦金莱总统提交了一份报告，报告详细陈述了如果和某欧洲国家开战，美国海军能够在加勒比海地区施加多大的影响。这里的某国假定为德国，实际上，海军战争学院在1901年已经针对"黑色"（德国）海军进行了一系列军事演习，结果比较消极。[31]现在，杜威这个马尼拉湾（Manila Bay）战役的获胜者，罗斯福眼中这个民族尚健在的最伟大的英雄，和新任总统一起阅览了他的海军总理事会提交的报告。报告称，"如果我们以和平的方式，在古巴的海岸上获取有利的据点，在波多黎各海域筑起海军基地的话，我们的海军就能在战争中控制加勒比海及其海湾。这种控制将延伸至奥里诺科河（Orinoco）（在今天的委内瑞拉东部边境）和圭亚那（Guianas）。"[32]

于是在1902年1月1日，一个由5名海军军官、1名军医和100名海军官兵组成的支队，开始在这个位于波多黎各以东16英里、全长6英里、树木茂密的库莱布拉岛（Culebra）建起永久性的防御工事。[33]库莱布拉岛除了来自天空的雨水之外没有天然淡水，但是，它却拥有一个了不起的港口，简称“大港口”，它在每年的飓风季节为船只提供宝贵的庇护。[34]一个月之前，1901年12月，岛屿的部分领土已经割让给了美国海军部。把这个岛屿的指定区域变成装备完全的海军基地，此转化现在郑重启动，“以防突然爆发的战争”。[35]为了向总统致敬，这个营地被命名为“罗斯福营”，组成这个营地的是供军官和官兵居住的营房，补给仓库和一个由手术室及配药室组成的战地医院。医疗外科局的检阅人员认为这个医院太小，于是建议将其扩建成一个标准规模的医院，另外给护理人员提供寝室，增加一个六个床位的病房。[36]库莱布拉岛及其港口成了美国在加勒比海地区进行海军活动的基石。 33

海军也在细心监督围绕卡斯特罗政权产生的日渐不稳定的国内外状况。进出委内瑞拉海港进行补给的小型美国军舰，提供了在委内瑞拉开展活动的详细到惊人的情报。19世纪的大部分时间里，诸如跟随巴巴里海盗的威廉·班布里吉（William Bainbridge）准将、在日本的马修·佩里（Mathew Perry）准将和约翰·沃克（John Walker）少将，均在许多外国海港担任美国的总外交代表。他们业务精通，各有专长，默默无闻地履行着自己的职责。[37]他们同时兼任美国前线的情报官，是了解对美国国家利益至关重要问题的耳目。1901年2月28日，“天蝎”号（*Scorpion*）的指挥官报告称，委内瑞拉总统就牵涉美国海员的轻微民事违法行为正在煽动其民众对美国的不满情绪。海军少校内森·萨尔金特（Nathan Sargent）报告称“卡斯特罗总统不受民众欢迎了，其地位岌岌可危；因此，卡斯特罗认为，如果能够激发民众对美国人的敌意，他就能通过自己的态度获得民众的欢迎，其地位将会得到极大的稳固。此外……他想象自己能够得到这种名誉，即能在不被我们的政府问责的情况下支配一种稳固的外交政策。”“天蝎”号的指挥官表示，德国政府正在利用其移民人口来帮助煽动反美情绪：“据可靠的权威人士告知，德国人对一切和美国有关的事情都持敌对态度，其实是心里有鬼。他们在这里……
34 在委内瑞拉有大面积的殖民地，他们嫉妒我们和我们的贸易，于是竭尽全力来发起和强调反对我们的运动。”[38]报告通过海军部不断发往白宫，详述委内瑞拉的革命动荡越来越多；欧洲欲“干预”其中以恢复秩序的可能性不断增大。[39]罗斯福知道在加勒比海地区，他所面对的挑战的性质和严重程度，遂着手准备他即将发布的外交文书。

19世纪末，美国海军将其影响范围重点锁定在加勒比海地区。1898年美西战争之后，美国海军开展了一系列的“冬日演习”，召集各单位的舰队进行检阅和模拟作战。杜威的总理事会将草拟作战方案、指派部队和监督演习结果。1901年5月，海军总理事会颁布1902—1903年“冬日演习”的初步命令。演习命令在结尾描述了两个敌对舰队在公海发生模拟战役的情景。[40]

这个提案在1901年11月经由海军部部长约翰·D·朗进一步完善。根据朗的指示，“冬日演习”将在一系列的检阅中拉开序幕，然后进行联合实弹演习（限制弹药的开支），目的是测试战舰和巡洋舰上重型武器的精准度，最后进行的是限定在公海上两个实力强大的海军力量之间的模拟作战。[41]从一个专家的角度来看，每一次行动命令都似乎是按照标准的操作流程进行的。然而，随着欧洲力量和委内瑞拉之间的关系开始紧张，一只不甚微妙的“隐藏的手”逐渐将冬日“演习”转化为全面的备战。

1902年年初，冯·霍勒本大使警告德国皇帝威廉二世，西奥多·罗斯福会对任何在南美洲永久驻军的暗示做出强烈回应。威廉对大使的顾虑不屑一顾，说“即使美国佬不悦，我们还是要采取一切必要的行动……”[42]德皇对美国势力的扩张感到惊慌，担心其扩张会以德国的帝国计划为代价。1898年，乔治·杜威在马尼拉湾大败西班牙舰队之后，一支德国海军分舰队在谣言弥漫之时驶入海湾港口，谣言称德国觊觎部分或所有未被“非帝国主义”美国宣称主权的前西班牙殖民地。[43]美国后来改变了其不愿帝国主义化的初衷，占领了整个群岛，并威胁在必要
35 时候使用武力维护其立场，这让德国司令局促不安，乃至让德意志皇帝

局促不安。[44]德皇威廉不是那种能够忍气吞声而不思报复之人。他一度考虑入侵长岛，将其作为挟制美国的筹码，迫使美国政府转手某些海外领土。[45]但最终，德皇威廉从这个危险处境退出，将其焦点转移到了西半球的其他国家。

在西奥多·罗斯福就任总统之时，威廉已经意识到门罗主义是德国在南美洲势力和领土扩张的真正威胁。在一份政府立场文书中，他对门罗主义的合法性进行了质疑。他坚持认为“门罗主义没有成为国际法，而欧洲国家是受国际法制约的”。他开始在个人的演讲和信函中直言不讳地使用“北美利坚合众国”的称号。[46]当代观察家们在威廉的声明中发觉了这样一个战略，即“团结包括英国在内的欧洲，反对门罗主义”。[47]威廉二世知道他必须驳倒美国自称拥有西半球主导利益这一说法的合理性，以求实现德国殖民扩张的目标。要做到这一点，他就必须直面西奥多·罗斯福的挑战。

罗斯福继任总统之时，为了使政府能继续正常运转，遂要求麦金莱的内阁原位不动。然而在 6 个月内，他接受了约翰·朗的辞呈；在任海军部副部长之时，罗斯福就因约翰·朗缺乏活力而恼火，但他礼貌地称朗是一个“为了大众利益而一心一意虔诚奉献”的人。[48]罗斯福通过传统的任命途径，在马萨诸塞州寻找替代人，他很快就任命曾连任四届国会议员的威廉·H·穆迪（William H. Moody）作为新的海军部部长，他认为“穆迪的活力，强健和性格……都和自己相似”。[49]穆迪在住房和岛屿事务委员会所拥有的四年的工作经验，让他意识到成功地实行帝国主义外交政策这一挑战的重要意义。[50]

6 月，罗斯福破天荒地请求海军上将杜威本人指挥大西洋联合舰队开展“冬日演习”。杜威是海军中唯一的“四星”上将，却很少出海，更是从未长时间待在海上。他更希望留在华盛顿，在这里他可以从早上 9 点到中午待在办公室监督海军的情况，然后在家美美地午休，接着在下午乘马车外出观光，然后吃完饭，早早就寝。[51]罗斯福在给杜威的信件中揭示了真相，他任用杜威这一决定的既定目的是影响更大范围的国际视听：“您……名扬四海，故而您若在场会大有裨益。”[52]罗斯福的腿 36

伤让他卧病在床，而这伤痛最终到了要痛苦地进行刮骨治疗的地步，尽管如此，他还是邀请杜威到他的病房，和他分享对此事的个人看法，这一点体现了罗斯福对交予杜威这一使命是何等重视。总统明确表示他对杜威的委任是出于两个原因：他想让执掌舰队大权的杜威“给人们带来自豪感，同时通过此举引起……德皇的注意”。罗斯福对杜威下达的完整指令的内容我们无从得知，但是，当晚杜威夫人所写的日记暗示了两人话题的敏感性：“总统秘密告诉乔治的，现在最好不要诉诸笔端。”[53]

8月，罗斯福试图发电报向国际社会传达其严正意图。在写给他的挚友，英国议员（也是知名的欧洲社会名流）亚瑟·李①（Arthur Lee）的信函中，罗斯福称，杜威正在训练舰队备战。[54]李以在欧洲主要城市熟人众多而闻名遐迩，可以依靠他来确保此外交珍闻传达给合适的对象。罗斯福对外交领域中象征姿态的重要意义甚为敏感，他授权杜威使用其总统专用游艇“五月花”号作为他的旗舰，为自己的夏日外交尝试画上句号。[55]此船是美国总统的外在象征，任何对它的攻击只能视同为对西奥多·罗斯福本人的攻击。

海军部部长穆迪已经采取行动，支持前往加勒比海地区的任务。在总统将自己的游艇授权给杜威使用之前，航行迅速的通讯舰“海豚”号（*Dolphin*）已经交由杜威支配，随船还配有一队专业参谋人员，包括任杜威的总参谋长的海军少将亨利·克雷·泰勒，以及任其私人助理的新晋海军中校内森·萨尔金特。[56]从作战角度来看，任命泰勒为杜威的总参谋长颇值得关注。

亨利·克雷·泰勒被认为是其同代人中最有天分的人之一。他曾在罗德岛纽波特市的海军战争学院任职，因作为一名知识分子、管理人员和革新家而备受赞誉。适逢航海局局长职位空缺，罗斯福越过了许多他的上级将他提拔到了华盛顿高级海军职位之上。[57]但是，当时并无海军作战部部长一职，取而代之的是由美国海军的八名上将主持各个局（航

① 一位英国军人、外交家、政客及政府决策人士，曾经在加拿大、美国等地任职。——译者注

海局、造舰局、军械局等）。虽然各局在等级上平等，但航海局列“同类之首席”。指派泰勒作杜威的总参谋长是极度超越常规之举，必须由美军总司令，即总统本人下令方可。将不久前仍任“天蝎”号军舰指挥官的萨尔金特选任为杜威的助理，以及如此之多的和委内瑞拉政治动荡相关的情报来源，这些都进一步强调了此次任务的重要性。 37

穆迪甚至还命令美国海军舰船去勘测委内瑞拉海岸，探明哪些区域可能会成为德国的登陆点，然后针对这些地点提交防御建议。之后，在一份内部备忘录里，穆迪告知他的那些局长们，总统对即将到来的军事演习“兴趣浓厚”。穆迪指示相关各方进行“全力、积极地配合”，以保证“能成功完成舰队的动员”。最后，他以“此次行动是对我们应付战争所需要的能力的考验”这句话作为结语；他同时安慰这些局长领导，他会“批准一切在法律法规接受范围内的合理开支，以便涉及的战舰……能达到备战状态。”[58]部长级别的人物对此事如此的关注度立即引起了历史观察家和职业观察家的注意。10 月，海军部部长对“冬日演习”做了最后的批示，此时距离演习只有两个月的时间了。此次演习和之前的两支舰队在公海对峙的模拟演习形式有着显著而惊人的不同之处，此次，穆迪下令演习这样一个战斗情景：一支舰队正在逼近，意图占领一个毫无防备的外国港口，并在该港口的主要航道上布置水雷；演习的焦点是对这支舰队进行拦截。[59]

海上力量并非完全依赖海上基地，罗斯福的准备也并非止步于杜威及其舰队。从夏末到初秋，“冬日演习”一直在进行最后的调整，而海军的另外一个兵种，美国海军陆战队的工作也显露出罗斯福“隐藏的手”的存在。1903 年 9 月，在海军陆战队指挥官的命令之下，一个营的陆战队士兵被委派或部署到巴拿马。[60]该营由 16 名军官和 421 名士兵组成，由珀西瓦尔 · C · 波普（Percival C. Pope）上校率领。波普是一位极有经验的军队指挥官，他服役的历史可追溯至内战时期。[61]这些士兵登上了停泊在弗吉尼亚州诺福克（Norfolk）海军基地的美国军舰“普雷”号（*Prairie*）等待进一步的号令。10 月 23 日，罗斯福又下了一道命令，增加了一个连队的兵力，由斯梅德利 · D · 巴特勒（Smedley D. Butler）

上尉指挥，队伍增至19名军官，522名士兵。[62]这支部队的规模和结构表明，海军陆战队中的远征作战力量极为强大。

38 11月5日，这支部队受命参与“冬日演习”，“普雷”号驶离诺福克，前往库莱布拉岛。[63]陆战队11月20日抵达库莱布拉岛，下船后，他们即开始设置三处炮位，射程之间可相互支持。他们在不同地点之间修筑了足以承受运输重型武器和弹药的道路和电话线。弗朗西斯·J·希金森（Francis J. Higginson）和约瑟夫·B·科格伦（Joseph B. Coghlan）两位少将，分别是北大西洋分舰队和加勒比海分舰队的指挥官，他们检阅了这些地点并表示满意。[64]海军陆战队要执行的主要工作就是建起海军行动所需的防御基地。

美国人对德皇威廉二世在南美洲的扩张计划的反抗愈演愈烈，而他对此却仍是不闻不问。从夏季至初秋，他一直在试图说服英国和德国一同胁迫委内瑞拉偿清债务。[65]两个月后，威廉向到访的美国陆军上将伦纳德·伍德（Leonard Wood）（人尽皆知他是罗斯福的密友）以其特有的方式大肆吹嘘他的海军实力。[66]11月初，德国和大不列颠的军队已做好了对委内瑞拉采取行动的准备。[67]海军少将忠告罗斯福说，如果委内瑞拉局势恶化到暴力的地步，那么，美国和欧洲国家之间很有可能发生战争。[68]

1902年11月24日晚，为了对他的老友，德国外交家斯派克·冯·史登柏格（Speck von Sternburg）男爵表示敬意，罗斯福在白宫为其一行数人举办了私人宴会。二人19世纪90年代都在华盛顿任职；罗斯福在文官委员会工作，而冯·史登柏格在德国大使馆就职。罗斯福希望通过个人外交的亲密性，向德皇的高级参谋军官直接传达他的意图。当晚，海军上将乔治·杜威也列席晚宴。[69]

杜威上将一直很稳重，虽然外表显露文雅之态，但他内心其实可谓怒火中烧，这怒火的焦点只有一个：德国。虽然他未曾公开发表评论，但是华盛顿的社会精英都深知，德国海军在马尼拉湾战争前后的行动使得杜威对德国人尤为憎恨。[70]对于美德关系，米尔德丽德·杜威（Mildred Dewey）夫人在她的私人日记里坦率地写道：“事实是，我们彼此憎恨。”[71]

罗斯福邀请杜威上将参加白宫宴会的目的，像冯·史登柏格此等具有才干的职业外交家是不会猜度不出的。但是，欧洲各国的首都细心遴选了宾客名单，设定好了席间的谈话内容，以至于罗斯福没有时间和机 39
会来达成他的计划。事件已经初露端倪。

1902年年初，德国和大不列颠就开始考虑对委内瑞拉采取联合行动。[72]大不列颠想要拿下委内瑞拉的炮艇，这是挟制委内瑞拉的“一种便利的形式”，也是避免侵害罗斯福的门罗主义的一种方法。[73]而德皇则仍坚信罗斯福是在虚张声势，遂指派大使前往英国，传达他欲封锁南美共和国的预谋。保罗·冯·梅特涅伯爵的论辩获得了胜利，于是在1902年11月25日，德国和大不列颠正式宣布要“和平”封锁委内瑞拉。[74]

英国参与委内瑞拉危机这一举动，似乎和其在西半球逐渐形成的国家利益不一致。在二人的国家经历了一个世纪彼此剑拔弩张和互不信任的阶段后，西奥多·罗斯福政府和亚瑟·鲍尔弗①（Arthur Balfour）政府似乎正在成功地将两个讲英语的国家的命运连接在一起。鉴于对目前英美关系重要性的认识，鲍尔弗政府预先告知了美国国务卿海约翰，英国欲封锁委内瑞拉的决定。也许是脱离了罗斯福的想法，抑或是故意要在罗斯福的戏剧性外交行动中扮演自己的角色，国务卿海的回应是，他很遗憾“欧洲各国会对中美和南美洲的国家使用武力，但是，若这些国家没有考虑要获得领土的话，美国不能反对它们，为国民因受到伤害而获取应有的赔偿采取措施。”[75]也许是因为海不冷不热的态度，英国新任驻美国大使迈克尔·赫伯特感觉有必要表达一下个人的保留意见。“我希望我们在没有德国协助的情况下去惩罚委内瑞拉，”他在给外交大臣亨利·兰斯顿爵士（Lord Henry Lansdowne）的信中称，“因为我不确定此时的联合行动会有多么对人脾胃。”[76]

12月1日，罗斯福从白宫出发向南行进，途经几个街区，赶往华盛顿海军军工厂给杜威送行。二人交谈的准确内容无从得知，但基本内容

① 1902—1906年任英国首相。——译者注

很清楚：虽然杜威出航的目的确实包含监督年度的“冬日演习”，但是，他在委内瑞拉海域不断发展的危机中完全有可能扮演更为重大的角色。在她的丈夫向南方航行并和她失去联络之时，米尔德丽德·杜威夫人在其日记里记载：“我恐怕委内瑞拉可能会有战争发生……乔治怎样才能在与三个国家进行的战争之中全身而退呢？”[77]

40

执　行

1902年12月7日，德国和大不列颠开始了它们对委内瑞拉的“和平封锁”。[78]不过开端并不理想。卡贝略港（Porto Cabello）的一群委内瑞拉暴民占领了一艘停泊中的英属商船“托帕兹”号（*Topaze*），德国军舰于是炮击了附近的两个委内瑞拉军事设施作为回应。在其他地方，学生们在街上游行，打出旗帜号召美国代表他们维护门罗主义。[79]卡斯特罗总统下令逮捕所有英国和德国的男性公民，并没收他们的财产，此举加剧了紧张形势，给了他的对手一个宣战的合法理由。[80]12月9日，英国和德国的海军向前推进，俘获了停留在港口内的委内瑞拉海军战舰。[81]德国人在情绪高涨之下沉掉了俘获的一艘船舰，并严重损毁了另外一艘。[82]事已至此，卡斯特罗认识到了欧洲威胁的严重性，于是呼吁驻委内瑞拉的美国部长赫伯特·鲍恩（Herbert Bowen）代表委内瑞拉出面调停，进而提出仲裁。[83]英国越来越清楚地意识到危机形势在美国引发了担忧，因此同意接受仲裁。然而德国却试图回避仲裁。[84]

仲裁概念作为国际法要素之一，始于1899年春、夏时由沙皇尼古拉二世（Czar Nicholas Ⅱ）召集各方召开的海牙和平会议。虽然会议并未实现世界和平这个最终的理想目标，但是通过这次会议，海牙常设仲裁法庭得以成立，各国可以在此为相互间的不平寻求补偿，从而避免武装冲突。德国不愿看到自己因造船厂和克虏伯（Krupp）军工厂而产生的军事优势，被那些希望通过法律途径寻求公平待遇的弱小国家所抵消，因此反对仲裁倡议。[85]如今，委内瑞拉提出仲裁的消息传到德国，德皇早期的顾虑似乎得到验证。在此关头，对封锁的仲裁会让德国无法展开一系列必要的活动，这些活动能让德国有了占据委内瑞拉领土的立足点；德国需要这个立足点来开启在南美洲的缓慢扩张，并通过俯视计划许久的巴拿马运河通道来维护这一战略优势。德皇拒绝仲裁。

根据西奥多·罗斯福后来的叙述，当"五月花"号于12月8日在库莱布拉岛下锚停泊时，他正在白宫欢迎一批由特奥多尔·冯·霍勒本大使陪同的德国商人。据总统回来回忆，在这次会议中，他把冯·霍勒本
拉到一旁，严厉地对后者发布通牒，要求德国要么在10日内接受仲裁， 41
要么面对美国的武装冲突。[86]震惊的大使回应说他不能将如此要求按照原话禀告给德意志皇帝。显然，冯·霍勒本离开房间时仍坚信罗斯福是在恐吓他。如果他知悉杜威上将在1902年12月9—18日期间的行动的话，就该另作他想了。

海军专家很快就会从接下来一周半内发生的显而易见的活动中，分辨出一个执行得当的"冬日演习"和一个有资格的作战指挥官，对部队进行备战训练的区别。背景分析也揭示了相对而言算是新任的，美国首席外交家和美军总司令——罗斯福的直接手段。和之前由各支分舰队分别进行演习的形式不同，1902—1903年的演习聚集了大西洋舰队中每一艘能派上用场的战列舰、巡洋舰和鱼雷艇。[87]

通过将北大西洋分舰队、南大西洋分舰队、欧洲分舰队和加勒比海分舰队联合在一起，杜威就可以集结53艘战舰来抗击英国和德国在加勒比海地区可派的29艘战舰。[88]虽然这个数字可能显得过多，但是在罗斯福看来，这对展示美国对其所宣称的"影响区域"投注巨大军力之能力而言是有必要的。大不列颠和德国的海军军力大于美国，但是，他们要超过美国的联合舰队就不得不从帝国的其他关键区域调出部队（这会让他们的商路极易中断）。调集这样的部队要耗费数周的时间——在这数周时间里，罗斯福可自由发挥其外交手段。

当杜威乘坐"五月花"号从华盛顿特区开始巡航时，他的特遣部队已经在加勒比海进行演习了。大西洋舰队的独立部队已于11月中旬开始在库莱布拉岛集结（表2）。11月1日，加勒比海分舰队在海军少将约瑟

夫·科格伦的指挥下，从波多黎各圣胡安（San Juan）的基地快转至库莱布拉岛。科格伦的分舰队由巡洋舰、改装巡洋舰组成，它们在四年前的美西战争中曾一马当先。由弗朗西斯率领的北大西洋分舰队主要是由战列舰组成，于 1902 年 11 月 21 日从弗吉尼亚的汉普敦水道抵达。其余的两支分舰队——南大西洋分舰队，由海军少将乔治·W·萨姆纳（George W. Sumner）率领；欧洲分舰队，由海军少将 A·S·柯隆希德（Arent S. Crowninshield）率领——各拥有一艘战列舰，由 3 艘或者 4 艘装甲巡洋舰护航，在帕里亚湾会合，然后在“冬日演习”的主战问题演习中模拟逼近的敌军。

42 **表 2　1902 年“冬日演习”之前美国大西洋舰队的组成**

北大西洋分舰队	加勒比海分舰队	南大西洋分舰队	欧洲分舰队	鱼雷快艇舰队
海军少将弗朗西斯·J·希金森 “奇尔沙治”号（战列舰）［旗舰］ “阿拉巴马”号（战列舰） “马萨诸塞”号（战列舰） “印第安纳”号（战列舰） “辛辛那提”号（无装甲巡洋舰） “马奇亚斯”号（装甲炮艇） “天蝎”号（无装甲炮艇） “格罗斯特”号（装甲炮艇） “艾琳”号（装甲炮艇）	海军少将约瑟夫·B·科格伦 “奥林匹亚”号（无装甲巡洋舰）［旗舰］ “蒙哥马利”号（无装甲巡洋舰） “底特律”号（无装甲巡洋舰） “黑豹”号（辅助巡洋舰） “玛利埃塔”号（装甲炮艇）	海军少将乔治·W·萨姆纳 “爱荷华”号（战列舰）［旗舰］ “亚特兰大”号（无装甲巡洋舰） “圣弗朗西斯科”号（无装甲巡洋舰）	海军少将 A·S·柯隆希德 “伊利诺伊”号（战列舰）［旗舰］ “芝加哥”号（无装甲巡洋舰） “阿尔巴尼”号（无装甲巡洋舰） “纳什维尔”号（装甲炮艇）	海军少校劳埃德·钱德勒 “迪凯特”号（鱼雷艇）［指挥舰］ “巴格利”号（鱼雷艇） “巴尼”号（鱼雷艇） “比德尔”号（鱼雷艇） “苏布力克”号（鱼雷艇） “桑顿”号（鱼雷艇） “斯托克顿”号（鱼雷艇）

资料来源：海军部年度报告（1903）（1903，华盛顿特区，政府印务局）466－473。

演习的目的是让由萨姆纳少将率领的“白色”敌军，于 1902 年 12 月 10 日的下午 6 点在位于波多黎各和库莱布拉岛两地附近的五个港口中“占领一个基地”。由希金森少将率领的“蓝色（美国）”军队，在海上或者待对方到达港口后拦截这支舰队。希金森率领的是一支更为精良的舰队。这次演习的结果，为在辽阔的海洋上进行战争所带来的巨大挑战提供了认知。萨姆纳的军队首先向东折转，后又向岛屿的北部进发，最后快速穿越莫纳海峡（*Mona Passage*）。12 月 9 日，萨姆纳成功地完成了他的任务——占领了一个港口，并在没有遇到阻拦的情况下，在港口布置好了防御水雷。[89] 43

杜威上将前一天在库莱布拉的大港口抛锚泊船。他抵达后的第一件事是为他的船只取得燃料和弹药，同时取得当前周边环境的情报。从华盛顿起航之时，杜威便已要求获得有关大西洋所有后勤支援船只位置的信息，抵达之后，他下令所有的支援船提交一份能让他们应对"所有意外"事件的补给清单。与此同时，穆迪部长已向在伦敦、巴黎和柏林的海军专员发报，要求获知每支欧洲海军的逃亡率，以大致查明它们的备战状态。[90]

杜威继续发布和原计划不一致的检阅、火炮演习以及模拟战斗命令。他指示大部分舰队在大港口之外待命，所有的美国舰只"保持充足的蒸汽压力，以便随时受命进入在航状态"。[91]保持如此高的待命姿态让士兵筋疲力尽，也耗费掉了大量的煤。并且，对一艘船只进行完整的物料检查是很困难的，因为船上全体船员均已各司其职，而且蒸汽设备已点火，炙热难耐。在推进系统熄火、蒸汽设备降温之时，锅炉的内部工作区和传动装置可允许打开，接受检查，这时已完成了对多数引擎的检查。不过，杜威似乎并不着重于对物料进行严格的检查。

杜威演习的新方法中最为突出的一个例子，也许就是他于 12 月 10 日命令其医务人员在波多黎各设立一间六个床位的病房。[92] 如前文所述，海军陆战队已经在一年前设立了一间"标准的"六床位的医院病房，而且杜威舰队中的舰船上都有各自的病室，并配有随船医师或者药剂师助手来照管船员的日常不适和病痛。分舰队一般都配有一名外科医生穿梭于各个军舰，处理最为严重的病例。但是，杜威率先将他的外科医生和他们的设备从主力舰抽出，并从不断增强的海军基地中调出医疗人员组成一个陆基医院，它可以应对过多的病患或伤员。不管是从一个海军专家，还是从一个档案历史学家的角度来看，杜威正在不遗余力地保证一切作战的准备步骤都已就绪，这一点再明显不过了。

44 总参谋长泰勒发给海军基地指挥官的消息，为了解杜威的意图提供了另一条线索。按照习俗，在一支舰队驶入海港时要制作一份海滨明细，以协助地方对船只进行后勤支持。这个习俗既能够让那些获准登岸的海员（可怕的海岸巡逻队）保持行为秩序，同时又能给码头和滨水区提供维护服务。地方指挥官在“五月花”号抵达时向杜威的旗舰发出请求，要后者提供此类细节，但是12月11日，泰勒少将回复道：“很遗憾地告诉你，目前向你提供舰队中任何士兵和船舰的细节都是不切实际的。杜威上将的目的是让舰队在（港口）外面待命，随时准备出动。”[93]杜威的这个指示和他的其他指示，均不是一个让船舰准备接受一套既定的检阅、火炮射击和模拟战斗的舰队指挥官的典型做法。事实上，素以坚持日程安排著称的杜威在抵达海港的第二天就放弃了那个细心安排的日程表，并宣布马上对主要作战船只进行物料检查。[94]他很快就结束了物料检查阶段的工作，接着开始给所有使用新射击系统的战舰做出指示。新系统由海军少校威廉·S·西姆斯（William S. Sims）研制。[95]另一边的情况是这样的，在聊了天气和其他轻松的话题之后，罗斯福问冯·霍勒本是否对他之前的通牒有所回复。德国大使回应说，他以为罗斯福是在开玩笑，故而未曾向德皇传递信息。罗斯福后来回忆自己对冯·霍勒本所说的话，“与其在剩下的三天里等待回复，不如下令杜威在48小时之内出航（南下委内瑞拉）。”[96]西奥多·罗斯福也和众议院及参议院的成员们展开了一系列仓促的商讨，商讨的内容在《纽约时报》（*New York Times*）和《华盛顿明星晚报》（*Washington Evening Star*）上进行了公开报道。[97]杜威本人在当天写给儿子的信中，暗指了他所关注的焦点，“事情看起来同样是和委内瑞拉有关的感觉，不过我们目前尚未开始。”[98]

德国大使十分清楚自己的困境。在12月14日和罗斯福总统会面之后，他匆匆北访纽约市，会见德国总领事卡尔·邦茨（Karl Bunz），邦茨是罗斯福的一个朋友。数年后，邦茨的一位朋友讲述道，冯·霍勒本当时是来询问，是否应该对罗斯福的威胁给予重视。邦茨的答复是，据他所知，罗斯福从不虚张声势。[99]

同一日，穆迪部长通过军方安全的海底电缆给杜威发去电报，要求 45
在圣胡安备好一艘快艇，以保证能和舰队保持联络。他向驻圣胡安的军港发讯，要求后者处于待命状态，并将信息立即传至海上的杜威。[100]此时，杜威和联合舰队已经进入到了有序的协同演习阶段，开始是由 4 艘战舰组成一个分队，然后合并成分舰队，最终组合到一起，形成一支舰队（表 3）。新的鱼雷艇中队则在进行夜间偷袭演习，攻击模拟成对手的战舰。

46

表 3　1902 年 12 月 10 日美国大西洋联合舰队

<table>
<tr><td colspan="3">指挥官
海军上将乔治·杜威
“五月花”号[旗舰]</td></tr>
<tr><td>第一中队
海军少将
弗朗西斯·J·希金森</td><td>第二中队
海军少将
乔治·W·萨姆纳</td><td rowspan="2">基地指挥官
海军少将约瑟夫·B·科格伦
“维克森”号(巡逻快艇)[旗舰]

替代船只
“纳什维尔”号(鱼雷艇)
“马奇亚斯”号(装甲炮艇)
“玛利埃塔”号(装甲炮艇)
“班克罗夫特”号(装甲炮艇)
“黄蜂”号[勤务船]</td></tr>
<tr><td>第一分队
“奇尔沙治”号(战列舰)[旗舰]
“爱荷华”号(战列舰)
“马萨诸塞”号(战列舰)
“阿拉巴马”号(战列舰)
“天蝎”号(无装甲炮艇)[勤务船]</td><td>第三分队
“芝加哥”号(无装甲巡洋舰)
[旗舰]
“阿尔巴尼”号(无装甲巡洋舰)
“辛辛那提”号(无装甲巡洋舰)
“纽瓦克”号(无装甲巡洋舰)
“老鹰”号[勤务船]</td></tr>
<tr><td>第二分队
海军少将昂特·S·柯隆希德
“伊利诺伊”号(战列舰)[旗舰]
“德克萨斯”号(战列舰)
“印第安纳”号(战列舰)
“奥林匹亚”号(无装甲巡洋舰)
“希斯特”号[勤务船]</td><td>第四分队
上校阿萨·沃克
“圣弗朗西斯科”号
(无装甲巡洋舰)[指挥舰]
“亚特兰大”号(无装甲巡洋舰)
“蒙哥马利”号(无装甲巡洋舰)
“底特律”号(无装甲巡洋舰)</td><td rowspan="2">鱼雷艇舰队
海军少校劳埃德·钱德勒
“迪凯特”号(鱼雷艇)[指挥舰]
“巴格利”号(鱼雷艇)
“巴尼”号(鱼雷艇)
“比德尔”号(鱼雷艇)
“桑顿”号(鱼雷艇)
“威尔克斯”号(鱼雷艇)
“斯托克顿”号(鱼雷艇)
“尼娜”号[勤务船]</td></tr>
<tr><td>运输船
“普雷”号(辅助巡洋舰)
“黑豹”号(辅助巡洋舰)</td><td rowspan="2">拖船
“命运”号
“莱顿”号
“奥西奥拉”号
“波托马克”号
“恩卡斯”号</td></tr>
<tr><td>水源补给船
“阿瑞塞莎”号</td><td>补给与修复船只
“戈阿”号</td></tr>
<tr><td>煤船
“汉尼拔”号，“利奥尼达斯”号
“斯特林”号，“黎巴嫩”号
“布鲁特斯”号，“马塞勒斯”号
“艾杰克斯”号</td><td></td><td></td></tr>
</table>

资料来源：杜威总指挥官日记集，华盛顿特区，国会图书馆，44 盒，15。

杜威在日记里透露："由于新舰船的加入，一些位置变换演练得很不流畅……（我）觉得角度和回转圈还没确定。"[101]行动报告是这样记录的："巡洋舰分队和战列（舰）共同保持作战队形，这样不混乱，也没有必要频繁发送信号或者进行远距离的信号沟通。"

阿尔伯特·格里维斯（Albert Gleaves）上校是杜威乘坐的"五月花"号的指挥官，他不同意报告的评估。格里维斯在回忆录里记载了舰队尝试从库莱布拉岛驶入圣托马斯的一次行动，这次行动给人留下了难以磨灭的印象：舰队"可以说，简直没有阵形，挤作一团"。格里维斯感觉是海军部的特别采购方法导致海军出现了众多设计和性能各异的军舰，因此，美国海军事实上只能采用由相似型号的船只组成小队的编队形式来作战，几乎不能采用超出小队范围的编队形式。"冬日演习"之后，开始尝试根据战舰性能调整舰队。[102]

另外一件和当时通行的准则相悖的事情是，杜威上将做出指示，让驻扎于库莱布拉岛的海军加强营在波普上校的指挥下，向别克斯岛（Vieques）的东、西海岸，恩塞纳达宏达湾（Ensenada Honda）和波多黎各北部海岸派遣登陆队。留在库莱布拉岛而没有后勤支援任务的海军陆战队士兵，受命进入库莱布拉岛的丛林。[103]这些侦察队伍每一支都由1名军官和25名士兵组成，均配备一周的食物，以便进行武装侦察，搜索敌人可能的登陆地点，建立防守阵地，击退侵略军队。虽然行动报告未提及委内瑞拉，但是杜威的介入、海军陆战队行动的规模之大及其务实性，均表明这并不仅仅只是演习。杜威最后的报告拐弯抹角地总结了海军陆战队在丛林的训练："经证实，这些不同类型的演习对参演的军官和士兵而言有着显著的价值，而且，还给我们提供了许多可供他日之用的宝贵经验。"[104]

在对穆迪12月14日来信所做的回复中，杜威确认了他指派一艘通讯艇来传递信息的命令，并且，他毫不掩饰地要求获取额外的信息，就这样直接问道："演习计划需要遣散周五晚上圣诞假日的舰队。是否执行？"[105]当日的早些时候，杜威收到了一份来自委内瑞拉拉圭拉港（La
47 Guayra）的情报，是由正在执行任务的"玛利埃塔"号（*Marietta*）的指挥官发来的，情报详细叙述了英国和德国战舰“卡律布迪斯”号（*Charybis*）和“维奈塔”号（*Vineta*），针对委内瑞拉军事设施和港口设备采取的行动。[106]根据这份情报信息，以及对作战命令的期盼，泰勒少将给位于圣胡安的联络中心发出信息：“最近，华府之情报显示，紧急调遣命令可能随时会到……此类电讯可能用密码书写，因此，要动用一切预防措施来加速信息的传递……可取的做法是避免以任何形式评论相关问题和话题。”[107]

在这份电报发送后不久，杜威从波多黎各的医院召回了部队中除了卧床不起者之外的所有病人，目的是给他的战舰配备充足的人力。他命令所有的船舰当前都要在港口内或者港口附近待命，并储满物资。[108]再没有什么迹象比将病人从病床上拉起来送到战斗岗位上这样的决定更能清楚地预示战争即将打响了。

12 月 17 日这一天笼罩着不祥的气氛。当天，威廉·穆迪神秘兮兮地指示杜威不要分散舰队。这些指示以及杜威的种种活动表示二人都预料到了最糟糕的情况。煤和弹药已经装载到船上，而军队已经进行了激烈的海上演习。来自华盛顿的消息显示欧洲立场没有发生变化，而情况正在恶化的态势很明显。美国参议院通过了一项决议，赞成罗斯福针对保持委内瑞拉领土完整的问题对欧洲国家进行公开警告。[109]夜幕降临之后，杜威把他所有的高级指挥官都召集到“五月花”号上，“就委内瑞拉问题展开磋商”。[110]

在美国，公众对委内瑞拉事件的反应是坚决抵抗欧洲，欧洲各国的首都迅速注意到了这种态度。鲍尔弗首相从其驻美大使迈克尔·赫伯特爵士处了解到：“在华盛顿盛行的想法是，德国在利用我们，而从美国人对我们有好感这点出发，美国对我们和德国并肩行动感到遗憾。”[111]三天前，赫伯特发了一封加密电报，电报中称美国政府正在传递委内瑞拉复兴的愿望，即“通过仲裁解决当前的难题”。[112]12 月 16 日，国会召开会议，商讨委内瑞拉局势和这种局势对英美关系所产生的压力。[113]鲍尔弗第二天出现在国会，并宣布：“我们无意，也从未企图派遣军队在
委内瑞拉登陆或者占领其领土，即便只是暂时性的占领。”[114] 48

翌日，美国大使亨利·怀特（Henry White）向鲍尔弗的政府传达信息，强烈要求英国和德国接受仲裁。虽然鲍尔弗对这个无礼的建议感到恼火，但是，他感到维持美国对英国的好感是有必要的，因此很快接受了仲裁建议。政府的其他官员都表示认可和接受门罗主义。英国首相也担起责任，联络了一些颇有地位的美国公民，让他们代为向罗斯福传达他欲和美国继续友好关系的美意。两个英语国家之间飞速增进的特殊关系仍然是至关重要的。[115]

在柏林，对美国仲裁“建议”的反响有些微的不同。让兰斯顿爵士极为错愕的是，德国驻英国大使保罗·冯·梅特涅伯爵继续坚信，德皇不会屈从于仲裁。[116]德皇似乎仍然认为罗斯福是在虚张声势。在美国，冯·霍勒本大使的军事专员北行，就部署美国舰队所产生的战略影响，向他提出建议。[117]终于，在克服了对德皇的极度恐惧之后，冯·霍勒本给柏林发送了两封电报。无人知道电报的内容是什么，但它们的效果却是立竿见影的。[118]12 月 17 日晚，柏林表示接受美国的仲裁建议。一位观察家记载：“德皇已经试探了门罗主义，发现它是动真格的。”[119]

危机结束后不久，德国皇帝很不痛快地将西德·冯·霍勒本召回。他突然秘密地离开，这在华盛顿集团引起轰动。一种解释是大使的身体有恙，但这和他的外表及行动不一致，因而导致无端猜测越来越多。一些人暗示说他没有完成德皇赋予他的使命，因为他非但没有在纽约金融界建立起对于德国工业扩张至关重要的联系，反而和罗斯福培养了过于友好的关系。直至几十年之后，人们才会了解他政治生涯终结的真正原因。

委内瑞拉危机之后，一向被欧洲国家所质疑的门罗主义获得了广泛的默许和尊重。[120]德皇威廉动摇了，他终结了德国在西半球建立殖民地
49 的机会。12 月 18 日，释却重负的穆迪部长给其正在出航的指挥官发电：“执行你提议的假日行程吧。圣诞快乐。”[121]

在加勒比海待到 1903 年 1 月本是杜威最初的打算，但是，紧随其后的圣诞港访问明显改变了他的想法。他的旗舰舰长后来讲述道：

> 一天午餐时，他（杜威）语惊四座地提问：“斯威夫特舰长，收工返航需要多久？”
>
> 斯威夫特舰长回答：“若对人员和事务加以督促，我们能在10天内就绪。”
>
> 杜威上将勃然大怒：“10天！见鬼！马上准备就绪。今晚8点我就要起航。”
>
> 于是我们奉命起航。[122]

1903年1月4日，当“五月花”号沿美国东海岸返航时，杜威上将在给小乔治·杜威的信中总结了其使命的成功。“本次演习”，他写道，“很有意思，我认为它对海军和国家都有益处。毫无疑问，若非这支卓越的舰队在场，委内瑞拉问题肯定会带来重大的麻烦。”[123]数年后，罗斯福在牡蛎湾的一次讲话中对乔治·杜威及其舰队的角色进行了简要总结。“杜威，”这位前总统回忆，“可能是最伟大的和平密探。”[124]

埃德蒙德·莫里斯意味深长地将委内瑞拉危机空白的外交记录描述为“巨大的、消失不见的白色身影；来自灰色历史背景反转的剪影”。[125]和危机有关的历史事件的海军档案，无论是广义上关于罗斯福各类海军政策的档案，还是关于大西洋联合舰队指挥官，海军上将乔治·杜威的具体行动档案，都能够为西奥多·罗斯福后来的行动提供支持，与他在致威廉·R·萨尔的书信中的描述相一致。

言出必行的罗斯福

从执政开始，西奥多·罗斯福就希望扩建美国海军。他支持勤务部
队增建一流军舰的想法，认为应由他们统一领导增建事宜。当美国利益 50
在加勒比海地区和南美洲确实受到威胁之时，他授权在库莱布拉这个位于欧洲通往加勒比海通道的岛屿上，建设一个大型海军基地。他改变了常规“冬日演习”的性质——演习的作战方案和组成——在危机那关键

的几个月内，他向加勒比海海域派遣了几乎全部的大西洋舰队，以确保此地集结了压倒性的军力。另外，罗斯福个人还在关键的政治和军事岗位上做出了人事调整。

亨利·克雷·泰勒上校，海军战争学院的院长，是一个思维十分活跃的人。他被罗斯福擢升至海军少将，任美国航海局局长，这是海军部门最有权力的职位。最后，年轻的总统请几近退休的海军上将乔治·杜威出马，因为他很清楚，让最知名（从国际视角而言）和最有经验（从作为军官和水手在海上所具有的优势而言）的作战指挥官掌握大权，会带来双重的优势。

在舰队层面，1902 年 12 月演习的战争意图是清晰而不容置疑的。杜威自抵达加勒比海地区后就决定让舰队保持完全战斗状态。此种习惯曾在 1898 年马尼拉之战中给予西班牙舰队惨痛的教训——当年杜威发起进攻时，西班牙的战舰正在海湾内锚泊，船舰锅炉熄火，于是，杜威在抵达之际便有效控制了海湾。如果单独来看，这个行动也只不过是想增加演习的真实性；但是，和杜威要求在岸上建立一个大型战地医院的命令联系起来看，这个让舰队待命的命令清楚地表明，他在等待一次重大的舰队行动。[126]

杜威的私人信件和工作信函也都能够支持这一论点：“冬日演习”预示着美国军舰准备好了和欧洲海军交战。杜威夫人的日记内容表明，杜威向妻子如实地透露了他在加勒比海的任务范围。除此之外，我们还有杜威与他儿子的通信作为证据。在信中，他们慎重地提及舰队的行动“对海军和国家都意义重大”。[127]最后，“五月花”号的书信备查簿的日记条目中，自始至终都在担忧委内瑞拉问题，且担忧之心不断加重。

51 圣胡安和美国大陆之间通过海底电缆发送的加密电报信息，不仅传达了局势的严重性（穆迪特别保留了一艘通讯舰来速递重要信件的做法违反了海军演习的标准操作程序），也使得确定危机开始和结束的实际日期成为可能。后勤和情报数据的传输开始于 12 月 9 日，在西奥多·罗斯福向德国大使发出最后通牒的第二天，而在穆迪 12 月 18 日要求分散进行港口访问舰队的信息之后，电报业务量和背景压力骤降。

最终，在围绕萨尔的《海约翰的生活和书信》（*Life and Letters of John Hay*）1915 年问世引起的争议之后，我们在杜威的一封信中发现了他本人的原话。在对来自亨利·伍德的私人信件进行回复时，杜威写道："当时是在波多黎各的库莱布拉，我指挥着一支拥有超过 50 艘船舰的舰队，该舰队包括我们所拥有的所有战列舰、鱼雷艇。我在华盛顿命令下让舰队就位，准备随时领命行动。但是，幸运的是，事情得以和平调解，没有发起行动的必要。"[128]

因此，海军档案和历史记录都似乎有足够多的证据支持这样的论点：美国舰队到达加勒比海的目的，是强迫欧洲国家接受调停。为了保证此外交行为的成功，参与的海军力量必须完全准备好进行战斗行动。最终，美国的高度备战状态促使欧洲人相信罗斯福是认真的，并让他们回到谈判桌前。

当时的报道显示，罗斯福毫不犹疑地将德国视为同伴、竞争对手和威胁。德国最近在中国的活动，在南美洲快速增加的移民数量以及一贯的大海军主义政策表明（历史文件显示这一点不容置疑），它有可能在西半球保持更大规模、更持久的存在。彼时，罗斯福仍是美国副总统，他在给亨利·卡伯特·洛奇的信函中，将美国拒绝建立一支大规模海军的做法视为软弱的标志："几年后，他们将会在西印度群岛或南美洲采取措施，这会强制我们要么证明门罗主义，要么闭嘴。"[129]奥地利、意大利和俄国不是他所担忧的，德国才是他的重点。[130]罗斯福需要的，甚
至可能是苛求的，是发挥自己的意志以及美国的军事实力，和德国进行 52
对抗的一次机会，以求在国际系统内树立美国大国的地位。

西奥多·罗斯福一方面和德国总领事及德国大使举行正式谈话，另一方面和他在欧洲大陆的友人进行私密谈话，通过这两种途径不遗余力地向欧洲国家宣扬他对门罗主义的理解。他发电报传达采用多种途径部署一支可靠的战斗部队的意图，而丝毫未提及让杜威任特遣部队的指挥官。罗斯福为解决危机设置了 10 天的时限，当他的最后通牒遭到忽略时，他加重了紧迫感，加快了时间进程。终于，他的实力和意志力使冯·霍勒本大使明白了事态的严重性，并让大使克服了德皇对仲裁的抵

触。在整个过程中，罗斯福谨慎的态度促成了其战略的成功。如果罗斯福公开提出他的要求，德皇在面临战争抑或公开羞辱的抉择时，可能会选择战争。然而，罗斯福的要求很是审慎，他允许德皇威廉有机会私下做出退让，出于对当下的情势的考虑而保护了两国未来的关系。

前一个世纪与大不列颠之间心照不宣的合作关系，暗示英国既不会积极反对罗斯福对门罗主义的新解，也不会妨碍他新的激进主义外交政策。但是，委内瑞拉事件以及19世纪最后10年所发生的事情表明，英国和美国的冲突并非全无可能。最近，在英国国家档案局解密的，受“百年保密规定”限制的文件表明，罗斯福有关委内瑞拉的行动本有可能造成始料未及的后果。随着“冬日演习”的逼近以及美国和欧洲国家之间的压力的增加，英国殖民部起草了一份秘密的备忘录，转交给殖民地防御委员会、陆军部以及海军部进行评论。备忘录提出，倘若和美国爆发冲突，英国在西大西洋的可防御性的问题。在一份题为“对美战争中的战略条件”的文件的回复中，海军部怀疑“如果战争爆发之时，美国和某欧洲大国之间存在不确定或者敌对关系的话”，那么，向西大西
53 洋和加勒比海地区派遣一支能胜任的海军来维持海上霸权是可行的。文件继续陈述道，美国能够“从加拿大中止我们的补给”，确保从美国本土进口所有的食物，这便有效切断了大不列颠三分之二的食品供应。必然的结论是，当前的现实问题突出了“和美国保持友好关系的必要性”。[131]两年内，兰斯顿和鲍尔弗与美国签订了一份非正式的安全协议，这被认为是“特殊关系”的开端。[132]

因此，为世界所共知的是，西奥多·罗斯福建立了两大支柱：门罗主义和美国海军；在这两个基础之上他建构了他的外交政策。他在委内瑞拉危机过程中的作为，为美国在整个20世纪介入世界事务提供了先例。虽然他有“温言在口”的谨慎，他也有“大棒在手”的胆识，这在他接下来的治国艺术之中会有淋漓尽致的体现。

注释：

引文出自 Roosevelt to Cecil Spring Rice, 1 November 1905, *TLTR*, 5: 61 – 64.

[1] Roosevelt to Whitelaw Reid, 27 June 1906; Roosevelt to Henry White, 14 August 1906, *TLTR*, 5: 318 - 320, 357 - 359.

[2] William R. Thayer, *Life and Letters of John Hay* (Boston: Houghton Mifflin, 1915), 284 - 295.

[3] Howard C. Hill, *Roosevelt and the Caribbean* (Chicago: University of Chicago Press, 1927), 106 - 141; Pringle, *Theodore Roosevelt*, 197 - 203.

[4] Nancy Mitchell, "The Height of the German Challenge: The Venezuela Blockade, 1902—1903," *Diplomatic History* 20, no. 2 (1996): 185 - 209.

[5] Seward Livermore, "Theodore Roosevelt, the American Navy, and the Venezuelan Crisis of 1902—1903," *American Historical Review* 51, no. 1 (1945): 452 - 471.

[6] Morris, "A Matter of Extreme Urgency," 74.

[7] Edmund Morris, *Theodore Rex* (New York: Random House, 2001), 632 - 635.

[8] Donald L. Herman, "Democratic and Authoritarian Traditions," in *Democracy in Latin America: Colombia and Venezuela* (New York: Praeger, 1988), 5.

[9] Judith Ewell, *Venezuela: A Century of Change* (Stanford: Stanford University Press, 1984), 23 - 28.

[10] Ruhl J. Bartlett, ed., *The Record of American Diplomacy*, (New York: Alfred A. Knopf, 1964), 341 - 354.

[11] Brian S. McBeth, *Gunboats, Corruption, and Claims: Foreign Investment in Venezuela*, 1899—1908 (Westport, Conn.: Greenwood Press, 2001), 15 - 21.

[12] Herbert W. Bowen, *Recollections Diplomatic and Undiplomatic* (New York: Grafton Press, 1926), 252.

[13] 同上, 248 - 251.

[14] McBeth, *Gunboats, Corruption, and Claims*, 82 - 83.

[15] Sheldon B. Liss, *Diplomacy and Dependency: Venezuela, the United States, and the Americas* (Salisbury, N. C.: Documentary Publications, 1978), 27 - 30.

[16] Richardson, *Compilation of the Messages and Papers of the Presidents*, 2: 787 - 788.

[17] LaFeber, *Cambridge History of American Foreign Policy*, 60 - 61.

[18] 同上, 121 - 125.

[19] Edward Wagenknecht, *The Seven Worlds of Theodore Roosevelt* (New York: Longman, Green, 1958), 119.

[20] Howard K. Beale, *Theodore Roosevelt and the Rise of America to World Power* (Baltimore: Johns Hopkins University Press, 1956), 395 – 431.

[21] Roosevelt to Cecil Spring Rice, 6 July 1901, *TLTR*, 3: 107 – 109.

[22] Ronald Spector, *Admiral of the New Empire* (Baton Rouge: Louisiana State University Press, 1974), 126 – 127.

[23] Report of the General Board, 27 March 1902, Dewey Collection, Library of Congress (以下缩写为 DCLOC), box 43, folder 7, Records of the General Board of the Navy, Washington, D. C.

[24] Roosevelt to Ambassador Joseph H. Choate, 3 February 1902, *TLTR*, 3: 225.

[25] Richard H. Collin, *Theodore Roosevelt, Culture, Diplomacy, and Expansion: A New View of American Imperialism* (Baton Rouge: Louisiana State University Press, 1985), 156.

[26] Frederick W. Marks, *Velvet on Iron* (Lincoln: University of Nebraska Press, 1979), 37 – 70.

[27] Hill, *Roosevelt and the Caribbean*, 141 – 146.

[28] William Hard, "How Roosevelt Kept the Peace," *Metropolitan Magazine* (May 1916): 5, TRC.

[29] Holger H. Herwig, *Politics of Frustration: The United States in German Naval Planning*, 1889—1941 (Boston: Little, Brown), 1976, 94.

[30] Henry Taylor to Roosevelt, late November 1902, Theodore Roosevelt Collection, Library of Congress (以下缩写为 TRLOC), box 57, Military Correspondence of the President.

[31] Ronald Spector, "Roosevelt, the Navy, and the Venezuela Controversy: 1902—1903," *American Neptune* 32, no. 4 (1972): 259 – 260.

[32] General Board Memorandum, 25 June 1901, DCLOC, box 43, folder 7, Records of the General Board of the Navy.

[33] *Annual Reports of the Navy Department*, 1902 (Washington D. C.: Government Printing Office, 1902), 976.

[34] "Puerto Rico, Study of Theater Operations," Geographical Files, Puerto Rico Folder, USMC Historical Center, Washington Navy Yard.

[35] Beale, *Theodore Roosevelt and the Rise of America*, 356 – 357.

[36] *Annual Reports of the Secretary of the Navy*, 1902, 977.

[37] Colby M. Chester, "Diplomacy on the Quarter Deck," *American Journal of International Law* 8, no. 3 (1914): 443-476.

[38] Lt. Cdr. Nathan Sargent to Secretary of the Navy William Moody, 28 February 1901, NARA, RG 45, box 671, VI, Venezuela Situation.

[39] Cdr. T. C. McLean, Commanding Officer, USS *Cincinnati*, to Secretary of the Navy Moody, 26 July 1902; Cdr. John Nickles, Commanding Officer, USS *Topeka*, to Secretary of the Navy Moody, 23 July 1902, both in NARA, RG 45, box 671, VI, Venezuela Situation.

[40] Memorandum of the General Board, 28 May 1901, DCLOC, box 43, folder 7, Records of the General Board of the Navy.

[41] Memorandum of the General Board, 2 November 1901, DCLOC, box 43, folder 7, Records of the General Board of the Navy.

[42] Herwig, *Politics of Frustration*, 69.

[43] Thomas A. Bailey, "Dewey and the Germans at Manila Bay," *American Historical Review* 45, no. 1 (1939): 63-70.

[44] Terrell D. Gottschall, *By Order of the Kaiser* (Annapolis: Naval Institute Press, 2003), 206-211.

[45] Herwig, *Politics of Frustration*, 47.

[46] Holger H. Herwig, *Germany's Version of Empire in Venezuela* (Princeton: Princeton University Press, 1986), 196.

[47] "The German Emperor and the Monroe Doctrine," *Harper's Weekly*, 31 January 1903, TRC.

[48] See "Progress of the World," *American Review of Reviews* (April 1902), TRC.

[49] Isaac F. Marcosson, "Attorney-General Moody and His Work," *World's Work* (November 1906): 8 191.

[50] Paul T. Heffron, "Secretary Moody and Naval Administration Reform: 1902—1904," *American Neptune* 29 (January 1969): 33.

[51] Spector, *Admiral of the New Empire*, 139.

[52] Roosevelt to Adm. George Dewey, 14 June 1902, DCLOC, box 13, General Correspondence.

[53] Mildred Dewey Diary, DCLOC, box 73, General Correspondence, 71.

[54] Marks, *Velvet on Iron*, 50.

[55] Roosevelt to William H. Moody, 20 September 1902, DCLOC, box 13, General Correspondence.

[56] Memorandum dated 24 April 1902, DCLOC, box 13, General Correspondence.

[57] Heffron, "Secretary Moody and Naval Administration Reform," 33.

[58] William H. Moody memorandum, 24 July 1902, DCLOC, box 13, General Correspondence.

[59] Translations of Messages Sent in Cipher, October 1888 – January 1910, Vol. 4, p. 289, NARA, RG 45, Naval Records Collection, Office of the Secretary of the Navy, General Records.

[60] Order dated 23 September 1902 signed by Acting Commandant, Col. Reid, NARA, RG 127, U. S. Marines Overseas Brigades, Battalions, Regiments, Panama, box 4.

[61] Record of Percival Clarence Pope, USMC, Biographical Facts, Percival C. Pope Folder, USMC Historical Center, Washington Navy Yard.

[62] *Annual Reports of the Navy Department*, 1903, 1 232.

[63] Col. P. C. Pope to Commandant, 15 October 1902, NARA, RG 127, U. S. Marines Overseas Brigades, Battalions, Regiments, Panama, box 4.

[64] *Annual Reports of the Navy Department*, 1903, 1 233.

[65] Allan Nevins, *Henry White*: *Thirty Years of American Diplomacy* (New York: Harper and Brothers, 1930), 209.

[66] Leonard Wood Diary, 10 September 1902, Leonard Wood Papers, Library of Congress, Washington, D. C.

[67] Alfred P. Dennis, *Adventures in American Diplomacy*, 1896—1906 (New York: E. P. Dutton, 1928), 287.

[68] Edmund Morris, "A Few Pregnant Days," *Theodore Roosevelt Association Journal* 15, no. 1 (1987): 10.

[69] 同上.

[70] Bailey, "Dewey and the Germans at Manila Bay," 62 – 63.

[71] George Dewey, *Autobiography of George Dewey* (Annapolis: Naval Institute Press, 1987), 220 – 231; Mildred Dewey Diary, DCLOC, box 73, General Correspondence,

p. 93.

[72] Iestyn Adams, *Brothers across the Ocean: British Foreign Policy and the Origins of the Anglo - American "Special Relationship"* 1900—1905 (London: Tauris Academic Studies, 2005), 39; memorandum for communication to the German ambassador, 22 October 1902, British National Archives, Foreign Office (以下缩写为 BNA, FO) 115/1 241, "From Foreign Office."

[73] Marquess of Lansdowne to Sir F. Lascelles, 22 October 1902, BNA, FO 115/1 241.

[74] W. L. Penfield, "Anglo - German Intervention in Venezuela," *North American Review* 177 (July 1903): 96.

[75] Warren G. Kneer, *Great Britain and the Caribbean* (East Lansing: Michigan State University Press, 1975), 22.

[76] 同上, 26.

[77] Mildred Dewey Diary, 86. Dewey had previously served in the American Civil War and the Spanish - American War without receiving a wound.

[78] McBeth, *Gunboats, Corruption, and Claims*, 88.

[79] Liss, *Diplomacy and Dependency*, 38.

[80] McBeth, *Gunboats, Corruption, and Claims*, 88.

[81] Richard H. Collin, *Theodore Roosevelt's Caribbean* (Baton Rouge: Louisiana State University Press, 1990), 95.

[82] Herwig, *Politics of Frustration*, 79.

[83] Ewell, *Venezuela*, 40.

[84] *Papers Relating to the Foreign Relations of the United States*, 1903 (Washington, D. C.: Government Printing Office, 1904), 420 -422.

[85] Margaret Robinson, *Arbitration and the Hague Peace Conferences* (Philadelphia, 1936), 24, 70.

[86] Beale, *Theodore Roosevelt and the Rise of America*, 419.

[87] "May 23, 1916, George Dewey letter to Henry A. Wise," *New York Herald Tribune*, September 27, 1925, 9.

[88] Morris, "A Matter of Extreme Urgency," 79.

[89] *Annual Reports of the Navy Department*, 1903, 647.

[90] Secretary Moody to Naval Attachés, 4 December 1904, NARA, RG 45, General Re-

cords, Translations of Messages Sent in Cipher, October 1888 – January 1910, Vol. 4.

[91] *Mayflower* Letter Book, DCLOC, box 44, p. 39.

[92] 同上, 41.

[93] 同上, 55.

[94] 同上, 139.

[95] Elting E. Morison, *Admiral Sims and the Modern American Navy* (Boston: Houghton Mifflin, 1942), 132.

[96] Hill, *Roosevelt and the Caribbean*, 133.

[97] Ronald Reter, "The Real versus Rhetorical Theodore Roosevelt in Foreign Policy Making," Ph. D. diss., University of Georgia, 1973, 42 – 44.

[98] Adm. George Dewey to George Dewey Jr., 14 December 1902 (63 – 291 – LB), Dewey Papers, Personal Letters, Naval Archives, Naval Historical Center (以下缩写为 DPNHC), Washington Navy Yard.

[99] Morris, "A Few Pregnant Days," 3.

[100] Moody to Dewey; Moody to Commandant, Naval Station, San Juan, Puerto Rico, 15 December 1902, NARA, RG 45, General Records, Translations of Messages Sent in Cipher, October 1888 – January 1910, Vol. 4.

[101] Journal of the Commander in Chief, DCLOC, box 44, p. 39.

[102] Albert Gleaves, *The Admiral* (Pasadena, Calif.: Hope Publishing, 1985).

[103] *Annual Reports of the Navy Department*, 1903, 1 249.

[104] 同上, 647 – 648.

[105] Journal of the Commander in Chief, DCLOC, box 44, p. 43; Dewey to Moody, 16 December 1902, NARA, microfiche M625, roll 261, Area File of Naval Collection, 1775—1910, Area 8, December 1902 – January 1903.

[106] Commanding Officer, USS *Marietta*, to Secretary Moody, copy to Admiral Dewey, 16 December 1902, NARA, RG 45, box 671, Venezuela Situation, p. 4.

[107] *Mayflower* Letter Book, DCLOC, box 44, pp. 146 – 147.

[108] 同上, 148.

[109] Reter, "The Real versus Rhetorical Theodore Roosevelt," 45.

[110] *Mayflower* Letter Book, DCLOC, box 44, p. 44.

[111] British Ambassador to British Foreign Minister, 16 December 1902, BNA, FO 115/

1 244.

[112] Sir Michael Herbert to Lansdowne, Cipher Telegram, 13 December 1902, BNA, FO 115/1 244.

[113] Kneer, *Great Britain and the Caribbean*, 35.

[114] 同上, 38.

[115] Iestyn Adams, *Brothers across the Ocean*, 50 – 51.

[116] Collin, *Theodore Roosevelt's Caribbean*, 106 – 107.

[117] Morris, "A Few Pregnant Days," 11.

[118] Morris, "A Matter of Extreme Urgency," 82 – 84.

[119] Burton J. Hendrick, "Historic Crises in American Diplomacy," *World's Work* (June 1916): 186.

[120] Henry Mann, "The Monroe Doctrine," *Harmsworth Self – Educator* (July 1907): 1 556.

[121] NARA, Microfiche M625, roll 261, Area File of Naval Collection, 1775—1910, Area 8, December 1902 – January 1903.

[122] Gleaves, *The Admiral*, 106.

[123] Admiral Dewey to George Dewey Jr., 4 January 1903 (63 – 291 – MH), DPNHC.

[124] Dudley W. Knox, *A History of the United States Navy* (New York: G. P. Putnam's Sons, 1936), 375.

[125] Morris, "A Few Pregnant Days," 3.

[126] Dennis, *Adventures in American Diplomacy*, 291 – 292.

[127] Admiral Dewey to George Dewey Jr., 21 December 1902 (63 – 291 – MH), DPN-HC.

[128] "Roosevelt and Venezuela," *New York Herald Tribune*, 27 September 1925, p. 26, TRC.

[129] Roosevelt to Lodge, 27 March 1901, *TLTR*, 3: 31 – 32.

[130] Roosevelt to Cecil Spring Rice, 3 July 1901, *TLTR*, 3: 107 – 109.

[131] "Caribbean Sea and Western Atlantic: Strategic Conditions in Event of War with the United States," BNA, Admiralty Group (ADM) 1/8 875, 21 January 1903.

[132] Tilchin, *Theodore Roosevelt and the British Empire*, 102 – 105.

第三章　在巴拿马革命中的灵活应对 54

我夺取巴拿马地峡，开始建造运河，然后离开了国会……不是因运河而争论，而是因为我。然而就在争论进行的时候，运河也开工了。

——西奥多·罗斯福，1911 年 3 月 23 日

1903 年 8 月 17 日

西奥多·罗斯福很生气。哥伦比亚的参议员出乎意料地拒绝了他精心安排的海—爱兰条约（Hay - Herrán Treaty），该条约本能让美国拥有一条穿过哥伦比亚巴拿马省的狭窄通道的通过权。条约是在是年 1 月在对美国人十分有利的情况下，由哥伦比亚人授意来商议，并提交美国参议院并在 3 月 1 日得到批准的。[1]之后谈判的主动权转移到了哥伦比亚人手中，因为美国急需获得一条能够抄近路通过狭窄地峡的运河，所以哥伦比亚人决定利用这点来占美国的便宜。他们如果投票赞成，那么这一建筑史上最伟大的壮举就有了官方授权，可以破土开工了。运河的建成将加强贸易并使美国海军舰队能够迅速地从一边海岸到另一边海岸，使美国海军舰队的效率成倍增长。因此，这条运河长期以来一直是西奥多·罗斯福对外政策的核心，他决意要看到它的建成。[2]

在历史上，罗斯福与巴拿马运河是永远联系在一起的。他坚信必须要有一条运河能够贯穿中美洲，这一点已经成了 19 世纪 90 年代他的写作和演讲的常用题材。他对这条运河的个人兴趣使他搭乘美国海军“路易斯安那”号（*Louisiana*）到达运河区并成为第一位在执政期间出国旅

行的美国总统。但是这条运河重要到让罗斯福为了它的建成而“拿下”巴拿马地峡了吗？更具体点说，他会为达成此目标而冒险采取军事行动吗？

55 大多数历史学家认为巴拿马革命起源于巴拿马境内，是因革命者自己的选择而出现的。[3]无论美国海军在起义之后采取了怎样的行动，没有证据显示西奥多·罗斯福曾经明确表示会支持反对派。当然，反叛是他们自己的决定，而罗斯福在看到这一情形后依照美国利益保留了响应他们行动的权利。但关键性的问题仍然存在。是什么激发了巴拿马的独立运动？是否有一个临界点激发了这一试图脱离哥伦比亚而从政治上独立的重大进程？最重要的问题是，反叛是大多数人的起义，还是知识界与商界阴谋的产物？

仔细查阅军事作战记录，可发现其他几个对革命的爆发有贡献作用的事件——具体而言，是两个在哥伦比亚和巴拿马幕后的年轻美国军官所采取的行动和一艘美国战舰出现在时为哥伦比亚一省的巴拿马沿海。另外，详细查阅海军通信记录，可发现一项在美国总统明确授意下产生的计划。这项叫做“一号战争文件”（War Portfolio No. 1）的计划，准备由美国部队向巴拿马共和国提供积极的“防御”。罗斯福在第一届总统任期内所宣扬的温和对外政策声明，让哥伦比亚人相信他们可以在磋商的这几个月里摸一下老虎的屁股，并逐渐发展到拒绝海-爱兰条约；而“一号战争文件”体现了行动上的果断与偏好，与之前的对外政策声明形成了鲜明的对比。这一点很少被以前的罗斯福传记作者所知，也从来没有被提到过。

波哥大的长耳大野兔

当已经批准的运河条约到达哥伦比亚首都时，总统何塞·马罗金（José Marroquín）松了口气。美国国内多方利益为了将运河航线穿越尼加拉瓜（Nicaragua）进行了积极的游说，之前他还在为此而担心。但既然现在主动权回到了自己的手里，鉴于哥伦比亚政府的独裁性质，完全批准这项条约已经是哥伦比亚领导者权力范围内的事了。但相反的，这次他却要求国家立法机关开展会议讨论这项条约[4]，这是自1898年后的第一次。选举将在5月举行，然而哥伦比亚国会直到6月20日还没有聚 56
集。美国政府没想到会出现这样的问题。此时因反对条约中一些侵害哥伦比亚主权的内容，民粹主义情绪日渐上涨，而一位在波哥大的美国官员却抛开这些不管，在6月27日做出报告，声称“政府部门的盟友控制了国会，我相信只要是政府的严肃要求，立法就会通过。”[5]于是，在国会聚集后不久，批准条约的阻力开始出现。

在新的国会组成之前，去哥伦比亚旅游的美国人惊讶地发现，一些移居海外的哥伦比亚人开始从欧洲或其他地方返回这里。这些哥伦比亚人对他们的意图出奇地坦率。他们希望能在哥伦比亚参议院争得一席之地，他们认为美国肯定会通过贿赂来获得他们的投票，这样他们就可以填满自己空空的口袋。德国的特工可能也活跃在波哥大幕后，想要使条约失效，让德国有机会获得运河的特权。[6]

亚瑟·M·博普雷（Arthur M. Beaupré）之前是伊利诺伊州的一名律师，因其对共和党的忠诚而被任命为哥伦比亚方面的外交使臣。6月26日，他在波哥大发回报告，声称虽然条约的通过在众议院得到了保障，“不利的影响使得参议院大多数处于不确定的状态”。[7]两周以后，博普雷向国务卿海约翰汇报，他已通过一封外交使臣的加密电报与参议院的某些人取得了接触。电报表明“如果哥伦比亚现在拒绝条约，或者过度地延迟条约获得批准的时间，两国间的友好关系将受到严重牵连，国会因此而在下个冬天可能采取的行动会使哥伦比亚的所有朋友感到后悔。”[8]博普雷几天后将这封电报的主旨转告了哥伦比亚的外交部长。[9]两周以后，就在国会刚刚聚集时，马罗金总统在总统宫会见了参议院的所有人，并向他们泄露了美国国务卿与哥伦比亚外交部长之间的私人谈话。[10]这次揭露，用博普雷的话来说，“引起了轰动”。[11]博普雷很快通知华盛顿方面，这次“泄露”是马罗金总统故意采取的措施。两周后，当博普雷传达了两条“建议性的”修正，以避免出现任何对批准时限的进一步延缓时，哥伦比亚政府的动机变得清晰了。第一条修正要求，由法国人创办的巴拿马运河公司向哥伦比亚支付预期从美国获取的4 000万美元中的1 000万，作为获得运河特许权的补偿。第二条修正要求，
57 将美国直接支付哥伦比亚的1 000万美元增加到1 500万美元。[12]何塞·马罗金和他的朋友图谋更多的钱。[13]

就像之前提到的，新的哥伦比亚参议院中有相当一部分人曾经在欧洲生活过许多年。其中一名曾在德国生活的参议员向德国商务专员询问，德国是否想要参与运河特权的投标。英国的外交代表也收到了类似的询问。哥伦比亚参议员看到了运河协议中潜在的外财，而且确信美国人很快就会领悟其中的关键，然后接受他们的出价。[14]哥伦比亚参议院的大厅充斥着有关保护哥伦比亚在运河区基本主权的对话与辩论，民粹主义情绪想要得到哥伦比亚人民的支持，而哥伦比亚人民现在已经在他们领导者的鼓吹下，全力反对这项条约。[15]博普雷告知他在华盛顿的上级，想要让条约获得批准，美国需要花更多的钱。[16]

国务卿海约翰在7月29日用电报回复说："我们政府没有权利和能力与哥伦比亚政府签订有关强加给运河公司财政债务的协议，并且在这种情况下总统也不会向参议院提交任何修正案。"[17]现有的条约代表着美国政府已经做出了巨大的妥协，罗斯福不愿意再做出让步。比如说，最开始的协议是要求"永远的"租赁，而哥伦比亚人提出"固定的100年"的租赁期限，美国接受了这一建议。美国要求有10英里宽的运河区，而哥伦比亚人建议运河区宽度为1万米，这条建议也被接受了。罗斯福的特使提供了700万美元的报酬，但哥伦比亚人直到报酬被提升到1 000万美元才不再反对。[18]在美国参议院批准投票之前，美国人已经就最初磋商的每个阶段进行了真诚的商议，并且已经满足了哥伦比亚的每个要求。当8月12日晚上哥伦比亚参议院拒绝签订条约的消息传回来时，罗斯福暴怒地指出，绝不能允许这个波哥大的"长耳大野兔单方面地封锁这条未来文明的高速公路"。[9]为了移除这个障碍，有一些事必须要做。

计划和发展

在哥伦比亚人进行投票后的几天里，罗斯福对他做出的选择进行了
审慎的思考。为了保证在这个地峡能拥有不间断的商业活动，美国国务
院的一名官员向罗斯福提交了一份提案，这份提案能够利用 1846 年与哥 58
伦比亚的前身，新格拉纳达（New Granada），签署的协议来证明夺取运
河区的正当性。[20]一些评论员力劝废除将巴拿马作为最终路线的斯普纳
法（Spooner Law），并重新考虑一条穿越尼加拉瓜的替代路线。[21]考虑到
涉及各种各样的本土与国际利益，罗斯福小心翼翼考虑着，他咨询了所
有参与这项协议的人，并逐渐形成了一个计划。[22]

在之前的 50 年里，这个地峡区发生了超过 50 起革命或起义事件。[23]但令人感到讽刺的是，哥伦比亚为了镇压巴拿马地区的暴动，六次向美国请求援助，这其中就包括 1901 年和 1902 年的几次事件。[24]总之，美国为了保证能够安全地穿过地峡，已经多次镇压了巴拿马地区的革命。罗斯福很难相信巴拿马人会屈从于哥伦比亚的统治，但无论他多希望爆发一场起义，一旦他公开地表示这一点，那么就相当于煽动起义，而那样会对西半球和欧洲的很多国家产生严重的外交影响。[25]

1903 年 10 月 9 日，罗斯福与菲利浦·比诺－瓦里拉（Philippe Bunau－Varilla）进行了一次精心安排的会面。菲利浦·比诺－瓦里拉是一个法国财团的高级工程师和主要持股人，也正是这个财团获得了运河的合同（但现在运河的建造陷入了困境）。比诺－瓦里拉曾经多次与巴拿马反对派的领导人以及罗斯福政府的官员进行过接触，据他叙述，他和总统的对话是从法国德雷福斯（Dreyfus）的军事法庭开始的。

> 总统先生，德雷福斯船长并不是令人可憎的政治激情中唯一的受害者。
>
> “是的，”总统说道，忽然来了兴致，“这确实是事实，您

在巴拿马地区投入了太多的时间和心血，比诺－瓦里拉先生。那么您认为现在这种情况会导致什么结果?”……我以坚定缓慢的语气说出了八个字：

“总统先生，一场革命。”

总统的脸上显示出极大的惊奇。“一场革命，”他机械地重复道，然后习惯性地转向卢米斯先生（助理国务卿）……说道……“一场革命！……但如果这成为现实，那我们原来想出的计划会变成什么?”[26]

59 罗斯福并没有将这个说法当成一种“计划”，他在官方上的态度仍然不明确。当比诺－瓦里拉询问美国是否会支持或反对革命者时，他也没有回答。然而总统先生并不能（或者更像是不会）隐藏他对哥伦比亚领导人的厌恶，他曾说：“哥伦比亚的所作所为已经让它丧失了向美国提出任何要求的权利，而对于能够做出这样事情的政府，我是不会为他们做任何事的。”[27]比诺－瓦里拉离开会议室的时候，对美国会支持巴拿马革命充满了信心。[28]这次会议之后，罗斯福向一个朋友透露，他假定这位法国工程师会告诉巴拿马革命者，如果美国介入，将会站在他们这一边。毕竟他是这样描述这位法国人的：“如果他根据我们近些年的所作所为，无法预测到我们会进行这样的介入，那他就太迟钝了。”[29]

同时，罗斯福对协议修正案不满的消息传到了哥伦比亚，同时传来的还有巴拿马地区不满情绪正在逐渐上升的消息。随着与美国建立合作伙伴关系的可能性越来越小，而又没有能力独自承担建造运河的工程，哥伦比亚人开始想方设法在欧洲强国间寻找合适的投资者与保护者。鉴于法国人已经不在可选择范围内，而英国又想与美国至少保持非正式关系，德国迅速成为首要候选。这个选择表面上会建造一条“严格属于哥伦比亚的运河”，但每个河道内都将充斥着德国式的工程。[30]这些计划，和由此可能会引发的美国与德国的冲突，一直也没有实现。

10月16日，两位美国军官，海军上校昌西·“托马斯”·B·汉弗莱（Chauncey “Thomas” B. Humphrey）和一等海军上尉格雷森·M·P·墨菲（Grayson M. P. Murphy），被召集到白宫向总统做报告。早在3月时，罗斯福就让战争部长派遣军官“在地图上标出部分南美洲海岸，并搜集这些地方的信息，这些海岸都是一旦在墨西哥湾和加勒比海发生冲突后会有特殊用途的地方”。这两位勇敢的间谍做得尤为出色。虽然他们在旅途中尽量穿上平民的服饰来使自己不那么显眼，但对于这两个美国人来说，想要与当地人混在一起显然不是那么容易。[31]他们两个都是经验丰富的士兵。汉弗莱曾经作为军官参加了美西战争，墨菲当时是一名士兵。他们两个在回到美国后都受命去了西点军校，汉弗莱是教员，而墨菲是新生。在1903年夏天，汉弗莱和他这位以前的学生开始了他们的旅程，作为美国总统的代表，尝试去揭开哥伦比亚和巴拿马幕后的 60
故事。[32]

他们在哥伦比亚的所见所闻让他们发现了哥伦比亚参议院中混杂着许多利益团体，这些利益团体既有国外的也有国内的，都想要在条约批准过程中占据优势。他们两个人很快决定扮作英国游客前往巴拿马。当他们到达科隆（Colón）火车站时，他们遇到了一位美国铁路特工，这位特工是一名从门罗堡第六炮兵团退役的中士。他告诉汉弗莱和墨菲，虽然之前有过要发动革命的消息，但“没有一次革命是成功的，也没有一次革命会成功，因为没有任何一个军事指挥官能够成长到足够领导或组织反叛的地步。”这位已经退职的老军官还给了他们两份《巴拿马明星先驱报》（*Panama Star & Herald*），让他们在穿过地峡的旅途中打发时间。当火车驶出科隆时，他们惊喜地发现，他们旁边的座位上有位新任命的州长。

汉弗莱和墨菲扮成一副在看报纸的样子，并假装听不懂座位前面正在进行的对话，他们听到这位州长正在和他的手下讨论波哥大发生的事情。他们偷听的计划十分成功。抛开其他不谈，他们了解到留给这项条约获得批准的时间已经不多了，而德国政府还在积极地阻止这项条约获得批准。另外，他们还发现哥伦比亚政府因不满条约所提供的1 000万美元，决定坚持2 000万美元的要求。马罗金的内阁还认为如果能够在法律上采取一些技术性手段，他们甚至能够获得美国为了获取法国运河公司（French Canal Company）的运河路线权而支付的4 000万美元。当汉弗莱和墨菲听到哥伦比亚政府决定不撤回他们在运河路线上的警察部队，以便于“有可能通过法官、警察、法院、海关等，从穿过运河的外国人身上获取更多的抚恤金”时，他们好不容易才隐藏住了自己的惊讶。这位州长的部下还表示了自己的困惑，因为美国并没有以贿赂的方式获取哥伦比亚参议员的投票。难道美国人不知道仅仅只需1万美元，他们就能获得一名参议员的支持？[33]

当二人到达巴拿马城（Panama City）时，他们找到了美国副领事菲利克斯·埃尔曼（Felix Ehrman），后者告诉他们，所有可能批准这项协议的希望都消失了。[34]埃尔曼还提到，有相当多的一部分本地人都在讨
61 论，为争取巴拿马人独立所需的改革、与美国的一项条约、建造运河、地峡区的繁荣这几件事。通过一系列的介绍和交易，这两位军官越来越深地接触到了本地的革命派，并最终见到了革命运动的领导人——何塞·阿朗戈（José Arango）。阿朗戈告诉汉弗莱，由于屡战屡败，缺乏外援，运动的核心力量正在流失。[35]汉弗莱后来回忆起自己当时的如下回答。

> 考虑到总体的政治环境，我告诉他如果革命派是认真的，我可以并且也会乐意于给他们一些意见。如果他和他的组织成员能够保证将此视为机密，我会帮助他摆脱困境。我又说，如果他们能有三个靠得住的人在下午4点到我在大中央酒店（Grand Central Hotel）的房间，我会就行动步骤给一些建议。

当这些人到达他所住的酒店时，汉弗莱问了他们一系列有关他们军备和后勤保障的细节问题。他还想要寻找有关哥伦比亚在巴拿马驻军和有关这一地区的道路与地形地势的信息。在接下来的36小时里，汉弗莱想要的信息逐渐汇总到大中央酒店。很快，汉弗莱和墨菲就将这些信息拼凑起来，了解到在地峡区有大约2 500枚武器可以投入使用，同时每

把枪有少量的弹药补给。[36]

在协议被哥伦比亚正式拒绝的那天，汉弗莱报告称，他被任命为一支军事力量为500人的指挥官，但他拒绝了这一荣誉。[37]而作为补偿，他草拟了几个能够覆盖政府、交通、商业等重要位置的火力点。他还建议，鉴于从哥伦比亚来援的新部队“会在科隆到达，在正式宣告革命之前，应尽力拿下这处营地。而想要更有效的达成这个目的，把士兵与他们的长官在到达后隔离开来不失为一个很好的办法。这点被认为是十分可行的……可以为这些官员和想要见他们的代表团提供一辆到巴拿马（城）的专列。”[38]汉弗莱为了和阿朗戈通过电报交流，还建立了一套密码。在以革命者的名义从美国征调援军后，这两位军官迅速搭上一艘船赶回美国报告。[39]

10月16日，这两位军官站在总统的面前，就他们的见闻与活动做 62
报告。[40]他们的报告给了罗斯福一些安慰，毕竟他已经采取了一系列动作来保证已渐露苗头的革命获得成功。这两位军官希望罗斯福让他们作为这场革命中的特工返回巴拿马，但罗斯福拒绝了这种级别的美国直接介入的行为。他让这两位军官小心不要透露任何有关这次会议的信息，祝他们晚安，然后叫来了秘书，开始起草命令。[41]又一次，他命令海军开始行动。

几天之后，国务卿海约翰以私人身份会见了法国工程师比诺－瓦里拉，就在他自己距白宫一个街区远的家中。大多数的谈话内容都回避了他们各自心中最中心的话题。有关书籍和音乐主题的内容取代了一场直截了当的谈话，但最终比诺－瓦里拉结束了这场谈话并直接声明：“所有的事情都会以一场革命而结束，如果你不想到时候手足无措，就必须采取措施。”海一点儿也不惊讶地回答道：“让在太平洋的海军驶向地峡的命令已经发出。”比诺－瓦里拉后来回忆，他与海的这次会谈，使他个人心中支持革命的最后一丝犹豫也消失了。[42]

许多观察家期待罗斯福会在哥伦比亚即将爆发的危机中较之委内瑞拉危机更有作为，毕竟他拥有着强大的军事实力，而他们认为罗斯福一直在寻找一个能够证明自己是战时统帅的机会。结果出乎他们意料。从罗斯福的观点来看，海军与海军陆战队一直是用来压制中美洲革命运动的一把刀。只要哥伦比亚的行为符合美国利益，罗斯福就愿意持续提供这把刀。而现在所面临的形势已经与美国政策不符，西奥多·罗斯福对美国力量的运用做了微妙而有效的转变。他决定撤回这把刀，为反叛让开道路，并在同时杜绝了哥伦比亚向暴动中心派出支援部队和运输现有军队的机会。

63 **表4 1903年11月美国海军舰艇行动一览表**

加勒比海				
船名	始发	时间	终点	时间
“纳什维尔”号	金斯敦①	11月1日	科隆	11月2日
“迪克西”号	金斯敦	11月3日	科隆	11月5日
“亚特兰大”号	金斯敦	11月4日	科隆	11月7日
“缅因”号	金斯敦	11月9日	科隆	11月15日
太平洋				
船名	始发	时间	终点	时间
“波士顿”号	圣地亚哥	11月4日	巴拿马城	11月7日
“马布尔黑德”号	阿卡普尔科②	11月4日	巴拿马城	11月10日
“康克德”号	阿卡普尔科	11月4日	巴拿马城	11月10日
“怀俄明”号	阿卡普尔科	11月4日	巴拿马城	11月13日

随着罗斯福10月9日与比诺-瓦里拉的会见，黑暗降临在华盛顿（在年轻的间谍们做出他们的报告一周前），海军秘书处通过电报线路发出了加密的调令。在科隆（巴拿马省的东方港口）附近活动的美国海军“纳什维尔”号（*Nashville*）炮艇因为要运输煤而在10月11日被安排进入港口，之后转移到圣安德鲁岛（Saint Andrew's Island）。新的命令让船长、海军中校约翰·哈伯德（John Hubbard）先沿他原本的路线航行，以避免引起注意，但随后要加速赶往牙买加（Jamaica）的金斯敦（Kingston）获取煤，然后从那里加速赶往科隆。[43]将这些命令传达给大

① 牙买加首都。——译者注

② 墨西哥南部港口城市。——译者注

西洋舰队将军的一封信显示出，这些对他属下舰船的命令是在他并不知情的情况下进行的。直接调动如此之多的官员，恐怕只有最高统帅罗斯福下令才能做到。

10月15日，备用状态的辅助巡洋舰美国海军“迪克西”号（*Dixie*）被紧急调用派往加勒比海分舰队，奉命进入宾夕法尼亚州的里格岛（League Island），运载一营500名海军陆战队。在古巴的关塔那摩湾（Guantánamo Bay）进行短暂停留，在金斯敦获得补给和燃煤后，“迪克西”号在11月2日被下令“将所有资源调往科隆”。[44]这样的命令同样下达给“亚特兰大”号（*Atlanta*）巡洋舰、“缅因”号战列舰和“汉尼拔”号（*Hannibal*）运煤船，让他们依次到达科隆附近。其他舰船跟随在后，将大西洋和太平洋上接近地峡的驻地全部占领。[45]

这些指挥官并没有接到有关任务的具体指令，但在他们的船上都有一些密封的包裹，这些包裹里有对一些意外事件的指令。[46]这足以让他们将自己的舰船和船员在这个动荡的时刻准备就绪。

对于巴拿马革命者来说，他们十分清楚美国海军战舰在地峡附近的行动。比诺－瓦里拉在同国务卿海和之后与罗斯福的会面中提及对美国 64
军事力量部署的理解表达了自己的立场。[47]比诺－瓦里拉仔细地关注着有关舰船动向的新闻。一听到这月底“纳什维尔”号炮艇将要受命离开金斯敦，他打电报给巴拿马说：“Pizaldo Panama all right will reach ton and a half obscure. Jones.”[48]翻译后，这条密码是指美国海军战舰将在两天半后到达，革命要根据到达的时间同时进行。

巴拿马人的专业人员扫描了两天地平线，寻找靠近的战船。在1903年11月2日下午，“纳什维尔”号的烟囱上冒的烟出现在远处。[49]狂喜的巴拿马城革命委员会在城市大教堂广场对聚集的人群宣布，独立终于将在“明天”到来。[50]一位目击者后来回忆，随着“纳什维尔”号的出现，“人们看到了这个强大的邻国伸出来的手。”[51]

确保革命开展：第一阶段

以一种杰出的预见性行动，海军部11月2日向在阿卡普尔科的海军指挥官发布了这样的命令：

> 继续将所有可能的舰船调往巴拿马。在出发时用加密电报通知。保持自由与不间断的运输。如果遭到武装力量的威胁而中断，则占领铁道线路。组织任何武装力量登陆，无论是政府军还是起义军，只要靠近巴拿马50英里内，都视为是有敌意的。如果对任何武装力量的意图有所怀疑，就用强大的火炮占领安肯山（*Ancon Hill*）……据报告称，政府军的战船正在向地峡前进。如果你认为他们着陆会产生冲突，那么就阻止他们着陆。[52]

美国战舰"纳什维尔"号并没有接到"50英里"的电报，导致这艘战舰在科隆下锚后，事情开始向错误的方向发展。

11月2日上午，一封来自美国国务院的电报打到了巴拿马总领事馆，询问那天早上在主流媒体上所描述的巴拿马起义是否属实。当时的总领事正在美国休年假，因此并不在岗位上，他的助手试图查明这个问
65 题的答案。这位助手是总领事的儿子，他走上街头正好遇到了一位熟人，他认为这个人与独立运动的成员足够接近，因此应该是知情人。他小声地问革命是否已经开始，这位熟人回答他，将在当晚6点宣布独立。这条信息用电报的形式传回了华盛顿，但直到华盛顿时间9点才收到。[53]

同时，哥伦比亚从卡塔赫纳（Cartagena）运输港运送了400人的部队，在傍晚早些时候到达了科隆。11月3日早上8点20分，哥伦比亚军在没有受到任何抵抗的情况下登陆，并继续向火车站行进，试图乘火车赶到巴拿马镇压叛乱。[54]当地的巴拿马官员在汉弗莱上校的建议下，故

意延缓了部队的运输，并积极为部队的指挥官，托瓦将军（General Tovar）和他的随从准备了一辆专列，让他们在部队之前出发，并保证部队会紧跟在他们后面。[55]在这期间，华盛顿的命令终于传到了“纳什维尔”号。哈伯德十分震惊地发现，他接到的命令竟然是“尽全力阻止哥伦比亚军队前往巴拿马”。[56]这位海军中校立即控制了铁路，并用1846年协议中的话来解释称“是为了维持和平和良好的秩序”。在表明了中立的立场后，他拒绝了哥伦比亚军和巴拿马革命军使用铁路的要求。[57]这时候，决定巴拿马命运的事件已经开始。[58]哥伦比亚人发现他们无论是在战略上还是在战术上都被孤立了。

哥伦比亚军开始躁动。缺少领导阶层的他们知道周围正在发生的事情，于是威胁道，“如果托瓦将军被俘，他们将杀尽所有在科隆的美国人。”[59]哈伯德将当地的美国妇女和儿童转移到了“纳什维尔”号和其他挂有美国国旗的舰船上，同时，将舰船执行长官、海军少校H·M·威策尔（H. M. Witzel）下属的所有船员组建成了一支军事力量，让他们与当地的美国男人一起，在一个属于美国的仓库里组成防守阵形。哈伯德向海军部报告：“我已命令军队登陆，来保障此地美国公民的生命与财产安全免受哥伦比亚士兵的威胁。我现在正在利用船只对沿海进行保护。”[60]接下来就是僵持的局面。

哥伦比亚军向仓库缓慢逼近的脚步持续了90分钟，试图恐吓和驱散里面的美国军队。[61]当时的哥伦比亚军指挥官靠近仓库来进行谈判。他要求将一小部分军官用火车送过地峡向他们的指挥官请示。这一点被允 66
许了。此外还有一项让双方退军的提议，哥伦比亚军退到城镇边缘，美国军队退到“纳什维尔”号。[62]或许哈伯德认为这样的行动能够减缓冲突的气氛，就在晚上把他的部队撤到了舰船上，他相信现在并没有“任何性质严重的”困境。[63]

早上的时候，“纳什维尔”号上的军队又一次冲上了海岸，因为哈伯德传令称：“今早的形势又一次恶化了。让部队重新登陆是明智的。”[64]“纳什维尔”号上的指挥官了解到，哥伦比亚的指挥官想要重新占领在城市中的据点，所以他让他的军队也上岸了，这次他们有两门架在平台有轨电车上的 1 磅①炮。在对面指挥官想要占据优势的谈判下，一天又过去了。哈伯德坚定地重申，他严守中立，并禁止哥伦比亚人和巴拿马人利用铁路。[65]如果哥伦比亚人想要返回卡塔赫纳，美国的铁路公司会为他们提供路费。[66]而哥伦比亚人又一次要求让他们的指挥官返回。双方都在努力保持平静。虽然人数上不占优势，但哈伯德明白如果他撤回城里，那么哥伦比亚人就能登上火车长驱无阻地向西行进并迅速平定暴乱。而让事件更加恶化的是，他从当地情报处得知，一辆装载其他军队的商船已经离开卡塔赫纳，正在前往巴拿马的途中。[67]

就在形势将要失控时，指挥官弗朗西斯·H·德拉诺（Francis H. Delano）的军舰“迪克西”号和其上在约翰·A·勒琼（John A. Lejeune）少校指挥下的一营海军陆战队出现在了海平面上。哥伦比亚军现在所面临的将是一个控制了港口，地面部队也超过自己的对手，他们只能在第二天早上登上“奥里诺科”号（*Orinoco*）轮船，开往卡塔赫纳。[68]在勒琼麾下的两队海军陆战队接管了由“纳什维尔”号船员占领的位置。[69]

哈伯德在向华盛顿的上级报告时赞扬了他麾下成员的行动，称赞他们对哥伦比亚人离开科隆的决策有着“坚定的态度”和“平静的心态”。关于在僵局中出乎意料升级的威胁，“纳什维尔”号的指挥官激动地写道：“我感到我无法充分有力地向海军部呈现这次暴行的粗野和对我们尊严的侮辱，更不用说这次威胁的野蛮。”[70]西奥多·罗斯福理解了威胁暗指的意思，也明白鉴于“奥里诺科”号的起航，这个威胁并没有解除。

67 保卫革命：第二阶段

1903 年 11 月 6 日，华盛顿从波哥大的代表那里收到信息，称革命的消息已经传入首都，“军队正在派往地峡”。[71]作为回应，海军秘书处发布了明确的命令来阻止“任何有敌意的人进入巴拿马省的范围内”。[72]

---

① 1 磅≈0.453 6 千克。——编者注

美国太平洋分舰队指挥官，海军少将亨利·格拉斯（Henry Glass）将旗舰于 11 月 10 日停泊在巴拿马城附近，并进一步加强了这个命令。他告诉他下属的海军将领不仅要对试图着陆的哥伦比亚舰船进行警告，还要“用一切可能用到的力量来阻止任何登陆的尝试，特别是在对方不顾警告的情形下。”[73]另外，格拉斯还命令战列舰“缅因”号加速赶到这片区域。[74]

总统何塞·马罗金意识到事件正在向着不利于自己的趋势发展，他开始向美国请求援助：“如果美国政府能够出兵保护哥伦比亚的主权和运输……我们的政府将会宣布戒严令，并且凭借宪法授予的权利，当公众秩序受到扰乱时，可以通过政令来使原先签订的运河条约获得批准。”[75]国务卿海约翰代替总统做出回应，声称巴拿马人民已经决定要求独立，而美国政府已经对新生的共和国做出了事实上的承认。[76]海继续说道：

> 美国总统依照长期以来分别与各国保持的友好关系，真挚地希望哥伦比亚政府和巴拿马政府能够和平与公正地解决两国之间存在的问题。我国总统深信，他的责任并不仅限于条约义务，更是文明的需求，即看到巴拿马地峡能够出现和平的交通，不再被连续不断的不必要内战所影响。[77]

哥伦比亚首都的街头到处都是谴责马罗金的声音，人们还向他兄弟的住宅扔石头。马罗金的政治盟友和哥伦比亚的军事首席长官拉斐尔·雷耶斯将军（Gen. Rafael Reyes）计划紧急动身前往巴拿马，希望能够说服当地的美国军事长官帮助他收复巴拿马。[78]哥伦比亚外交部长在 11 68
月 14 日向波哥大的美国大使发出公告，指责美国的行为直接违背了 1846 年《新格拉纳达条约》所规定的美国义务，并宣称如果美国不终止与巴拿马叛军政府的交流，两国间将“不可能”存在外交关系。这位外交部长还说哥伦比亚的“军队已经赶往巴拿马地峡”。[79]由此开始了美国介入巴拿马独立的第二阶段。

菲利浦·比诺-瓦里拉现在是巴拿马在华盛顿新任命的公使，他很快开始与国务卿海商议运河的特许权，但他还收到消息称他并不能对协议做出最后决定，因为一个巴拿马高级代表团正在前往华盛顿的途中，他们是来向美国提出自己的要求。[80]比诺－瓦里拉已经如此地接近成功（并且也大大减轻了他所持股的建筑公司的财政压力），他不想看到这群正在赶来的人中出现又一次的悲剧，因为他知道他们会向美国提出过多的要求。他迅速起草了一份协议，这份协议让美国能够“永久地”获得一条宽10英里，长40英里的运河区，作为交换，他会获得1 000万美元和每年25万美元的报酬。这份协议还给了美国介入巴拿马地区事务来维持秩序的所有权力。[81]国务卿海和比诺－瓦里拉公使在1903年11月18日，即在革命开始15天后，巴拿马代表团到达华盛顿几小时前，签订了这份协议。

就在这场外交肥皂剧在华盛顿上演时，法国邮船“加拿大”号（*Canada*）在11月19日带着拉斐尔·雷耶斯将军驶入了科隆，他是哥伦比亚政府的全权公使（现在也是失宠的哥伦比亚总统政治上的法定继承人）。雷耶斯此次抱着“鉴于地峡如今的形势，如果可能的话，希望达成和解”的目的，来与巴拿马政府进行协商。[82]巴拿马人显然对自己的领地上出现哥伦比亚的高级军事将领感到不舒服，因此要求在美国军舰上与他们见面。[83]格拉斯少将的旗舰“马布尔黑德”号（*Marblehead*）当时停靠在地峡靠近太平洋一侧，因此他请求约瑟夫·科格伦少将将此次会面安排在科隆港的美军“奥林匹亚”号（*Olympia*）上。[84]科格伦已经于四天前赶到这一区域，并且负责处理巴拿马地峡加勒比海一侧的行动。[85]雷耶斯将军拒绝了科格伦的邀请，因为他认为在军舰上进行“和平对话”是不合理的。

69 当雷耶斯要求科格伦少将组织一场只在哥伦比亚与美国之间的有关“政治事件”的面对面对话时，西奥多·罗斯福在巴拿马事件中的影响力已经是显而易见的了。科格伦没有同意，他认为自己没有“组织此类事件的权力”。[86]雷耶斯只好不情愿地（也是不成功地）在“加拿大”号上与巴拿马代表进行会谈，之后他宣布自己还要继续前往华盛顿当面与美国总统为哥伦比亚的立场进行辩护。在离开之前，他向科格伦询问罗斯福对新共和国进行保护的具体内容。当科格伦告诉他自己收到的命令是禁止一切外来力量在巴拿马登陆时，雷耶斯害怕到了极点。[87]在起航之前，雷耶斯通知科格伦将军，他的政府已经发出命令，在他明了华盛顿的态度之前，哥伦比亚“军队不会有任何敌意的行为”。

就在雷耶斯前往华盛顿时，哥伦比亚军参谋长在波哥大发表了一篇激烈的宣言：

> 即使哥伦比亚种族完全灭绝，我们也不愿屈服于罗斯福总统的无耻政策。很显然这位美联邦的最高领袖并不明白大言不惭的门罗主义是什么意思，而且他无论是在理念上还是实际上都不遵守国际条约，比如说，1846 年条约中有关美国承诺巴拿马永远属于哥伦比亚的约定……指挥官们，官员们，士兵们，让我们向上帝起誓，向祖国承诺，我们会为了保卫我们的权利流尽最后一滴血。[88]

11 月 17 日，美国国务院从公使博普雷那里收到消息称，哥伦比亚军队已经向巴拿马行进；负责在危机期间协助哥伦比亚总统的特别顾问委员会以十比一的投票返还博普雷的护照并要求他离境。这样的行为已经等于宣战。海约翰告知美国驻哥伦比亚大使，他和其所属职员可以随时离开哥伦比亚。[89]

第二天，已经在之前以书面声明承认新政府的格拉斯少将采取了进一步的动作，他要求与巴拿马领导人会面。[90]海军确保了革命初期的胜利，但现在正逐渐向着需要马上召集海军陆战队来保卫革命成果的局面发展。

罗斯福总统完全预料到哥伦比亚会尝试重新夺取巴拿马。革命开始 70
后的一周内，华盛顿前沿情报机关向美国当地的指挥官报告了哥伦比亚军队的行动。[91]估计有 15 000 人正在向巴拿马行进。[92]罗斯福自己也从哥伦比亚一个可信的目击者那里得知，一支武装远征队正在向巴拿马的阿特拉托河（Atrato River）行进，试图夺取河口作为未来行动的基地。[93]其他情报显示，在哥伦比亚布埃纳文图拉港有一个夺取英国轮船来运输侵略武装的计划。[94]还有报告显示哥伦比亚战舰“波哥大”号（*Bogotá*）正在布埃纳文图拉港“进行射击演练并将所有可能的人召集服役”。[95]

美国海军舰船被派往驻扎到巴拿马许多适合武装登陆的海岸，既有加勒比海一侧，也有太平洋一侧，他们的命令是在这里监视事态的发展，并阻止哥伦比亚武装力量进入新生的巴拿马共和国。[96]美国海军“康克德”号（*Concord*）的指挥官接到的命令是：“行进到杜尔塞河（Río Dulce）附近的帕里塔湾，阻止一切有敌意的武装力量靠近此处登陆。”[97]美军“波士顿”号（*Boston*）被派往圣米格尔湾（San Miguel Bay）。[98]“亚特兰大”号和“纳什维尔”号分别被派往贝拉港（Porto Bella）和博卡斯德尔托罗（Bocas del Tora）。[99]之前在巴拿马独立运动期间被下令在海平线待命的舰船，一艘接一艘地进入巴拿马沿海的监视位置。格拉斯少将下令，关于禁止经由铁路运送巴拿马军队的禁令从11月11日开始生效。[100]这个新共和国开始拥有自己的武装力量。前线指挥官在12月上旬向华盛顿报告称，他们“有足够的军事力量。没有军队能够在旱季结束之前接近巴拿马”。[101]

当格拉斯少将得知一支从陆地出发的由1 100人组成的哥伦比亚远征军，仅仅由于天气、饥荒、疾病和丛林的阻碍而不得不撤军时，自满的情绪消失了。[102]哥伦比亚新闻对当地的美国人表达了发自内心的愤怒。[103]到现在为止，哥伦比亚人的意图已显而易见，无论前方有怎样的艰难险阻，他们都会试图重新夺取他们失去的省份和荣誉。巴拿马政府还未巩固政权，是时候轮到美国人站出来保证这个新生国家的安全了。

71 格拉斯让炮艇在巴拿马和哥伦比亚沿海巡逻，以进行观察和搜集情报。[104]“波士顿”号巡洋舰和“怀俄明”号（*Wyoming*）战列舰接到命令前往圣米格尔湾，并派出一支登陆部队，沿着图伊拉河（Tuira River）前进，“直到亚维萨（Yaviza），或他们选择登陆的其他地点”。[105]这支登陆部队配备了两支柯尔特式（Colt）自动步枪及其维护人员、医生和足够的淡水补给。[106]如果当地指挥官需要的话，前来援助的舰船可以在巴拿马南海岸线进行支援行动。[107]由于获得了加勒多尼亚港本地土著酋长的支持，而且一营的海军陆战队也已被派往这里加强联系，格拉斯建议在此地设立警戒部队。[108]这些部队的指挥官一旦发现自己的部队与哥伦比亚的军事力量有任何接触，就要马上报告。[109]而这样的接触确有发生，虽然这个事实被大部分人忽略掉了。

美国海军“亚特兰大”号按照12月13日的指令在15日清晨到达达连湾（Gulf of Darien）。早上7点45分，船员们发现一艘纵帆船从西方靠近。当这艘纵帆船意识到自己已经在美国军舰的监视下时，它改变了航线来避免被拦截，但是没有成功。美国人看到这艘船的甲板上站满了穿着军装的人。上午11点整，“亚特兰大”号的搜查队在H·P·佩里尔（H. P. Perrill）中尉的带领下登上了哥伦比亚“安蒂奥基亚”号（*Antioquia*）。一登上船，佩里尔的搜查队就在甲板上发现了26名哥伦比亚士兵，在甲板下还有更多。佩里尔十分震惊地发现，这支武装力量试图与另一支已经登陆的更大的分遣队会合。那支已经登陆的分遣队由丹尼尔·奥尔蒂斯将军（Gen. Daniel Ortiz）指挥，他是哥伦比亚共和国陆军师的司令官。

佩里尔向舰长报告称，这支哥伦比亚军队对哥伦比亚、巴拿马和美国的现状并不清楚，士兵们之所以没有开枪是因为在场高级将领的个人命令。从哥伦比亚纵帆船的状况来看，“亚特兰大”号的指挥员强烈怀疑奥尔蒂斯将军的武装力量就在蒂图马蒂（Titumati）附近驻扎。在不能查明此地哥伦比亚武装力量具体人数的情况下，“亚特兰大”号舰长决定返回巴拿马向他的上级报告情况。[110]

“亚特兰大”号选择不去直面这次入侵是受格拉斯少将近期命令的影响，命令要求指挥官们要避免对哥伦比亚武装力量的行动进行对抗，甚至不能干扰。[111]在科格兰少将告诉雷耶斯将军，美国会保护巴拿马免遭侵略后的一个月里，一些事情明显发生了变化。

早在12月，一份报告出台，针对哥伦比亚入侵军无法穿越巴拿马丛 72
林的假设提出质疑。此时，格拉斯向华盛顿发出电报，要求得到明确指示，他在保护新共和国时有哪些权限。[112]巴拿马人原以为巴拿马全境都受到美国保护，如今根据南方的传闻，恐怕原来的看法需要获得进一步证实。为此，1903 年 12 月 10 日，穆迪部长起草了一份公告，要求格拉斯“建立营地，海员和海军陆战队要在内陆全副武装，强制阻止任何想要通过陆路进入巴拿马省的敌对力量。保持营地与舰船之间的通讯，切断铁路，如果需要，可以购买或雇用驮兽。”这条公告下面是航海局局长亨利·克雷·泰勒少将手写的几行字：“上面是由穆迪部长递交总统的内容，据总统指令，现在先不要送出，待进一步考虑之后再做决断。”下面是泰勒的签名。[113]这封电报显示了美国在巴拿马介入战略的转折。穆迪起草的公告反映出自从巴拿马革命爆发以来传递到当地指挥官手中的无数封电报的一贯政策，全面保卫巴拿马是已经阐明的任务。但直到罗斯福总统能够将他之前对地峡做出的决定，新的巴拿马国家和他渴望的运河这三者的联系全部考虑清楚之前，他不会下令送出这份将之前的政策带向自然终结的电报。在 1903 年 12 月 10 日晚上，罗斯福决定改变在巴拿马的指导方针。

第二天，在罗斯福的“进一步考虑”下，海军部部长命令格拉斯“建立强有力的据点，武装的海员和海军陆战队向亚维萨或其他更好的位置进军，单纯地进行侦察活动并迅速进行信息传递，但不要与从陆地进军的哥伦比亚武装力量发生激烈的冲突”。[114]

战场指挥官

穆迪的消息表明，在巴拿马战场上的武装力量的行动准则发生了巨大的变化。接下来的一周里，他都在试图将罗斯福进一步的指导思想转化为明确的行动计划。12 月 17 日，他给格拉斯少将写信说：“我在 12 月 11 日所发的电报有了新的调整，因此在亚维萨附近的岗哨和其他已经建立起来的岗哨，必须有足够的力量来抵御对据点的袭击，如果需要，
73 可以动用军队。”[115]而就在第二天，他又发出了相反的命令，要求美国在巴拿马的军事单位在地峡采取完全的防守态势。穆迪撤回了此前从华盛顿发出的电报（该电报命令美军全面守卫铁路周围 50 英里范围内的土

地），然后向格拉斯发出秘密电报："保持亚维萨附近的岗哨只作侦察所用。不要建立脱离舰船和汽艇支援范围的岗哨。撤回易受攻击的岗哨。对于在地峡的铁路附近进行的有敌意的行动，继续保持活跃的防守来保护此地，这是政府想要看到的。忽略所有之前所发出的与此相悖的命令。"[116]

现在的读者也许会认为，这些宣言表明罗斯福是在虚张声势。另外一种可能是，哥伦比亚对于收复失地的决心，让罗斯福重新考虑在此地区的长远利益。然而，还有另一种可能性：罗斯福决定要转变对哥伦比亚的战略。

在 12 月上旬登陆的海军陆战队，就是之前在 11 月革命爆发后第一天就迅速从"迪克西"号登陆的部队。这支部队的指挥官是约翰·A·勒琼少校，他们在这一个月的介入行动中负责提供些许的保护和信息的中转，直到 12 月 8 日，他们收到命令前往昂皮尔（Empire）的基地，那是一个沿巴拿马的铁路向内陆延伸大约 30 英里的地方。

最终成为海军陆战队第 13 位司令官的勒琼当时在海军陆战队中有了一定的声望，因为他的专业和对细节的关注（还有他所带领的海军陆战队拥有的良好待遇）。在他的队伍出发前，他下令对之前在昂皮尔的法国运河公司建筑物中存在的设施进行大面积改造。安装了淡水与排污系统；野生植物被清理掉；整栋建筑用有益健康的苯酚制剂进行了清理与消毒。[117]在 12 月 16 日完成重新调度后，海军陆战队成为了未来几周内对可能的来自哥伦比亚的入侵进行反击的支柱。他们将观察站与警戒站的范围向东南扩展，用以侦察可以发动防守性与进攻性行动的位置。勒琼让他的上级了解到，如果哥伦比亚想要发动战争，他绝不会让他们失望。[118]

在勒琼进驻昂皮尔的营地两天后，海军部长威廉·穆迪召来了在华盛顿的海军高级将领，海军陆战队司令员乔治·F·艾略特（George F. Elliott）准将，让他接收来自最高统帅罗斯福的命令。命令是这样的： 74
"你要亲自到前线，通过海军'迪克西'号从里格岛到科隆，然后统领全部在巴拿马服役的海军陆战队员和海员，包括已登陆或要登陆的。”[119]这条命令的重要性是不可忽视的，因为它可以用来衡量罗斯福的参与程度、采取的行动和目的究竟有多大。海军陆战队司令员是海军序列中高等级的在役官员，他所占据的是一个高高在上的位置，就像是宗教中的圣器一样。自从传奇的上校指挥官阿奇博尔德·亨德森（Archibald Henderson）在内战之前与塞米诺族印第安人（Seminole Indians）进行抗争后，没有任何一位司令员曾让海军陆战队直接在战场作战，而在艾略特时代之后，也没有司令员这样做过。[120]艾略特进入巴拿马采取行动的做法只能是在总统的明确要求下才有可能，而这样做一定是有特殊的原因和任务。

无论在此之前或是之后，罗斯福每当遇到严重的外交危机，便依赖海军来解决问题，这次似乎也不例外。尽管在美西战争时有着短时间的服役经历，罗斯福之前的人生与行政生涯让他对海军力量的各个方面深深着迷，这让他对海军部的两个孪生建制有着明显的倾向。当他面临着巴拿马革命之后可能发生的冲突时，他本能地想利用海军力量来寻求解决方法。而这次轮到海军的陆上力量来完成他想要实施的行动。

这项任务被认为是20世纪早期在战略上最大胆的首创之一，然而却鲜为人知。因为当乔治·艾略特起航向南前往地峡，加入逐渐壮大的海军陆战队武装力量时，他带着为侵略哥伦比亚和占领它主要城市之一而准备的计划。

艾略特将军在1903年10月3日成为第10位海军陆战队司令员。作为唯一一位在美国西点军校接受教育的司令员，艾略特在1870年秋天不同寻常地接受了在海军陆战队的任命。随后，美西战争中在古巴的服役和在菲律宾反对美国占领的暴动中的服役让他的军衔逐渐上升。[121]就是这份在炎热条件下作战的经验，让罗斯福选择他来实施这项任务。随后艾略特将会前往费城外，位于里格岛的装载中心，开始召集他的部队。

75 艾略特个人对他未来部队的配备十分关心。他想要一支能够在茂密的热带丛林中轻松快速前进的部队。他命令每个人要随身携带“一张毛毯，两套内衣，两件黄褐色衬衫，两条黄褐色长裤，一双黄褐色鞋，一件蓝色法兰绒汗衫，三双袜子，两条毛巾。另外建议携带一件蓝色法兰绒汗衫和必需的如厕用品，以备不时之需。锡杯是长途行军的必需品。帐篷会在‘迪克西’号完成装载后下发。”艾略特向士兵们解释得很清楚，他们要准备好接受“长途行军的命令”。面临频繁的行军与作战行动，他们需要做好充分的准备。[122]

另一艘辅助巡洋舰“普雷”号在12月11日起航前往关塔那摩湾，船上搭载由路易斯·C·卢卡斯（Louis C. Lucas）少校带领的一营海军陆战队员。[123]12月13日到达科隆后，卢卡斯带着300名士兵和11名军官进驻巴斯－奥比斯波的营地，以扩大和加强巴拿马铁路周围的安全范围。[124]在近期将勒琼的一营士兵送上巴拿马土地后，回到里格岛的美国海军“迪克西”号开始装载艾略特的两营海军陆战队员，第一营是受詹姆斯·E·马奥尼少校（Maj. James E. Mahoney）领导，第二营是受伊莱·K·科尔少校（Maj. Eli K. Cole）领导。这支由635名海军陆战队员组成的联合武装在12月28日离开费城。在由7名军官和11名现役军人组成的总部人员的陪同下，艾略特将军的部队在1904年1月3日到达科隆。[125]两天以后，海军陆战队员离开“迪克西”号，登上把他们带往指定营地的火车。[126]就在这两营士兵前往他们的目的地时，艾略特正式宣布在巴拿马建立一支临时的海军陆战旅。[127]艾略特到达后首先要做的包括在战场上确立海军陆战队的存在，按照武装力量的规模重新调整指挥结构和向所在国海军高级将领报告他所接受的命令。

艾略特将军命令科尔少校的营队在昂皮尔靠近勒琼营队露营。这两支营队现在是W·P·比德尔（Col. W. P. Biddle）上校所属第一团下数一数二的战斗力量。马奥尼少校的部队前往巴斯－奥比斯波，在卢卡斯少校一旁驻扎。这两支部队组成了海军陆战队第二团，这支部队由L·W·T·沃勒（L. W. T. Waller）指挥。[128]这两团将近1 100名海军陆战队员直接受命于艾略特将军，组成了巴拿马海军陆战队第一旅。[129]在军队登陆扎营后，艾略特将他的注意力转向了与邻国的冲突和从华盛顿带 76
来的命令上。[130]

在登陆后不久，艾略特司令在他科隆的总部与美国加勒比海分舰队和东向靠近巴拿马的舰船指挥官科格兰少将取得联系。在之后不久，他又坐火车穿过地峡，与太平洋分舰队司令、现在的巴拿马地区高级海军将领格拉斯少将会面。[131]他向他们每个人呈交了一封来自海军部的信，信中说道："由美国海军陆战队艾略特准将负责，海军部以此形式传达占领哥伦比亚卡塔赫纳的计划。就像将会看到的一样，这项计划是针对海军的敌人，但其中包含的信息和所采取的战略充分适用于如今的形势。"[132]

艾略特携带的计划中显示出的战略的大胆和复杂程度在19世纪的美国十分少见。认识到试图保卫巴拿马众多的海港、有争议的边界和防守不严的山口将徒劳无功，罗斯福选择放弃以防守为中心的战略，而采取他认为更为有利的战场进攻性行动。比起在哥伦比亚试图重新夺回巴拿马的形势下保卫巴拿马，他选择将一旅的海军陆战队送上船并开往港口城市卡塔赫纳（哥伦比亚关税的首要来源地），占领此地，使自己能够决定在随后的时间里以什么样的形式与哥伦比亚达成和解。

在巴拿马革命之后，这项计划在总统的要求下，于11月由联合军与海军部共同完善。这项计划以海军战争学院每年的模拟战争中形成的战略为基础，而艾略特将军携带的是根据地峡现在的具体形势做出相应调整之后的计划。哥伦比亚的入侵武装会受到一大批海军力量的支持，因为他们会在哥伦比亚加勒比海和太平洋海港口实施经济封锁，作为海军陆战队实际占领哥伦比亚领土的补充。[133]

艾略特建立了一个训练项目，来确保自己的部队能够对作战时刻保持高度警惕，并在同时迅速派出军队来完成维持安全和进行侦察两项任务。为了让部队免除日常杂务，艾略特雇佣当地厨师与清洁工在海军陆战队营地工作，并因以现金付清他们的报酬而受到了他们的感激。[134]

在10天之内，两个营地的训练营建立起来，这样士兵们就可以开始
77 练习步枪与自动化枪械。"命令已经全面透彻地传达给前线士兵，"艾略特报告道，"无论是军官还是士兵，甚至是后期征募的人都获得了充分的训练。"艾略特的海军陆战队不仅受到了筑造壕沟的训练，建立障碍来减缓和迷惑进攻力量的训练，还尝试在多山的地形上利用骡子运输重型武器。数不清的侦察队被派去侦查山径与小路；海军陆战队上校斯梅

德利·D·巴特勒和海军中尉威廉·G·米勒（William G. Miller）率领着两支主要队伍。[135]他们的努力造就了第一份对地峡的全面调查。[136]经过这些行动，军队的士气与纪律达到了非常高的水平。

唯一不好的消息是有传言称，一些哥伦比亚人想要在海军陆战队的饮用水中投毒。艾略特命令，一旦发现有人想要危害水源立即击毙。[137]格拉斯少将从他的旗舰“纽约”号上写信过来，提醒他这位极富攻击性的同事“巴拿马地峡并不处在战时状态”，并建议他只要加强对水源的保护就好。[138]

在这个过渡期间，穆迪部长向艾略特写信，通报即将到来的新形势。在对司令官和他的士兵在巴拿马变换阵地时所表现出来的专业表示了赞扬后，他写道：“如果哥伦比亚真的对我们表现出敌意，那么军队将会派出一旅士兵前往地峡。”穆迪隐秘地解释说，这股力量能够让艾略特撤回他的部队，并将注意力转到，用穆迪的话说，“我认为十分重要的”另外一个任务上。如果哥伦比亚人接受了地峡如今的形势，那么艾略特的部队就要参加“冬天的军事演习中的一部分行动”。穆迪嘱咐艾略特要经常与华盛顿交流信息。

> 要让部门从合适的渠道了解你们每天的行动。长时间的静默会让部门十分恼火，还要记住陆军虽然只有一些官员在前线，却还是每天都利用加密电报向总统报告，虽然大部分都是一些小事情，但却有着相当大的重要性。要让你每天的侦察活动做得足够详细和广泛，并将每日的记录传给我们。[139]

1904年1月12日，在与总统进行内阁会议之后，战争部长伊莱 78
休·鲁特（Elihu Root）发表一篇声明，否认美国有任何派遣军队到地峡与哥伦比亚作战的计划。[140]这一点的确属实，确实没有任何派兵的计划；海军陆战队早已到那里了。而且海军陆战队也不准备在地峡与哥伦比亚作战；他们是准备进入哥伦比亚作战。

所以在1904年1月，乔治·F·艾略特准将，海军陆战队司令官，在太平洋分舰队与加勒比海分舰队的支持下，率领着 1 400 人的海军陆战队做好了侵入哥伦比亚的准备，以此来确保巴拿马的独立。能够在大西洋与太平洋之间建造运河，西奥多·罗斯福所做出的贡献是不容怀疑的。当然，入侵从未真正发生。哥伦比亚就巴拿马的问题进行了抗议、调查和谈判，却从来没有派兵入侵，因此也从来没有触发罗斯福的大胆计划。巴拿马与美国在 1904 年 2 月 25 日签订了一项协议，委托美国保护新生共和国的主权。

雷耶斯将军，哥伦比亚的军队统帅，下任总统的假定继承人，在 11 月与巴拿马谈判失败后继续前往美国。他在美国受到了友好地接待，但当他提出巴拿马独立的问题后，他从一名当时的观察员口中得知“已经发生，无法改变”。雷耶斯意识到美国的普遍观点与罗斯福支持巴拿马革命的政策是一致的，但他仍继续强调哥伦比亚的立场。他请求美国用它的“善良的政府将巴拿马与哥伦比亚重新联合起来”，但没有成功。他还要求对此事件进行公民表决，也没有成功。[141] 当他为了确定而询问，如果哥伦比亚武力收复巴拿马，美国会做出什么样的反应时，海当天以外交口令告知他，美国会“对哥伦比亚军队入侵巴拿马表示重大关切”。[142] 雷耶斯对哥伦比亚的财政做出的努力收到了一定的效果，至少拿回了最初被拒的协议中 1 000 万美元的一部分。[143] 在 1904 年 1 月末，华盛顿有传言称哥伦比亚会“因领土的丢失而获取一定的金钱补偿”。[144] 当哥伦比亚下属省份考萨（Causa）在 3 月发生暴乱，想要和巴
79 拿马一样争取独立时，哥伦比亚政府从巴拿马边境撤回了军队。[145] 3 月中旬，哥伦比亚政府宣布不再试图入侵巴拿马。[146]

2 月初，航海局局长泰勒少将向海军部部长询问还在巴拿马的海军陆战队的情况，他的原话是：“鉴于与巴拿马签订的‘运河协议’将在 2 月 23 日在美国参议院生效，航海局想要知道这是否意味着，随后在地峡的海军陆战队会被陆军派出的部队所替换？”[147]

大部分海军陆战队不用等到协议被批准再离开。2 月 14 日，第二团的大部分士兵撤出巴拿马，重新回到关塔那摩湾参加每年一度的“冬季演习”。艾略特将军和他的随行人员在两天后也离开，留下沃勒上校统

领800名海军陆战队员。这样的布置一直持续到3月7日，沃勒上校带领一营士兵回到里格岛，留下勒琼少校和最初的400名士兵来保卫地峡的安全。勒琼和他的部队又驻扎了9个月，直到另一营的海军陆战队员前来替换他们。美国海军陆战队在地峡的存在一直保持到1912年，最后一批离开的是约翰·F·休斯（John F. Hughes）和他的389名队员。

被之前的历史学家忽略的卡塔赫纳战争计划并不是传说或者对历史文件的误读。1904年4月，北大西洋舰队总司令向海军陆战队司令员写信称，他需领命的计划副本“还没有收到”。[148]两周后海军部部长纠正了这处疏忽，解释称北大西洋舰队总司令从未想要得到计划的副本，而所有关于这项计划的文件，现在称“1号战争文件”，都应该通过保险箱交由“在那片（哥伦比亚－巴拿马）海域直接指挥的舰队司令保管。”当地的指挥官只收到具体的命令。[149]因此，无论是表面上还是暗地里，都有足够的证据证明，美国海军陆战队有过入侵哥伦比亚的计划。

被控诱奸，实为强奸

几乎就在美国承认巴拿马的同一时间，许多人突然纷纷出来指责罗斯福的强权主义。鉴于那异乎寻常顺利的独立运动，没有任何一个人，
无论是罗斯福的敌人还是朋友，对罗斯福在策划与执行过程中的重要作 80
用有所怀疑。[150]对于这些激烈的批评，罗斯福并非无动于衷。在之后的一场内阁会议中，他对自己在此事中的推理与行动进行了有力的辩护。战争部长伊莱休·鲁特在就职之前是纽约薪酬最高的律师之一，当他在罗斯福辩护发言的结尾到场后，罗斯福向他问道：“我对控告做出回应了吗？我成功地对自己进行辩护了吗？”以机智著称的鲁特回答道：“当然，总统先生，您充分地表明，自己被控告犯下诱奸罪；并在最后证明，自己实际上犯了强奸罪。”[151]

罗斯福后来说他“占领了运河区”。这是罗斯福式的夸大其辞。如果他说他是通过海军来帮助巴拿马确保独立，则会显得更诚实一点。然

而与他在1902—1903年委内瑞拉危机中利用海上力量实施强制性外交政策相比，罗斯福的行为展示出了胆大与心细的强有力的结合。

舰长昌西·汉弗莱和一等上尉格雷森·墨菲告诉罗斯福，在哥伦比亚巴拿马省即将发生（在他们帮助下组织起来的）独立运动，而这场运动的结果，将会符合罗斯福心目中的美国国家利益。罗斯福的反应并不是将过多海军力量一股脑派到这里，相反，他从科隆调遣了一艘炮艇，从太平洋海岸调遣了一艘老旧的巡洋舰过去。这些当然不是海军当时当地可以调动的全部力量，因为就在海平线上停留着众多运兵船与重型战列舰时刻准备，一旦发生战争立即进入战斗位置，就像当400人的哥伦比亚军队威胁到科隆的革命时，辅助巡洋舰“迪克西”号所做的一样。

当遭到入侵的威胁开始变得可能时，罗斯福暗中大胆地将之前的防
81 守姿势转换为进攻姿势。行动记录清晰地显示，在1903年12月10日晚上，当总统决定重温介入政策时，战略计划就开始围绕这一点转变了。在当晚之前，前线的军事力量一直是战略防守态势。但在之后，海军陆战队总指挥官带着明确的目标来到前线，即率领军队进攻哥伦比亚港口城市卡塔赫纳。这项计划从未公之于众，也从未真正实施过。如果这项计划一旦实施，必将改变南美洲力量格局的平衡。

哥伦比亚背叛了罗斯福的信任，至少罗斯福自己是这么认为的。当哥伦比亚参议院投票否决了提出的条约时，罗斯福完全可以采取公开的军事行动，这在当时由大国制定的游戏规则中是被允许的。但与此相反，他根据对历史的精确把握，预测到在巴拿马地区将要发生革命，继而在新生的巴拿马周围的海岸线上布置好海军和陆军的混合力量。接下来在哥伦比亚和美国之间发生的一场闹剧，就成了一场典型的强制性外交，但罗斯福著名的战略就是逐渐增加军事力量——远在视野之外，却时刻准备出击——来使他的外交政策得以实施。这种可以自由反应的模式在今天的海军行动中依然有着重要的意义。

与此相似，当哥伦比亚开始尝试收复巴拿马时，罗斯福有很多应对的方式。如果需要，他可以在战场上打败哥伦比亚，而且他也确实有这样的计划，但他并没有突然行动；他保持了很好的平衡。当哥伦比亚军

队靠近巴拿马边境时，他并没有趁机侵入哥伦比亚。他创造了一种新的应对方式，并为使其成功而采取行动，造成一种他认为军事力量是有局限性的，不到万不得已不会使用的表面现象。最后，什么行动都不用实施。罗斯福守住了和平的承诺，也通过由海军和海军陆战队参与的强制性外交保证了巴拿马的永久独立。终极的成果，则是建成了巴拿马运河——这是现代世界最伟大的工程，也是20世纪美国海军政策的基石。

注释：

引文出自 James F. Vivian, "The 'Taking' of the Panama Canal Zone: Myth and Reality," *Diplomatic History* 4 (1980): 95 - 100.

[1] *Papers Relating to the Foreign Relations of the United States*, 1903, 133.

[2] Robert W. Sellen, "The Just Man Armed: Theodore Roosevelt on War," *Military Review* 39 (May 1959): 38.

[3] Hill, *Roosevelt and the Caribbean*, 61; Pringle, *Theodore Roosevelt*, 229; Marks, *Velvet on Iron*, 101 - 103; Collins, *Theodore Roosevelt, Culture, Diplomacy, and Expansion*, 8 - 10; Morris, *Theodore Rex*, 278 - 289.

[4] Marks, *Velvet on Iron*, 99 - 100.

[5] *Papers Relating to the Foreign Relations of the United States*, 1903, 154 - 155.

[6] Capt. Chauncey B. Humphrey, "History of the Revolution of Panama," unpublished manuscript, 1923, p. 5, in author's private collection.

[7] Bernard A. Weisberger, "The Strange Affair of the Taking of the Panama Canal Zone," *American Heritage* 27, no. 6 (1976): 70; *Papers Relating to the Foreign Relations of the United States*, 1903, 156.

[8] *Papers Relating to the Foreign Relations of the United States*, 1903, 146.

[9] 同上, 151 - 152.

[10] 同上, 157.

[11] 同上, 158.

[12] 同上, 163.

[13] Bruce W. Jentleson and Thomas G. Paterson, eds., *Encyclopedia of U. S. Foreign Relations* (New York: Oxford University Press, 1997), 3: 353.

[14] *Papers Relating to the Foreign Relations of the United States*, 1903, 166.

[15] 同上, 172 - 173.

[16] 同上, 191.

[17] 同上, 168.

[18] C. Mallet to British Foreign Secretary, 30 September 1902, BNA, FO 115/1 241, "From Foreign Office."

[19] Roosevelt to John Hay, 19 August 1903, *TLTR*, 3: 566 - 567.

[20] Pratt, *History of U. S. Foreign Policy*, 287.

[21] Lewis M. Haupt, "Why Is an Isthmian Canal Not Built?" *North American Review* 178 (1902): 3 - 11, TRC.

[22] Roosevelt to Hay, 19 August 1903, *TLTR*, 3: 567 - 568.

[23] E. Taylor Parks, *Colombia and the United States*, 1765—1934 (Durham, N. C.: Duke University Press, 1935), 219 - 234.

[24] Roosevelt, *Autobiography*, 503 - 507.

[25] 同上, 514; Roosevelt to Albert Shaw, 10 October 1903, *TLTR*, 3 628.

[26] Philippe Bunau - Varilla, *Panama: The Creation, Destruction, and Resurrection* (New York: McBride, Nast, 1914), 311.

[27] Thomas Schoonover, "Research Note: Max Farrand's Memorandum on the U. S. Role in the Panamanian Revolution of 1903," *Diplomatic History* 12 (Fall 1988): 505.

[28] Bunau - Varilla, *Panama: Creation, Destruction, and Resurrection*, 312.

[29] Weisberger, "The Strange Affair of the Taking of the Panama Canal Zone," 72.

[30] Philippe Bunau - Varilla, *The Great Adventure of Panama* (New York: Doubleday, 1920), 147 - 148.

[31] Pringle, *Theodore Roosevelt*, 221 - 222.

[32] *New York Times* obituaries for Col. Chauncey Benton Humphrey, 6 January 1958, p. 39; and Col. Grayson M. P. Murphy, 19 October 1937, p. 25.

[33] Humphrey, *History of the Revolution of Panama*, 7 - 9.

[34] 同上, 10 - 11.

[35] 同上, 11.

[36] 同上, 12 - 13.

[37] 同上, 14.

[38] 同上, 18.

[39] 同上, 19.

[40] Lt. Cdr. Miles Du Val, "The Canal Zone," unpublished manuscript dated 1937, Washington Navy Yard, Washington, D. C., 112.

[41] Schoonover, "Research Note," 507.

[42] Bunau - Varilla, *Panama: Creation, Destruction, and Resurrection*, 319.

[43] Secretary of the Navy William H. Moody to the Commander in Chief of the Atlantic Fleet, 6 November 1903, NARA, RG 45, Subject File: U. S. Navy 1775—1910, box 473, Operations North Atlantic Squadron.

[44] 同上.

[45] Commander in Chief, Pacific Squadron, to Secretary of the Navy, 4 November 1903, NARA, RG 45, Office of the Secretary of the Navy, General Records, 1798—1910, Confidential Letters Sent September 1893 - June 1904, Vol. 3 of 6, p. 394.

[46] Acting Secretary of the Navy to Commander in Chief, Atlantic Fleet, 4 September 1903, NARA, RG 45, Confidential Letters Sent September 1893 - June 1904, vol. 3 of 6, p. 368.

[47] Bunau - Varilla, *Panama: Creation, Destruction, and Resurrection*, 318.

[48] Weisberger, "The Strange Affair of the Taking of the Panama Canal Zone," 68 - 77.

[49] Schoonover, "Research Note," 504.

[50] Weisberger, "The Strange Affair of the Taking of the Panama Canal Zone," 71.

[51] Bunau - Varilla, *Panama: Creation, Destruction, and Resurrection*, 336.

[52] Historicus, "The Fifty Mile Order," *North American Review* 179 (February 1904): 235, TRC.

[53] Chester, "Diplomacy on the Quarter Deck," 474 - 475.

[54] Secretary of the Navy to Secretary of State John Hay, 5 November 1903, quoting message from Commanding Officer, USS *Nashville*, dated 8: 57 pm, 3 November 1901, NARA, RG 45, Confidential Letters Sent, September 1893 - June 1904, Vol. 3 of 6, p. 395.

[55] Cdr. John Hubbard, Commanding Officer, USS *Nashville*, to the Secretary of the Navy, 3 November 1903, NARA, RG 45, Translations of Messages Received in Cipher,

Vol. 2 of 6, p. 330.

[56] Telegram from American Consul, Panama, to Commanding Officer, USS *Nashville*, 3 November 1903, NARA, RG 45, Microfiche Section M625, roll 264.

[57] RG 45, Confidential Letters Sent, September 1893 – June 1904, Vol. 3 of 6, p. 398.

[58] Commanding Officer, USS *Nashville*, to Secretary of the Navy, 4 November 1903, NARA, RG 45, Translations of Messages Received in Cipher, Vol. 2 of 6, p. 326.

[59] Bunau – Varilla, *Panama: Creation, Destruction, and Resurrection*, 347.

[60] RG 45, Confidential Letters Sent September 1893 – June 1904, Vol. 3 of 6, p. 391.

[61] RG 127, U. S. Marines Overseas Brigades, Battalions, Regiments, Panama, box 4.

[62] Hubbard to Secretary of the Navy, 8 November 1903, NARA, RG 127, box 4.

[63] RG 45, Confidential Letters Sent, September 1893 – June 1904, Vol. 3 of 6, p. 397.

[64] 同上, 392.

[65] Hubbard to Secretary of the Navy, 8 November 1903, NARA, RG 127, box 4.

[66] "Forty Cool Marines Defied Five Hundred," *Detroit Evening Press*, 26 December 1903, p. 8, TRC.

[67] RG 45, Confidential Letters Sent, September 1893 – June 1904, vol. 3 of 6, p. 401.

[68] Cdr. Francis Delano to Secretary of the Navy, 6 November 1903, NARA, RG 45, Translations of Messages Received in Cipher, May 1899 – 25 December 1904, vol. 2 of 6, p. 333.

[69] Delano to Secretary of the Navy, 10 November 1903, NARA, RG 127, box 4.

[70] Hubbard to Secretary of the Navy, 5 November 1903, NARA, RG 127, box 4.

[71] Telegram from Beaupré to Secretary of State John Hay, 4 November 1903, *Diplomatic History of the Panama Canal* (Washington, D. C.: U. S. Department of State, 1914), 474.

[72] Rear Adm. Henry Glass to Senior U. S. Naval Officer Present, Colón, 10 November 1903, NARA, RG 127, box 4.

[73] *Annual Reports of the Navy Department*, 1904 (Washington, D. C.: Government Printing Office, 1904), 550; Glass to Commanding Officer, USS *Concord*, 10 November 1903, NARA, RG 127, box 4.

[74] RG 45, Translations of Messages Sent in Cipher, 1 June 1898 – 16 September 1906, vol. 4 of 10, pp. 328 – 329.

[75] Telegram from Beaupré to Secretary of State Hay, 6 November 1903, *Papers Relating to the Foreign Relations of the United States*, 1903, 225.

[76] Telegram from Beaupré to Secretary of State Hay, 6 November 1903, *Diplomatic History of the Panama Canal*, 474.

[77] Secretary of State Hay to Felix Ehrman, Acting Consul General, Panama, 6 November 1903, NARA, RG 127, box 4.

[78] *Papers Relating to the Foreign Relations of the United States*, 1903, 226 – 227.

[79] 同上, 229.

[80] *Messages and Papers of the Presidents*, 14: 6 756.

[81] 同上, 6 816 – 6 823.

[82] Glass to Rear Adm. J. B. Coghlan, 14 November 1903, NARA, RG 127, box 4.

[83] Ehrman to Glass, 13 November 1903, NARA, RG 127, box 4.

[84] Glass to Ehrman, 14 November 1903, NARA, RG 127, box 4.

[85] *Annual Reports of the Navy Department*, 1904, 532.

[86] Coghlan to Secretary of the Navy, 23 November 1903, NARA, RG 45, Microfiche Section M625, roll 264.

[87] 同上.

[88] General Order from Gen. Daniel Ortiz, General in Charge of the General Staff of the Army of Colombia, 23 November 1903, NARA, RG 45, Microfiche Section 625, roll 264.

[89] *Papers Related to the Foreign Relations of the United States*, 1903, 228 – 230.

[90] The noted diplomatic historian Randolph Greenfield Adams pointed out that many Caribbean and Latin American nations had to wait years for formal recognition, while Panama, owing to its peculiar circumstance, was recognized in less than a week. See Adams, *History of the Foreign Relations of the United States* (New York: Macmillan, 1925), 288.

[91] Secretary of the Navy to Glass, 9 November 1903, NARA, RG 45, Translations of Messages Sent in Cipher, p. 330.

[92] 同上, 341.

[93] Edward Garcynski to Secretary of the Navy Moody, 11 December 1903, Papers of William H. Moody, Library of Congress, Manuscript Division, container 17, folder 1,

Correspondence 1896—1903.

[94] Captain Diehl, Commanding Officer, USS *Boston*, to Secretary of the Navy, 9 November 1903, NARA, RG 45, Translations of Messages received in Cipher, May 1899 – 25 December 1904, vol. 2 of 6, p. 337.

[95] Glass to Secretary of the Navy Moody, 16 November 1903, NARA, RG 127, box 4.

[96] Glass to Secretary of the Navy, 9 November 1903, NARA, RG 45, Translations of Messages received in Cipher, May 1899 – 25 December 1904, vol. 2 of 6, p. 339.

[97] Glass to Commanding Officer, USS *Concord*, 10 November 1903, NARA, RG 127, box 4.

[98] Glass to Commanding Officer, USS *Boston*, 12 November 1903, NARA, RG 127, box 4.

[99] Glass to Secretary of the Navy, 16 November 1903, NARA, RG 127, box 4.

[100] Glass to Ehrman, 11 November 1903, NARA, RG 127, box 4.

[101] Rear Admiral Walker to Secretary of the Navy, 6 December 1903, NARA, RG 45, Translations of Messages Received in Cipher, vol. 2 of 6, May 1899 – 25 December 1904, p. 355.

[102] Secretary of the Navy to Glass, 9 December 1903, NARA, RG 45, Translations of Messages sent in Cipher, vol. 4 of 10, p. 343.

[103] Glass to Secretary of the Navy, 9 November 1903, NARA, RG 45, Translations of Messages received in Cipher, vol. 2 of 6, May 1899 – 25 December 1904, p. 362.

[104] Glass to Secretary of the Navy, 10 December 1903, NARA, RG 45, Translations of Messages Received in Cipher, vol. 2 of 6, p. 358.

[105] Glass to Commanding Officer, USS *Boston*, 7 December 1903, NARA, RG 127, box 4.

[106] Confidential memorandum between Glass and Commanding Officer, USS *Wyoming*, undated, NARA, RG 127, box 4.

[107] Glass to Secretary of the Navy, 11 December 1903, NARA, RG 45, Translations of Messages received in Cipher, vol. 2 of 6, 344.

[108] 同上, 9 December 1903, p. 342; 12 December 1903, p. 346.

[109] Glass to Commanding Officer, USS *Boston*, 14 December 1903, NARA, RG 127, box 4.

[110] Cdr. W. H. Turner to Coghlan, 16 December 1903, NARA, RG 127, box 4.

[111] Glass to Lt. W. G. Miller, 14 December 1903, NARA, RG 127, box 4.

[112] Glass to Secretary of the Navy, 13 December 1903, NARA, RG 45, Confidential Letters Sent, September 1893 – June 1904, vol. 3 of 6, p. 407.

[113] Secretary of the Navy to Glass, 10 December 1903, NARA, RG 45, Translations of Messages sent in Cipher, vol. 4 of 10, p. 352.

[114] 同上, 11 December 1903, p. 345.

[115] 同上, 17 December 1903, p. 349.

[116] 同上, 18 December 1903, p. 351.

[117] Brig. Gen. G. F. Elliott to Assistant Secretary of the Navy, 11 January 1904, NARA, RG 127, box 4.

[118] John A. Lejeune, *The Reminiscences of a Marine* (Philadelphia: Dorrance, 1930), 159 – 160; Geographical Files, Panama Folder, USMC Historical Center, Quantico, Va.

[119] Secretary of the Navy to Elliott, 18 December 1903, NARA, RG 45, Confidential Letters Sent, September 1893 – October 1908, vol. 3 of 6, p. 409.

[120] Lejeune, *Reminiscences of a Marine*, 161.

[121] George F. Elliott Folder, Biographical Files, USMC Historical Center, Washington Navy Yard, Washington, D. C.

[122] Elliott to Commanding Officer, Marine Barracks, Washington, D. C., 19 December 1903, NARA, RG 127, box 4.

[123] Harry A. Ellsworth, *One Hundred Eighty Landings of United States Marines*: 1800—1934 (Washington, D. C.: History and Museums Division, Headquarters, USMC, 1974), 136.

[124] Lejeune, *Reminiscences of a Marine*, 160; Panama Folder, Geographical Files, USMC Historical Center, Washington Navy Yard, 123.

[125] Panama, American Intervention Folder, USMC Historical Center, Washington Navy Yard.

[126] Coghlan to Secretary of the Navy, 5 January 1904, NARA, RG 127, box 4.

[127] Panama, American Intervention Folder, USMC Historical Center, Washington Navy Yard.

[128] 同上.

[129] 同上.

[130] Strength, distribution, and commanding officers of Marines in Panama summarized in Panama, American Intervention Folder, USMC Historical Center, Washington Navy Yard.

[131] Elliott to Assistant Secretary of the Navy, 11 January 1904, NARA, RG 127, box 4.

[132] Secretary of the Navy to Commander, Caribbean Squadron, undated, NARA, RG 45, Confidential Letters Sent, September 1893 – October 1908, vol. 3 of 6, p. 410.

[133] Richard W. Turk, "The United States Navy and the 'Taking' of Panama, 1901—1903," *Military Affairs* 38, no. 3 (1974): 94 – 95.

[134] Elliott to Assistant Secretary of the Navy, 11 January 1904, NARA, RG 127, box 4.

[135] Geographical Files, Panama Folder, USMC Historical Center, Washington Navy Yard.

[136] *Annual Reports of the Navy Department*, 1904, 1 110.

[137] Elliott to Assistant Secretary of the Navy, 21 January 1904, NARA, RG 127, box 4.

[138] Glass to Elliott, 23 January 1904, NARA, RG 127, box 4.

[139] Secretary of the Navy to Elliott, 4 January 1904, NARA, RG 45, Confidential Letters Sent, September 1893 – October 1908, vol. 3 of 6, pp. 419 – 420.

[140] "Politics in the Panama Question," *Progress of the World*, *American Review of Reviews* 26 (February 1904): 144, TRC.

[141] John Hay memorandum, 11 January 1904, John Hay Papers, Manuscript Division, Library of Congress (以下缩写为 HPLOC), vol. 5.

[142] Hay to Gen. Rafael Reyes, 11 December 1903, HPLOC, vol. 5.

[143] Lodge, *SCTRHL*, 72.

[144] "Politics in the Panama Question," 142.

[145] Geographical Files, Panama Folder, USMC Historical Center, Washington Navy Yard.

[146] Clyde H. Metcalf, *History of the U. S. Marine Corps* (New York: G. P. Putnam's Sons, 1939), 295 – 296.

[147] Rear Adm. Henry Taylor to Secretary of the Navy, undated (but early February as reflected by letters catalogued before and after it), NARA, RG 45, Confidential Letters

Sent, September 1893 - October 1908, vol. 3 of 6, p. 438.

[148] Commander in Chief, North Atlantic Fleet, to Commandant of the Marine Corps, 22 April 1904, NARA, RG 45, Confidential Letters Sent, September 1893 - October 1908, vol. 3 of 6, p. 460.

[149] Secretary of the Navy to Commander of the Caribbean Squadron, 5 May 1904, NARA, RG 45, Confidential Letters Sent, September 1893 - October 1908, vol. 3 of 6, p. 463.

[150] Facsimile of *London Times* article attached to 23 November 1903 note from John Hay to Roosevelt, HPLOC, vol. 5.

[151] Phillip C. Jessup, *Elihu Root* (New York: Dodd, Mead, 1938), 1: 404 - 405.

第四章 82
摩洛哥事件和海军力量的局限性

卢贝（Loubet）4月30日的电报到底是什么意思？我认为美国舰队不会触碰欧洲大陆的任何一块地方。没有我的批准，舰队不得采取任何行动。

——西奥多·罗斯福，1903年5月2日

在西奥多·罗斯福众多的成就之中，最出色的还是作为一名成功的政治家。而如今，他需要的是赢得下一次竞选。1904年5月，他把所有精力都投入到计划6月在芝加哥召开的共和党全国代表大会的组织工作上。[1]他和亨利·卡伯特·洛奇就党的纲领进行了通信，和党主席科尼利厄斯·布里斯（Cornelius Bliss）就秋季竞选进行了通信。副总统之职在罗斯福执政后就一直处在空缺的状态，所以当他看到那些副总统的准候选人，用他们蹩脚的理由想要引起他和他的职业熟人的注意时，他就感到十分可笑。[2]总之，罗斯福热切地盼望着竞选的开始，盼望通过这次机会成为"独立自主"的总统。[3]

但这种愉悦的心情被打断了。5月19日清晨，他收到摩洛哥丹吉尔的美国总领事塞缪尔·勒内·格默里（Samuel René Gummeré）的电报。格默里是来自新泽西州特伦顿（Trenton）的一名成功的律师，从1881年起就开始帮助美国政府处理各种外交事件。1898年，格默里被派往丹吉尔，在一名当地比较有影响力的美国公民伊恩·帕迪卡利斯（Ion Perdicaris）的大力帮助下，对处理本地事务具备了丰富的经验。[4]5月18日晚，格默里向国内发回电报，称一个名为"拉苏里"（Raisuli）的强盗闯入帕迪卡利斯在丹吉尔外围乡村的家中，绑架了帕迪卡利斯和他的继子，并把他们带回了群山之中。虽然现在还没有收到要求赎金的消息，但为了钱财或政治利益绑架重要人物在摩洛哥是十分常见的。五年前，83 格默里在这个苏丹国（sultanate）① 遇到过一次危机，当时一艘美国战舰赶到，很快化险为夷。[5] 格默里是土生土长的特伦顿人，却使用英式礼仪，穿戴英式服饰，因而激怒了移居当地的美国人。这次，他又一次向国内发回电报，称“派遣一艘战舰来此以示国家对此处状况之重视及对我之支持甚有必要”。[6] 由于罗斯福对使用海军力量的偏好，这位总统很快批准了这次行动。

这次的绑架事件中最有名的是国务卿海约翰的电报：“我们的政府想要帕迪卡利斯生还或者拉苏里偿命。”这封电报的内容在共和党大会上宣读出来的时候获得了雷鸣般的掌声，这次的行动又为评价罗斯福巧妙地运用海军力量来实施强制性外交政策的独特手段提供了新的机会。[7] 这次事件也展现出罗斯福对海军舰队行动的完全掌控和他对国际事件的灵活反应。[8]

自从就巴拿马独立与哥伦比亚发生冲突后，罗斯福的海军外交政策又有了进一步的改善。1904 年夏天和秋天，他曾试图让艾伯特·S·巴克（Albert S. Barker）少将率领的战列舰编队和西奥多·F·朱厄尔（Theodore F. Jewell）少将率领的欧洲分舰队一起在地中海地区进行一次“展示旗帜”之旅。当这些舰船访问葡萄牙、法国、澳大利亚的港口时，由弗伦奇·E·查德威克（French E. Chadwick）少将率领的南大西洋分舰队将在北非海岸巡航，之后穿过苏伊士运河来到非洲东海岸（表 5）。[9]

这次巡航的目的在于展示美国海军的远距离作战能力。罗斯福认为一支强大的美国海军是与欧洲各强国保持良好关系的基础。“如果我们放弃发展我们的舰队，”他就海上力量的重要性强调道，“英国与我们的关系立即就会冷淡下来。”[10] 舰队的巡航也会进一步扩大美国在地中海一些特定地区的利益，例如土耳其，那里的美国福音会创建的学校正受到逐渐增加的威胁。[11] 国务卿海约翰提到了夏季巡航的目的，他于 5 月 24

① 由苏丹统治的伊斯兰国家之称谓。——译者注

日告知在君士坦丁堡的美国代表："海军舰队会向土耳其进发。在不迫使政府采取任何行动的前提下，你们可以在谈判的过程中巧妙地利用舰队的动向。"[12]这些是在伊恩·帕迪卡利斯的绑架案发生之前的计划，在这之后舰队改变了航线，将摩洛哥作为了全部航程的第一站。

84

表5　参加1904年夏季地中海巡航的舰船

战列舰舰队	欧洲分舰队（装甲巡洋舰）	南大西洋分舰队
艾伯特·S·巴克少将	西奥多·F·朱厄尔少将	弗伦奇·E·查德威克少将
"奇尔沙治"号［旗舰］	"奥林匹亚"号	"布鲁克林"号（装甲巡洋舰）［旗舰］
"爱荷华"号	"巴尔的摩"号	"亚特兰大"号（装甲巡洋舰）
"阿拉巴马"号	"克利夫兰"号	"卡斯汀"号（炮艇）
"缅因"号		"玛利埃塔"号（炮艇）

19世纪90年代，伊恩·帕迪卡利斯在《皇室与亚洲季刊》（*Imperial and Asiatic Quarterly*）上发表了一系列的文章，在文中他预测了摩洛哥苏丹国的终结，号召摩洛哥独立并寻求英国的介入。[13]到1904年时，无论从什么角度看，摩洛哥内部都已经开始分裂。1894年，时年10岁的阿卜杜勒-阿齐兹（Abdelaziz）继承了王位，此时，摩洛哥的乡村地区盗贼横行，一片混乱，这进一步破坏了这位年轻的苏丹领导下的中央政府的统治。像穆莱·艾哈迈德·埃尔·拉苏里（Moulay Ahmad el Raisuli）这样传奇式的，摩洛哥最出色的家族的后继者，则获得了大多数民众的支持。作为穆莱·伊德里斯（Moulay Idriss）的后裔，拉苏里称自己是圣祖后裔，并要求和摩洛哥的创立者一样将家族回归先知穆罕默德。[14]他年轻时是一个偷牛贼，他的家庭出身、行为标准和长相都为他在摩洛哥众多的穷人中赢得了一定的名声。随着时间的流逝，他对官方的威胁越来越大，之后因一位朋友的背叛而入狱近五年，这五年对他的肉体和灵魂造成了难以磨灭的创伤。[15]

1900年摩洛哥摄政者布·艾哈迈德（Bou Ahmad）的死让拉苏里得以释放，他下定决心要向那些背叛他的人复仇，还要成为普通民众的保护者。"我一方面要反对欧洲，"他后来说道，"另一方面要反对苏丹，这样才能保护民众的权利，因为他们是我的人民。”[16]他“保护”民众的方式就是绑架有名的欧洲人并要求赎金，因为他知道这样会让这些人所属的国家向苏丹施压。[17]1903 年，他抓了伦敦时报的记者瓦尔特·哈里斯（Walter Harris），然后要求释放他被抓的同伴，并为对他的财产损
85 失进行“赔偿”。[18]苏丹迅速妥协，让他得到了鼓舞，想要绑架另一个举足轻重的西方人来讨价还价。之后就发生了帕迪卡利斯绑架事件。

伊恩·帕迪卡利斯在摩洛哥拥有两处住所，一处在丹吉尔城里，另一处在城外一片软木森林之中，过去是皇宫，名为阿多尼亚（Aidonia），意为夜莺宫（the Place of the Nightingales）。[19]1904 年 5 月 18 日晚上，帕迪卡利斯和他的英国妻子以及他的继子克伦威尔·瓦力（Cromwell Varley）在阿多尼亚吃晚饭，忽然听到仆从区传来一阵刺耳的尖叫。[20]帕迪卡利斯和瓦力迅速赶到现场，以为是佣人之间在吵架，却发现是一群强盗已经制服了佣人们，把他们捆了起来。帕迪卡利斯试图击退强盗，但却遭到毒打，又被匕首划伤，自己也被绑了起来。他和他的继子瓦力被抓起来并运往一个马厩，在那里他们见到了抓他们的人，穆莱·艾哈迈德·埃尔·拉苏里。[21]几小时之内，帕迪卡利斯和瓦力就被运到了丹吉尔东部的群山之中。[22]

初步行动

塞缪尔·格默里与美国国务院最初的交流是简洁明确的：“帕迪卡利斯先生是本地最重要的美国居民，他的继子瓦力是英籍人士，他们昨晚在郊外的住所里被劫持……是被一群以拉苏里为首的本地人带走的……强烈要求马上派遣军舰……情况已到了最紧急的时刻。”[23]助理国务卿弗朗西斯·卢米斯暂时代替正在代表总统参加圣路易斯博览会的国务卿海约翰，他表示，总统一定会同意格默里的请求；但无论如何，还是要取得三军统帅的同意。[24]一年前，罗斯福注意到海在他不知情的情况下调整了海军的任务，他立即警告海不要再这样做。所以现在，每个为罗斯

福工作的人都知道海军事务属于他个人的权限范围。卢米斯的初步请求被批准后，他与负责向加那利群岛的特纳利夫岛（Tenerife）装煤港下命令的航海局局长，亨利·泰勒少将进行了商议。[25]卢米斯向格默里发电报称，现在在大西洋航行的舰船将会转航去丹吉尔，“三天或四天”后就能到达。[26]这些在华盛顿围着办公桌工作的外交家们极度低估了航行需要花费的时间。

海军各支分舰队在5月14日从波多黎各的圣胡安出发，开始了穿越大西洋的悠闲之旅，他们在平静而温和的海上航行的平均速度只有每小时9.2海里。这样的速度让他们5月27日才到特纳利夫岛的装煤港。舰队到达后，南大西洋分舰队司令官查德威克少将，计划在此进行补给后通过苏伊士运河穿越非洲北海岸，向南在红海的南部入口吉布提（Djibouti）进行停靠，之后通过非洲南端返回大西洋。[27]查德威克最初从海军部接到的命令里面，包含一系列土耳其旗帜和标志的印刷品。这些并未出现在其他两支分舰队接到的命令里，说明查德威克的分舰队有着明确的外交目的地——土耳其奥斯曼政府。[28]他的舰队出现在西地中海，原本很有可能是为了向土耳其发出一种信号；但在查德威克少将的分舰队到达特纳利夫岛，收到新命令后，此事便被抛到脑后了。[29] 86

罗斯福在对他的内阁和总统宝座越来越得心应手后，他对美国在世界上的位置的期待也逐渐提高。1904年5月，他在给他的儿子小西奥多的信中写道：“我觉得没有其他人像我和你母亲一样，从白宫这里收获了太多的欢乐……我们喜欢华盛顿……我工作到四五点钟，经常和一些官员一起吃午餐——或者是参议员夫妇，或者是大使夫妇。”[30]然而在他第一个任期内，他却满足于将自己限制在西半球，专注于他所钟爱的巴拿马运河项目。此后他开始向更广大的舞台发展。在即将到来的夏季里，美国海军三支分舰队被派往地中海展示美国旗帜。收到帕迪卡利斯被绑架的消息还不到一天，他便向战争部长伊莱休·鲁特写信称，如果这些国家按照国际行动规范行事，他们就不用对美国感到害怕；但如果他们偏离规则，美国就会考虑在国内与国际上介入，来恢复秩序。[31]

收到总统对帕迪卡利斯绑架事件的指示后，海军部向特纳利夫岛发出命令："所有现在能赶到丹吉尔的舰船立即出发，其余的舰船尽快赶到。"[32]查德威克的分舰队立即开始装煤，所有舰船一旦补给够充足的燃料后就立即出发。分舰队包括装甲巡洋舰"布鲁克林"号（旗舰）、装
87 甲巡洋舰"亚特兰大"号、炮艇"马奇亚斯"号和"玛利埃塔"号。[33]所有舰艇全速前进，于5月30日相继赶到摩洛哥港口，前后相差几个小时。入港时，所有的舰艇向把守港口的要塞发礼炮致礼，并收到了来自摩洛哥礼炮的回应。[34]

到现在为止，美国人终于了解到他们在非洲远方同胞的窘境。《纽约时报》在5月20日发表了第一篇文章。[35]华盛顿充斥着有关派遣海军陆战队寻找拉苏里巢穴的可能性的言论。《哈珀周报》（*Harper's Weekly*）发表了最接近美国采取的真正战略的文章，文章中称："我们可以派遣一支足够强大的舰队来轰炸或占领不单单是丹吉尔，而是摩洛哥的所有港口城市。"[36]尽管这一切并没有发生，然而已经出现的少量美国舰艇足以提醒摩洛哥政府存在上述可能性。

西奥多·罗斯福很喜欢和拥有令人羡慕的军事荣誉和清醒头脑的查德威克少将共事。在内战时期进入海军效力的查德威克很快将自己塑造成海军最重要的出谋划策者之一。他先后担任海军学院数学讲师、伦敦海军专员（七年）、海军情报局局长、海军战争学院院长。如此历练之后，他逐渐培养和展示出处理复杂问题的能力。他在美国海军学会出版的《进程》（*Proceedings*）杂志中发表了数篇文章，出版了三本著作，文笔日益老练。[37]正巧的是，他最重要的著作就是涵盖了美西战争中外交与军事行动的两卷本历史。[38]如果不是与阿尔弗雷德·塞耶·马汉处在同一时期，他很可能会成为当时美国的首席海军作家。事实上，他获得了马汉没有的勇士声誉。在他的作品屡次受到抨击时，他的资历却是在不断提高。查德威克在美西战争时担任少将威廉·T·桑普森（William T. Sampson）的参谋长。[39]事实上，大多数历史学家相信桑普森在美西战争期间患有阿尔茨海默氏病，而他的舰船之所以在古巴取得那样的胜利，暗示着查德威克在美国加勒比海胜利过程中所做的，比当时想象中

要多很多。[40]无论如何，他现在来到了丹吉尔，做好了传达罗斯福外交政策的所有准备。

强制外交政策的局限 88

在到达后的24小时之内，查德威克向海军部发回了一篇两页半的、简洁明了、直切要害的报告。他详细描述了绑架的细节，帕迪卡利斯和他的家庭成员的背景，他们被关押的大致位置和拉苏里要求的内容。另外他还做出估计，称无论美国采取什么样的行动，都必须“完全地反对苏丹或者更直接地反对苏丹在这一地区的代表。”查德威克继续说：“现在只有一种可能性，即苏丹答应拉苏里的要求……苏丹政府知道自己无力在山区与拉苏里的人对抗……如果发成冲突，必将导致被绑架的两个人的死亡。”

查德威克继续描述了当地的地形地势和其中的战略意义，然后大致叙述了自己与总领事格默里和其他在丹吉尔的外国大使合作的计划。[41]打印出来的报告上某些细微的修改之处，证实这份报告是他在“布鲁克林”号他的指挥室桌前，一气呵成亲笔写就的。

拉苏里的要求，从一开始就旨在损害苏丹和他的代表、丹吉尔的巴夏①——思·阿卜杜·勒萨拉姆（Si Abd al－Salam）的权威。拉苏里和勒萨拉姆长期以来冲突不断，勒萨拉姆幼年曾住在拉苏里父亲的家中，本应是拉苏里终生的朋友，但他的背叛导致了拉苏里1896年被捕入狱。[42]近五年的监狱生活让拉苏里心中充满了复仇的欲望。当他被释放后发现自己的财产被背叛自己的人占有，而这个叛徒又被任命为丹吉尔的巴夏（总督）时，他彻底被激怒了。拉苏里想要夺回自己的财产，寻求法律帮助，却被苏丹当局的法院所嘲弄。[43]如今，他手中有两名美国囚犯，而美国战舰也已经来到了这里，于是他提出了自己的要求。

---

① 旧指土耳其古代对大官的尊称。——译者注

他和苏丹当局第一次接触的内容，在同一时间传到了其他国家的代表耳中。他对自己及追随者在近期与巴夏部队作战中的损失，提出7万美元的赔偿要求。他还明确要求，这部分赔偿要从丹吉尔巴夏及其表兄弟非斯巴夏的财产中出。其次，他要求立即将丹吉尔巴夏免职，所有在城市中和城市周边的领土上与他作对的部队要全部撤回。这些领土要割
89 让给拉苏里，接受他的控制。另外，这个强盗还要求释放他先前被捕入狱的追随者，而且苏丹当局要赦免他之前所有的罪行。

苏丹当局做出的回应是，2万美元，不提供资金来源。另外，丹吉尔巴夏会被解职，政府军会撤回，拉苏里的追随者也会被释放。最初的回应中并没有提及赦免。[44]拉苏里第二次的回应提高了他的要求，并首次进行了威胁：如果他的要求没有被立即答应，他会杀掉人质。[45]

拉苏里之前杀过人质。1903年被拉苏里抓到的伦敦时报记者瓦尔特·哈里斯，曾被带到这群强盗的藏匿点，目睹过因没有付赎金而惨遭杀害的人质。

> 那是可怕的一幕。夏季的炎热让尸体已经开始膨胀变色。死人嘴里塞有一个苹果，他的双眼全部被挖出。死者的裸体被不规则地切断，手指尖也被切断，一名强盗告诉我，他们会佩戴这些手指尖，用以吸引他们的女伴。死尸的手被穿过手掌的木棒钉在地上，木棒大约1码①长，上面装有小旗帜……村里的野狗已经叼走了尸体的一条腿。一名强盗开玩笑似地告诉我，这或许是我几天后将要变成的样子。[46]

所有在这里的外国人都对哈里斯的描述十分信服，都把拉苏里的威胁当真。[47]这样的影响扩散到了华盛顿。哈里斯绑架案发生时，国务卿海约翰曾经询问，在那里的美国公民是否想要回国，在摩洛哥拉拉谢（Larache）工作的人员是否安全。[48]

---

① 1码≈0.914 4米。——编者注

总领事格默里由于逐渐变得不稳定的局势而感到十分沮丧。到5月25日，早已过了卢米斯承诺为格默里提供海军支持的日期，却没有舰船到达。格默里又一次向国务院发电报，充分表达了自己的焦虑和担心。[49]这份电报最终传到罗斯福手中，然后由罗斯福于5月28日“紧急”交给国务卿。[50]即将到来的政党会议并没有带给罗斯福任何困扰，他和国务卿交流意见后迅速决定，将欧洲分舰队派往丹吉尔，加入查德威克麾下。[51]

在中大西洋葡萄牙亚速尔群岛（Portuguese Azores Islands）的装煤 90
站，欧洲分舰队总司令朱厄尔少将通过电报收到命令，要求将他所指挥的舰艇——巡洋舰“奥林匹亚”号（旗舰）、“巴尔的摩”号、“克利夫兰”号——从巴克少将的战列舰分舰队中脱离出来，以最快速度赶往丹吉尔。[52]朱厄尔的分舰队在6月1日到达丹吉尔。丹吉尔城中的一名间谍向东遁入山区，向他的主人拉苏里报告了美国舰队的到达。拉苏里不但没有感到害怕，反而十分高兴，期待着美军的到达会迫使苏丹当局答应他的要求。[53]

查德威克个人的意见与给海军部的报告一致，认为绑架帕迪卡利斯是为了“迫使摩洛哥的苏丹答应（拉苏里）一伙强盗的要求。从我们派遣美国海军舰队可以明显看出来我们对此事的重视程度，这无疑会导致摩洛哥苏丹提前屈服于拉苏里的要求。这是唯一能够安全解救人质的方法。贸然发动攻击，则会加速人质的死亡。”[54]

查德威克带有预见性的电报引起了总统的注意。在6月1日上午，罗斯福又一次把国务卿海约翰和海军部长威廉·H·穆迪召到白宫“商讨帕迪卡利斯的事”。[55]帕迪卡利斯事件在之前的内阁会议上已经讨论过，所以三人对目前僵持的局面都有所了解。[56]从查德威克的报告中，看不出美国将会获得最后的胜利。他们逐渐意识到，美国军队的出现，并没有对隐藏在丹吉尔东部群山之中的强盗产生任何影响。罗斯福虽然是美国历史上最年轻的总统，如今也感到年齿渐长。很明显，他急于采取行动。[57]

根据罗斯福的指示，海起草了一份语气生硬的公文，想要通过美国总领事交给苏丹，不过并没有送出。美国驻伦敦大使馆来函劝说，这样毫无敬意的语气不会给正在争取欧洲支持的国务卿带来任何帮助。于是海把给摩洛哥的公文进行了修改，称“总统先生希望能够尽一切可能保证帕迪卡利斯的安全释放。他希望大家能够明白，如果帕迪卡利斯被杀害，美国政府会要求谋杀者偿命……你们应避免采取会对这种绑架勒索行为产生鼓励效果的官方行动。”[58]罗斯福在浏览了海起草的公文后签上了字，他知道他现在在向苏丹施压的同时，也将局势的掌控权交给了拉苏里。苏丹和他的外交部长在收到公文后反应十分沮丧。[59]

91 回到华盛顿后，海约翰发现自己处在一个很不舒服的境地。在6月1日他与总统上次见面时，国务院收到了一封令人不安的信件，信件由北卡罗来纳州费耶特维尔（Fayetteville）的A·H·斯洛克姆（A. H. Slocomb）先生寄发。他在信中声称，他1862年在希腊雅典旅行时曾见到过帕迪卡利斯。在他们交流的过程中，帕迪卡利斯告诉斯洛克姆，他已行使自己作为一名希腊人儿子的权利，放弃美国国籍，加入希腊国籍。这样做的目的是：他可以免于在南方军队中服役，而且不会丢掉父亲百万美元遗产（包括在南卡罗来纳州的产业）的一部分。海知道，这条消息会在国际上引起轩然大波并在国内引发政治灾难。他致电美国驻雅典外交代表，想确认这条消息的真实性。[60]

在丹吉尔海港，朱厄尔少将率地中海分舰队投入在场的资深将领查德威克少将麾下。[61]查德威克对局势进行了进一步的评估，意识到现在摩洛哥的关键问题已经不止是拉苏里直接的个人要求，而是上升到了这个国家的核心问题。基督教逐渐壮大的影响扩张到了伊斯兰教的势力范围，同时西方力量开始进入摩洛哥领土和文化，这都降低了伊斯兰政权的合法性，扩大了违法行为发生的可能性。这种不安的局面每天都在恶化，而此时，美国军舰的到来就成了一把双刃剑。白天，军舰用于制服暴徒，而到夜晚，它们则成了摩洛哥局促与不安的焦点。在6月3日给海军部的简报中，查德威克称这场“狂热的盛宴”使得本地人焦躁不安，也使在此的外籍人员有性命之虞。“舰队的存在是基督教民众唯一的保护。”他警告道。第二天，在他通过海军部发给罗斯福的第二篇长篇报告中，查德威克又一次提出警告：“基督教徒在此的危险程度是难以预计的。有些是危险的，有些非常危险。在这里很难找到真相。”[62]

查德威克还告知他的上级，他已经在帕迪卡利斯的住所和美国领事馆部署武装的海军陆战队，[63]同时也为总领事提供了贴身保镖。[64]海军信号员被派往美国领事馆“以便于在受到攻击需要救援时与舰队取得联系。”[65]海军将尽一切可能，避免出现没有准备的情况。预测到不安的局势会持续下去，查德威克要求海军陆战队军官将所有在港口的舰队上的海军陆战队员与水手混编，时刻准备“在必要的情况下”武装登陆。查德威克进一步邀请许多本地的部落首领来到美国战舰参观，希望借助展示强大的科技与火力打消他们的反抗意识。[66]同时，总领事还希望查德威克能够让一些海军陆战队员登陆，以应对困难局面。 92

缺席的比利时驻丹吉尔公使的夫人是一名美国人，也是派往华盛顿的美国陆军炮兵高级官员约翰·巴顿·斯托里（John Patton Story）将军的女儿。[67]她感到自己遭到本地摩尔人的威胁，因为他们开始侵犯和恐吓在此的欧洲居民，因此两名海军陆战队员上岸为她的住所提供保护。[68]当这条消息泄露出来时，《纽约论坛报》（*New York Tribune*）在头条写道：“美国海军陆战队已经在非洲登陆”。《世界报》夸张地将当初斯蒂芬·迪凯特（Stephen Decatur）上校针对北非伊斯兰的海盗行动①与之联系起来。[69]

像以往一样具有超凡感知力的弗伦奇·查德威克收到消息称，新一艘英国战列舰，英国皇家海军“威尔士王子”号（*Prince of Wales*）已经到达直布罗陀。为了施加最大限度的外交与军事压力来应对现在的局势，查德威克要求这艘英国战舰前来丹吉尔。“我认为在现在的局势下，英国的公众利益应该有所体现。”他解释道。[70]毕竟帕迪卡利斯的继子，克伦威尔·瓦力是英国公民。

到现在为止，其他大国开始关心美国在丹吉尔介入的程度与持续时

---

① 19世纪初，美国商船在地中海北非沿海经常遭海盗劫掠，为此，美国与北非几个伊斯兰领主间爆发了一系列海上冲突。1804年，迪凯特在同的黎波里人的战斗中英勇顽强，被教皇庇乌七世称为“令反基督教的野蛮人胆寒的人”。1815年，已升为准将的迪凯特率舰大胜阿尔及利亚人，被称为“北非伊斯兰海盗行为的征服者。”——译者注

间。西班牙，美国军事力量最近的受害者，害怕美国会趁机永久占领丹吉尔港来作为装煤站。[71]这将再次打击西班牙，因为摩洛哥曾经是西班牙的势力范围。西班牙政府决定让自己仅存的战列舰，“佩拉约”号（*Pelayo*），向南驶到加的斯海港（port of Cádiz），来提升它的应对潜力。[72]其他欧洲国家开始静悄悄地考虑，如何根据外交局势的发展做出应对。

法国人也开始坐不住了。他们近几年来一直在悄悄扩大自己在摩洛哥的影响力。他们的军事行动在这个东方绿洲取得了成功，同时通过外交伎俩，暗中破坏着英国在非斯的影响力。[73]帕迪卡利斯自己也认识到法国在此逐渐发展的影响力，他在 1904 年写道：“现在的任何一天，任何一个小时都有可能给摇摇欲坠的苏丹政权最后一击，使他尽管再不情
93 愿，也会倒向法国的怀抱。”[74]然而几乎在一夜之间，处在北美的美国和那位崇尚海军力量的总统就威胁到了法国精心策划的形势。[75]一开始的时候，法国人觉得他们可以利用现在这种形势，提出建立一支泛国家安全部队来重建摩洛哥的秩序。而且实际上，对救出帕迪卡利斯之外没有任何要求的罗斯福曾向法国求助过。但随着时间的推移和美国海军的出现，法国人开始考虑美国人的行动会激起当地人对西方国家的激烈对抗，导致对他们影响力的扰乱。在非斯的法国公使圣勒内·泰朗蒂耶（St. Rene Taillandier）开始鼓励苏丹当局冒险一搏，尽管是在拿人质的生命冒险。[76]

另一方面，德国人对激怒本地人也不是毫不关心的。他们害怕自己又一次在征服殖民地的激烈竞争中被美国取代。但他们想错了。罗斯福只想要帕迪卡利斯回来。他可能会利用这次事件，在这个特殊的时候来赢得美国选民的支持，但他并不想在非洲要一片殖民地。

查德威克 6 月 5 日和英国驻非斯公使亚瑟·尼克尔森爵士商议，将英国皇家海军“威尔士王子”号派到丹吉尔。他很高兴地发现尼克尔森早已有所安排；战列舰将在 6 月 8 日到达。[77]尼克尔森的父亲是一名英国将军，而他自己在 1870 年进入英国外交领域，并分别在柏林、北京、君士坦丁堡、雅典和德黑兰出色地完成了自己的工作，之后在 1895 年被

任命为摩洛哥公使。[78]作为一名出色的外交官，他很快意识到自己国家的利益所在。从这一点出发，他在阅读过查德威克提供给伦敦方面的所有与帕迪卡利斯相关的资料后，建议现在在丹吉尔港的所有军事力量“不能再被削弱”。[79]查德威克少将发现，自己为外交谈判开辟了第二条渠道。

在6月的第2周，形势还是没有任何进展。美国总领事称所有能做的都做了，但没有任何成效。他没有尝试与拉苏里直接谈判，并建议为了争取帕迪卡利斯获救，最好保持现在对苏丹当局的压力。摩洛哥政府此时的唯一选择就是接受这帮强盗的所有要求。格默里被告知，“至少现在，政府对这些山民没有任何管辖权”。[80]

之后，格默里不得不报告，被捕的美国老人已经患有严重疾病。他 94
和英国在非斯的使馆代办紧急告知摩洛哥政府，帕迪卡利斯或许会在这个非常不好的时机去世。英国代表向他在丹吉尔的上司报告称：

> 我认为被捕人质健康状况堪忧，面临生命危险，特别是帕迪卡利斯先生，鉴于他年事已高，病症缠身，他将无法再承受更长时间的囚禁。而且对于拉苏里，我不确定在烦躁和压迫下，他会做出什么事，或许他会突然采取极端措施。因此，应尽早争取解救人质。[81]

意识到帕迪卡利斯的死亡会触发美国军事力量的介入，摩洛哥外交部长突然宣布，将答应拉苏里的所有要求。查德威克向海军部报告称：“囚犯、赎金和其他所有要求都已准备好，用来换回人质。”[82]

丹吉尔港6月7日早上的平静被一阵入港的21响礼炮打断。这是因为苏丹当局让步后，新总督前来接替思·阿卜杜·勒萨拉姆担任丹吉尔的巴夏。[83]拉苏里在看到自己取得胜利后决定再一次提高要求。因为害怕苏丹当局会在他释放人质后毁约，这个强盗要求英国和美国以国家荣誉担保苏丹政府的承诺。[84]美国和英国拒绝了。这时，报告显示帕迪卡利斯已经痊愈。[85]

一直善于观察的查德威克少将继续对形势进行评估，并通过海军部向总统报告。在6月12日，他对摩洛哥政府的执政与军事力量的软弱做出评估。他警告称其“除了妥协之外什么能力都没有；这个政府无力采取任何惩治措施；严格意义上没有军队……因此我们不能指望他们能够就此事采取什么惩罚性措施。对此，我丝毫没有夸大其词。”[86]显然，这
95 位少将从来没有放弃美国军事介入摩洛哥的可能性，无论是试图解救帕迪卡利斯，还是因其死亡而采取报复性措施。

6月15日，总领事格默里收到来自摩洛哥外交部的公报，称拉苏里又一次提高了他的要求。拉苏里知道摩洛哥政府现在陷入了两难困境，既不能对他采取任何措施，又要在大国压力下为被绑人质的生命安全负责。这次他要求释放更多的人，并立即抓捕他的敌人——即之前的丹吉尔巴夏，并再次割让丹吉尔周围另外四个区域交由他控制。苏丹方面顺从地答应了这些新的要求。[87]拉苏里嗅到了毁约的气息，他再次要求美国和英国作保，对他上述要求的承诺会被如实履行。当收到新要求的详情时，美国国务卿认为拉苏里现在已经开始“很糟糕地盲目自大”。[88]

查德威克站在他的立场上，要求英国皇家海军“威尔士王子”号再次回到丹吉尔，这艘战列舰在之前曾到过丹吉尔港，但很快因发生故障返回直布罗陀维修。这位美国少将想要充分向摩洛哥政府证明，英国和美国这两个世界上最伟大的英语国家将在谈判的各个方面紧密合作。[89]英国方面的代表保证，这艘主力战舰将很快出现在丹吉尔港。[90]

同时，因为一直受英、美两国在丹吉尔出现的困扰，法国开始向苏丹政府施压。法国大使对美国海军的存在和英国战舰在港口的短暂出现采取了轻视的态度。但在暗地里，他敦促苏丹政府向美军提出撤回部分舰船的要求。后来，他建议从卡萨布兰卡（Casablanca）派遣一支远征军来结束现在的局面，希望借助摩洛哥军队的出现，来减轻外来军事武装以保护当地欧洲裔人群安全为理由进行登陆的可能性。[91]当听到摩洛哥军队的行动时，查德威克立即意识到，摩洛哥军队无论在数量上还是在火力上，都将大大超过自己数量有限的部队，而且这点将很快被当地人所知。[92]他担心这次行动会导致当地针对西方势力的仇恨爆发，最终导致冲突。

摩洛哥军队的出现也将违反苏丹当局之前承诺的，撤出摩洛哥在丹吉尔军队的约定。在这样的形势下，格默里完全有理由担心，这帮到现 96
在为止在与非斯政府的谈判上取得成功的强盗，会借机延长谈判的期限，来寻求更多的利益。他在接到国务院允许后，向绑架者发出警告，称任何试图延迟人质释放的举动，都将引起美国和英国的联合反应。格默里强调，这次警告在发出时应采取这样的结尾："为了保证在摩洛哥的基督教人群不受危害，严格按照这次警告做出相应的惩罚，是有必要的。"[93]

格默里试图提醒华盛顿，这次美国是在与阿拉伯文化打交道，因此要按照阿拉伯的规则办事。提醒罗斯福总统要在这样的环境下考虑所有的问题是十分重要的。罗斯福现在明显因国内政治而分心，而格默里认识到，十分需要总统全心全意地投入到处理摩洛哥现在的局势上。这次不是针对另一个欧洲国家的决心与智慧的考验，也不是一场与突然崛起的拉美"民主政权"的竞争。这次美国的利益受到了来自非西方世界的无赖的威胁。当地政府的代表，无论是外交上的，还是军事上的，都试图在政府内部找到解决的方法，然而这个政府无论在什么方面都软弱无比。格默里想让罗斯福准备好在形势进一步恶化时采取军事行动。

在华盛顿，海约翰和西奥多·罗斯福就新得到的信息交换了意见。海被拉苏里为动摇苏丹政权而提出的逐渐提升的要求所困扰。"你看，"他向罗斯福写道，"对于这种恶棍来说，傲慢无礼的行为是不会终止的。"[94]无论是罗斯福还是海都认为，美国不会为绑架者承诺任何事情。在回复给海的信件里，罗斯福写道，"当然，想要让美国向这个摩洛哥的强盗屈服是不可能的。我们已经为帕迪卡利斯做了我们能做的所有事情。我们现在的立场是，如果他受到伤害，我们将以牙还牙。"[95]对于决策者来说，现在如何在没有释放帕迪卡利斯的情况下惩罚拉苏里，是他们首先要考虑的事情。

罗斯福已经逐渐地形成了一个决定。6 月 15 日，在收到总领事报告的同时，他向海约翰写了第二封信，称已经是时候"和英国与法国进行谈判，如果格默里关于苏丹政权的软弱报告无误的话，我们应开始寻求

97 组建联军来惩治这伙强盗”。由于谈判已经失控，再加上他为了证明美国的决心而派出了查德威克的海军舰队，罗斯福做出了使用军事力量的决定。历史学家芭芭拉·塔奇曼就此形势做了简明的总结：“为美国的舰队、国旗和荣誉效忠。”[96]

弗伦奇·查德威克采取了主动的态度，开始积极准备武装介入。他召集“克利夫兰”号、“玛利埃塔”号和“卡斯汀”号的指挥官——H·H·萨瑟兰（H. H. Southerland）中校，亨利·莫雷尔（Henry Morrell）中校和F·J·多恩（F. J. Dorn）中校——命令他们“搜集信息并立即开始准备在摩洛哥的军事行动计划；在必要时派出一支远征军，讨伐拉苏里和他的盟友”。这位将军让自己部队的情报机构立即开始工作，并警告那些知情人要对这项计划保密。[97]查德威克还为他的特别行动小组指派了一位经验丰富的海军陆战队军官，海军上校约翰·特威格斯·迈尔斯（John Twiggs Myers）。[98]

人称“帅杰克”的迈尔斯当年34岁，但已经是国际知名的英雄人物。他从美国海军学院毕业（1892届），在1895年转到海军陆战队服役时已经在海军服役了三年。1900年5月，在“纽瓦克”号服役时，他率领48名海军陆战队员和3名水手在义和团运动时期救出了在北京的美国公使馆成员。期间发生的徒手搏斗是血腥而艰难的。迈尔斯的大腿被矛刺中，严重负伤。两名海军陆战队员被杀，但迈尔斯的部队还救出了许多欧洲公使馆的人。他被名誉提升为少校，在海军陆战队的资历榜上上升了四位。当时的总统麦金莱在给国会的年度国情咨文中提到了他的名字，当英国人为纪念公使获救建立纪念碑时，迈尔斯带头冲锋的形象以浅浮雕的形式出现在上面。无论是在自己的服役生涯还是在国际社会上，他都是海军陆战队独一无二的。[99]现在丹吉尔的局势下，他正是美军所需的指挥官。

查德威克率领的三艘舰艇的指挥官想到了一个计划，他们想要对丹吉尔的关键位置发起一场武装突袭，包括要塞、海军工厂和海关。可用的军事力量是1 200名海军陆战队和水手的混合部队，由五门3英寸炮和各种各样的自动武器提供支持。1 200名士兵分别来自欧洲分舰队和南

图 1　海军部副部长西奥多·罗斯福，一个急性子的年轻人（承蒙哈佛大学图书馆西奥多·罗斯福藏品馆供稿）

图 2　阿尔弗雷德·塞耶·马汉上校，西奥多·罗斯福发展新的国家战略的智囊（图片来源：美国海军学会照片档案馆）

图3 海军部部长约翰·D·朗。为了实现自己想要的变革，罗斯福不得不让他离开这个职位（图片来源：美国海军学会照片档案馆）

图 4　西奥多·罗斯福在罗德岛纽波特的海军战争学院向全体学生发表名为“华盛顿被忘却之格言”的演说后（图片来源：美国海军学会照片档案馆）

图 5　海军上将乔治·杜威。罗斯福高调利用这位马尼拉湾英雄的国际声望，将他的观点传达给欧洲大国（图片来源：美国海军学会照片档案馆）

图6　海军少将亨利·C·泰。罗斯福早期执政期间担任航海局局长，极其专业，天赋卓越（图片来源：美国海军学会照片档案馆）

图 7　罗斯福和海军部部长威廉 • H • 穆迪坐在一起，海军上将杜威站在后排居中位置（图片来源：美国海军学会照片档案馆）

图 8　美国海军指挥官约翰·哈伯德，在巴拿马宣布独立后的紧张的日子里担任“纳什维尔”号指挥官。哈伯德的思维敏捷和镇静是行动成功的关键因素（图片来源：海军历史中心）

图 9　国务卿海约翰，说出“要么帕迪卡利斯生，要么拉苏里死”名言的人。他曾自作主张对海军舰船行动发布命令，受到总统的责备（图片来源：美国海军学会照片档案馆）

图 10　弗朗奇 •E• 查德威克少将，美国海军在摩洛哥丹吉尔部队的指挥官，展示出比外交官还要老练的外交技巧（图片来源：美国海军学会照片档案馆）

图 11　日俄战争和平条约的谈判者在总统游艇“五月花”号上。从左到右依次为：俄国外交官谢尔盖·维特和罗曼·罗斯、罗斯福、日本外交官小村寿太郎和高平小五郎（承蒙哈佛大学图书馆西奥多·罗斯福藏品馆供稿）

图 12　86 号建筑，朴次茅斯海军码头谈判地（承蒙查尔斯·多里亚克藏品馆供稿）

图 13　温特沃斯酒店，新罕布什尔朴次茅斯的豪华度假酒店。此处曾接待参加和平会议的代表团（承蒙查尔斯·多里亚克藏品馆供稿）

图 14　“芝加哥”号装甲巡洋舰，美国第一批现代铁甲战舰之一。它由欧洲人设计，代表了美国海军的兴起（图片来源：美国海军学会照片档案馆）

图 15 指挥官威廉·西姆斯，海军火炮专家，罗斯福的海军助理，美国海军技术改革的重要领导者（图片来源：美国海军学会照片档案馆）

图 16 “康涅狄格”号战列舰，大白舰队的旗舰，“无畏”级战舰出现前的美国海军主战级军舰（图片来源：海军历史中心）

图 17 美国海军“怀俄明”号，在中心线上安装全重型火炮的战列舰，在罗斯福和西姆斯努力下成为现实（图片来源：美国海军学会照片档案馆）

图 18　西奥多·罗斯福和海军少将罗布利·埃文斯（人称“好斗的鲍勃”），在大白舰队开始环球航行当天的会面合影（图片来源：美国海军学会照片档案馆）

图 19　罗斯福在即将结束总统任期前，无比骄傲地欢迎他的大 白舰队回到美国（图片来源：美国海军学会照片档案馆）

大西洋分舰队，按照所属分舰队分成两个队列。南大西洋分舰队队列，98 包括迈尔斯率领的海军陆战队，负责一开始的袭击，并占领码头与海关。若登陆受阻，在港口的战舰要负责炮轰海关码头的炮台和东南部的炮台。[100]

6月16日后，谈判的进展打断了美军的部署。17日，按苏丹政府的说法，一名从拉苏里的藏身之处回来的谈判人员宣称，如果拉苏里得到5万元的西班牙本票和价值2万元的西班牙黄金，帕迪卡利斯和瓦力将被释放。拉苏里的消息中并没有提到让美国和英国对他的安全提供保障。[101]尽管美国政府对此保持怀疑态度，但成功似乎触手可及。[102]释放人质的时间是1904年6月21日，人质被捕的一个多月后。[103]罗斯福的舰队和他的海军陆战队的威胁似乎又要了一把他们的拿手好戏。之后，6月19日，流言开始传播，称"帕迪卡利斯事件的并发症出现了"。[104]

拉苏里的谈判代表在6月20日，与政府代表就谈判最后的细枝末节进行商议时，却被告知之前要转交给拉苏里控制的部分领土，最后会继续留在苏丹的控制之下，因为担心拉苏里会因以前的旧怨对当地一些反对割让的人进行报复。格默里深感挫折，告诉苏丹外交部长："这样的谈判行为不是令人满意的；很显然，在这样小气的首领统治下的政权，是没有威信可言的，他要对任何一小时的拖延负责。"[105]

格默里向国内报告称，他作为美国总领事与摩洛哥政府面对面的谈判已经成为对自己的"羞辱"。他要求准许对摩洛哥人发出最后通牒，要求他们对一再拖延，迟迟不将伊恩·帕迪卡利斯安全地转交美国的行为做出补偿。另外，他还要求准许以查德威克的两支部队登陆并封锁丹吉尔海关为威胁。[106]在报告最后，他称自己已经与查德威克少将商议过，而将军"为了达到同样的效果"同意了他的做法。[107]

在华盛顿对格默里又一次的电报做出回应之前，又有报告称已经开始返还人质，一切似乎都在控制之下，虽然他对今天行动的结果没有"充分的信心"。因为急于洗刷自己在摩洛哥政府和拉苏里的强盗团伙面前受到的羞辱，格默里要求总统授权查德威克的部队来追究和惩治"所 99 有与绑架有关的人"。他继续说道，想要让在非斯的苏丹政府去完成这个目标是不可能的。“鉴于政府没有足够的能量，一些措施应该被考虑在内来实施这些要求。”[108]

查德威克少将也不想让他的士兵失望。自从有了占领丹吉尔主要据点的计划后，他就开始和格默里、英国代表一起致力于取得一个和平的结果。然而，不断的拖延和参与其中的各个派别不断变化的要求让他的耐心降到了最低点。“卡斯汀”号的指挥官爱德华·多恩在他的日记中记录：“将军将他用密语写给海军部的电报读给我们听，称谈判进程受到当局的阻碍。他认为我们应该封锁海关，作为对于拖延返还人质日期的报复。”[109]多恩了解到，他将带领由水手和海军陆战队混编而成的战队来执行这项计划。他和上校杰克·迈尔斯“立即登陆确定要封锁的地点和登陆的路线——虽然完成起来很困难，但却能够对周围的环境有一个清晰的了解。”[110]

“卡斯汀”号的指挥官对于即将到来的战斗感到十分兴奋。在世纪之交的海军，如果能够在这样的行动中取得成功，无论是个人荣誉还是可能会得到的晋升，都将会是个人职业生涯辉煌的顶点。不幸的是，他和迈尔斯在战术问题上有一些不同的意见。[111]多恩被迫去和少将商量，但在他侦察了一天，返回自己炮艇的路上，却接到了令他无比困惑的命令，命令他带领自己的舰艇在明天一早返回直布罗陀进行补给。他随即发出信号登上“布鲁克林”号找到查德威克，查德威克解释称“他还没有签发（第一份）调令，而是签发了另外一份，他读给我听过，完全奉命行事，温和得多的调令”。这位学者型将领决定，采取比外交辞令更柔和的口吻。但即使是像指挥官多恩这样的旁观者，都对这样自相矛盾的处理方法感到不舒服。[112]

在一份给海军部的加密消息中，查德威克少将表示同意由格默里担任此形势下的代表。他也意识到谈判已经破裂，因为当地政府试图采取阴谋诡计，从正在发生的危机中扩大他们的影响，或获取更多的利益。
100 另外，查德威克也赞同格默里关于就返还人质拖延的每一天要求补偿的意见。然而，少将却不想使用军事力量：“经过进一步的咨询，现在过多的压力会对人质造成生命危险。”[113]

受来自丹吉尔的不利报告影响，海又带给总统更多令人不安的消息。在雅典的美国国务院官员约翰·B·杰克逊（John B. Jackson）通过电报传回消息，确认了有一个名叫杨尼斯·帕迪卡利斯（Ioannis Perdicaris）的男人，已在1862年3月加入了希腊国籍。海尴尬地告诉正在竞选过程中的西奥多·罗斯福，他用国家的荣誉救回了一个试图放弃公民身份来躲避服军役的人。作为老人的特权，他派自己的助手，嘉兰·亨特（Gailand Hunt）来到白宫就现在的形势向总统简要报告，并要求准许对格默里发出最后通牒的要求做出回应。起草的一份回应也在简报的文件夹里。亨特后来报告称总统认为关于帕迪卡利斯公民身份的报告是“十分讨厌的”，但会让形势自然发展。关于帕迪卡利斯的任何消息都没有泄露。[114]亨特带着总统“准许发出起草的回应”的消息返回海的办公室。[115]因此，在收到罗斯福的授意后，海发出了他最著名的指令，称美国“想要帕迪卡利斯生还或者拉苏里偿命”。虽然这只是现在所记得的消息的一部分，海的指令的其他部分揭露了总统的真正意图：“除了这些，尽可能少与摩洛哥当局或其他势力接触。格默里先生在接到海军明确指令前不能擅自安排海军进行登陆或封锁海关。”[116]

总统从战争边缘撤了回来，他之前似乎下决心要使用军事力量，因为他在整个谈判过程中所发出的讯息实在是太好战了。这或许是为了不激怒其他大国，或许是因为知道了帕迪卡利斯可能根本就不是美国公民。格默里并不知道在外交函件幕后掩藏的秘密消息，他在第二天向国内报告称，如果没有收到国务院的明确命令，他将不会采取任何会扰乱摩洛哥当地力量均势的行动。同时他还报告，携带赎金的谈判人员已经出发，前往一个偏僻的小村庄进行赎金和人质的交换。[117]

认识到军事力量的局限性 101

帕迪卡利斯和他的继子被绑架他们的人带出了山区，来与交赎金的人见面。赎金装在箱子里，放在30只驮兽背上。在交换结束之后，帕迪卡利斯和瓦力回到丹吉尔。虽然他们回来时天色已黑，但帕迪卡利斯很快认出了在海港的美国海军的标志信号，并很快反应过来他们来到这里的原因。受爱国主义影响，就像塔奇曼所说的，他十分欢迎“通过这样的形式来证明国家对其国民的以及对国家荣誉的关心。”[118]他立即致电美国国务院感谢海约翰和国家为他所做的一切。[119]帕迪卡利斯没有留在摩洛哥。他的妻子坚持要离开这个充满着不好回忆的恐怖地方，他们夫妇移居到了英格兰。他们之后一直生活在那里，偶尔会去美国旅游。[120]

至于帕迪卡利斯的公民身份，美国政府后来做出的决定是，他在1862年的所作所为并不影响他的美国公民身份，但也仅仅承认他作为希腊公民之子，拥有美国与希腊双重国籍。[121]然而这已经是很多年后的事情了。罗斯福在知道帕迪卡利斯可能不是美国公民后，还是决定继续向非斯的摩尔人政府施压。这或许是因为，他不想面对错误地将大西洋舰队派去执行一项虚假任务的窘境。也或许是因为，他对拉苏里敢于绑架至少是名义上的美国公民感到愤怒。更有可能的是，他只是在显示，自己绝不会让规则凌驾于自己选择的结果之上。就像他的司法部长有一次在回应他对过去的一件事进行法律咨询时所说的：“啊，总统先生，为什么让如此完美的行动因墨守成规而遭到破坏呢？”[122]

6月25日，查德威克少将告知海军部部长，人质已经释放，英国皇家海军“威尔士王子”号也再一次返回了直布罗陀。[123]查德威克的舰队也将随后到英国海军基地进行燃料和物资的补充。[124]查德威克收到了来自海军部和国务院的贺电，贺电中称，“对您的决断与审慎，我们从未质疑”。[125]他还收到了来自美军总司令罗斯福的赞扬。[126]弗伦奇·查德威克在被帕迪卡利斯“打断”后，没有参加地中海之旅和之后的环非洲
102 之行，而是在补充燃料后沿大陆西海岸继续航行。[127]他于1904年移交南大西洋分舰队控制权后，回到了家里，于1906年退休，然后继续他多产的写作生涯。[128]他于1919年1月27日在纽约城逝世，就在他1904年效力的总统去世后的第21天。

总领事塞缪尔·格默里在6月25日也收到了来自国务卿海约翰的贺

电。[129]他一年后将会在阿尔赫西拉斯会议①继续竭力效命于他的总统，那时的欧洲各大国家因摩洛哥的国际化而走到了战争的边缘。[130]罗斯福在幕后的调解和格默里在当地的帮助，很大程度上缓解了战争的爆发。[131]作为奖励和对摩洛哥在国际上越来越重要的战略位置的认识，总统将格默里在摩洛哥的职位从总领事提升到了外交公使，仅次于大使。[132]

7月10日，释放帕迪卡利斯，带着七万西班牙元（Spanish dollars）骑马回到山里还不到一个月，拉苏里便试图再次绑架英国记者瓦尔特·哈里斯，但没有成功。[133]他在非斯成功强迫苏丹政府屈服于他的每个要求，导致他的权力欲再次提升，也暗中破坏了公众对年轻的苏丹的支持。1906年阿尔赫西拉斯会议中，11个欧洲强国和美国一起要求摩洛哥经济对欧洲开放，这样的行动导致残留的对苏丹世袭领袖的尊敬荡然无存[134]，而这位年轻的苏丹也在一场政变中被自己的哥哥赶下了台。[135]

从帕迪卡利斯事件中，西奥多·罗斯福显露出一种新的特征。虽然罗斯福早期执政期间的好战特征，已经与海约翰最著名的给格默里的电报一并消逝不再，但罗斯福在幕后的行动，却显示出一种更熟练、更严谨地通过外交手段解决当前事务的方式。许多参与到这件事的人都以为，美国舰队的出现会很快救回帕迪卡利斯和他的继子。当预期的事情并没有发生时，受到本土选举干扰的罗斯福本能地派遣了更多的舰艇。但这些后续的战舰到那里后，事情还是毫无进展，他迅速将自己的注意力从芝加哥的政治舞台转移到处理丹吉尔的问题上。

在经过适当的考虑和咨询后，他命令他的首席外交官告知摩洛哥政府，称他认为他们应对伊恩·帕迪卡利斯的生命安全负责。针对拉苏里强盗团伙的进行的海军威胁转向了苏丹在非斯的政权。罗斯福还将其他强国牵扯进来，利用他们的影响力向苏丹政府施压。这种对当地政治影响力和摩洛哥政府除了妥协毫无其他能力的精确掌握，显示出了他在外 103

① 1906年在西班牙阿尔赫西拉斯召开的国际会议，旨在解决法国和德国1905年的第一次摩洛哥危机。——译者注

交上的丰富经验，在他之前只有寥寥几位美国总统有这样的能力。

罗斯福对于身在丹吉尔的两位美国高级官员所提出建议的取舍，揭露出他当时大部分的思考过程。塞缪尔·格默里，一名对当地习俗和当地人品性十分了解的外交官，曾建议立即公开采取积极的军事行动。弗伦奇·查德威克，罗斯福所需要的军事官员的典型，对当地事务经验很少，先一步提出补偿的主意，反对使用武力。罗斯福最终采取了后一种建议。

罗斯福肩负着舰队和美国的声誉，他不能，也没有对其做出丝毫损害。但海的那封著名的电报还有被人遗忘的后半部分，明文禁止在没有国务院允许的情况下采取军事行动——这显示出，罗斯福对于军事力量的局限性有着清晰的认识。[136]军事力量之外，外交技巧也一直是西奥多·罗斯福对外政策的一部分；如今，它开始占据优势地位。

注释：

引文出自，Roosevelt to John Hay，2 May 1903，*TLTR*，3：473.

[1] Roosevelt to Lodge，11 May 1904；Roosevelt to Cornelius Bliss，12 May 1904，*TLTR*，4：796 - 797.

[2] Lodge to Roosevelt，27 May 1904；Roosevelt to Lodge，28 May 1904，*SCTRHL*，2：79 - 81.

[3] Pringle，*Theodore Roosevelt*，253.

[4] Dumas Malone，*Dictionary of American Biography*（New York：Scribner's，1961），3：50；William J. Hourihan，"Roosevelt and the Sultans：The United States in the Mediterranean，1904，" Ph. D. diss.，University of Massachusetts，1975，51.

[5] S. R. Gummeré to Hon. David J. Hill，4 April 1899，NARA，RG 45，U. S. Navy Subject File Ⅵ，International Relations and Politics，box 666，Correspondence related to Morocco，folder 4（以下略为 Correspondence related to Morocco）.

[6] Diary of Edward J. Dorn，31 May 1904，Edward J. Dorn Collection，Manuscript Division，Library of Congress，Washington D. C.（以下略为 Dorn Diary）；Gummeré to Loomis，20 May 1904，General Records of the Department of State，NARA，RG 59，Dispatches from U. S. Consuls in Tangier，1797—1906（以下略为 Dispatches/Tangier）.

[7] Barbara W. Tuchman，"Perdicaris Alive or Raisuli Dead，" *American Heritage* 10，no.

5 (1959): 100.

[8] 同上, 100; David Woolman, "Did Theodore Roosevelt Overreact When an American Was Kidnapped in Morocco?" *Military History* 13 (October 1997): 16, 79.

[9] Moody to Hay, 20 February 1904, Naval Records Collection, NARA, RG 45, Area Files of the Naval Records Collection, Geographical Area 4, 1903—1905 (以下略为 Area File 4).

[10] John B. Brebner, *The North Atlantic Triangle* (New Haven: Yale University Press, 1945), 262.

[11] Seward W. Livermore, "The American Navy as a Factor in World Politics, 1903—1913," *American Historical Review* 63 (July 1958): 865 - 869.

[12] Hourihan, "Roosevelt and the Sultans," 22 - 23.

[13] 同上, 53.

[14] Albert Hourani, *A History of the Arab Peoples* (London: Faber and Faber, 1991), 41.

[15] Gavin Maxwell, *Lords of the Atlas* (London: Arrow Books, 1991), 86 - 88.

[16] Rosita Forbes, *El Raisuli, the Sultan of the Mountains* (London: Thornton Butterworth, 1924), 66.

[17] C. R. Pennell, *Morocco since* 1830, *a History* (New York: New York University Press, 2000), 127.

[18] Edmund Burke Ⅲ, *Prelude to Protectorate in Morocco* (Chicago: University of Chicago Press, 1976), 66.

[19] Hourihan, "Roosevelt and the Sultans," 48.

[20] Ion Perdicaris, "In Raisuli's Hands: The Story of My Captivity and Deliverance, May 18th to June 26, 1904," *Leslie's Monthly Magazine* 7 (May 1906): 511.

[21] Ion Perdicaris, "Morocco, the Land of the Extreme West and the Story of My Captivity," *National Geographic Magazine* 17 (March 1906): 142.

[22] Perdicaris, "In Raisuli's Hands," 513.

[23] Morris, *Theodore Rex*, 324.

[24] William J. Hourihan, "Marlinspike Diplomacy," *U. S. Naval Institute Proceedings* 105 (January 1979), 45; Hay to Roosevelt, 18 May 1904, HPLOC, vol. 5.

[25] Hourihan, "Roosevelt and the Sultans," 69.

[26] Tuchman, "Perdicaris Alive or Raisuli Dead," 19.

[27] Assistant Secretary of the Navy Charles Darling to Rear Adm. French E. Chadwick, 19 May 1904, Office of the Secretary of the Navy, NARA, RG 45, General Records, Confidential Letters Sent, September 1893 - October 1908, vol. 4 of 6.

[28] Hourihan, "Roosevelt and the Sultans," 41.

[29] USS *Brooklyn* Cruising Report, Quarter ending 30 June 1904, Bureau of Navigation, 1813—1911, NARA, RG 45, Cruising Reports of Vessels of the United States Navy, January 1895 - June 1910, vol. 8 of 14.

[30] Roosevelt to Theodore Roosevelt Jr., 28 May 1904, *TLTR*, 4: 807.

[31] Roosevelt to Root, 20 May 1904, *TLTR*, 4: 801.

[32] Chadwick to Secretary of the Navy, 27 May 1904, Adm. French E. Chadwick Collection, Operational Archives, Washington Navy Yard (以下缩写为 FECC).

[33] *Annual Reports of the Navy Department*, 1904, 542.

[34] Morris, *Theodore Rex*, 329.

[35] Peter Larsen, "Theodore Roosevelt and the Moroccan Crisis, 1904—1906," Ph. D. diss., Princeton University, 1984, 3.

[36] Woolman, "Did Theodore Roosevelt Overreact?" 79.

[37] William B. Cogar, *Dictionary of Admirals of the U. S. Navy* (Annapolis: Naval Institute Press, 1991), 2: 41 - 42.

[38] Hourihan, "Roosevelt and the Sultans," 40.

[39] Reynolds, *Famous American Admirals*, 65 - 66.

[40] Beach, *The U. S. Navy*, 364 - 365.

[41] Chadwick to Secretary of the Navy, 31 May 1904, FECC.

[42] Burke, *Prelude to Protectorate in Morocco*, 66.

[43] Maxwell, *Lords of the Atlas*, 87.

[44] Larsen, "Theodore Roosevelt and the Moroccan Crisis," 6 - 7.

[45] Gummeré to Loomis, 31 May 1904, Dispatches/Tangier.

[46] Maxwell, *Lords of the Atlas*, 87.

[47] J. M. Macheod to Sir Arthur Nicholson, 2 June 1904, BNA, FO 174/265, "From Fez Consulate."

[48] Secretary of State to Secretary of the Navy, 10 February 1903, NARA, RG 45, Correspondence related to Morocco.

[49] Gummeré to Hay, 25 May 1904, Dispatches/Tangier.

[50] John Hay Diary, 28 May 1904, HPLOC, vols. 1 and 2.

[51] Hourihan, "Marlinspike Diplomacy," 46.

[52] Albert S. Barker, *Everyday Life in the Navy* (Boston: Gotham Press, 1932), 400.

[53] Morris, *Theodore Rex*, 329.

[54] Chadwick to Secretary of the Navy, 31 May 1904, NARA, RG 45, Translations of Messages Received in Cipher, vol. 2 of 6, p. 450.

[55] John Hay Diary, 1 June 1904, HPLOC, vols. 1 and 2.

[56] 同上, 31 May 1904.

[57] Roosevelt to Leonard Wood, 4 June 1904; Roosevelt to Theodore Roosevelt Jr., 5 June 1904, *TLTR*, 4: 820 - 821.

[58] Morris, *Theodore Rex*, 329.

[59] Hourihan, "Roosevelt and the Sultans," 99 - 103.

[60] Larsen, "Theodore Roosevelt and the Moroccan Crisis," 64 - 65.

[61] Hourihan, "Roosevelt and the Sultans," 86.

[62] Chadwick to Secretary of the Navy, 3 June 1904, NARA, RG 45, Translations of Messages Received in Cipher, vol. 2 of 6, p. 451.

[63] "Muster Roll of Officers, Noncommissioned Officers, Drummers, Trumpeters, and Privates of the USMC stationed onboard USS *Brooklyn*, from the first to the thirty - first day of May 1904 inclusive," Geographical Files, Morocco Folder, USMC Historical Center, Washington Navy Yard (以下略为 Morocco Folder, USMC).

[64] Ellsworth, *One Hundred Eighty Landings of U. S. Marines*, 8.

[65] Hourihan, "Roosevelt and the Sultans," 85.

[66] Chadwick to Secretary of the Navy, 4 June 1904, FECC.

[67] Chadwick to Secretary of the Navy, 9 June 1904, NARA, RG 45, Translations of Messages Received in Cipher, vol. 2 of 6, p. 459.

[68] Tuchman, "Perdicaris Alive or Raisuli Dead," 21; "Muster Roll of the U. S. Marines stationed onboard the USS *Brooklyn* from the first to the 13th day of June, 1904," Morocco Folder, USMC.

[69] Hourihan, "Roosevelt and the Sultans," 105.

[70] Chadwick to Secretary of the Navy, 4 June 1904, NARA, RG 45, Translations of Mes-

sagesReceived in Cipher, vol. 2 of 6, p. 453.

[71] Hourihan, "Marlinspike Diplomacy," 46.

[72] The others had been destroyed in Manila Bay and offSantiago, Cuba, during the 1898 war. H. W. Wilson, *The Downfall of Spain: A Naval History of the Spanish American War* (London: Low, Marston, 1900), 60.

[73] Burke, *Prelude to Protectorate in Morocco*, 44.

[74] Hourihan, "Roosevelt and the Sultans," 53.

[75] Luella Hall, *The United States and Morocco*, 1776—1956 (Metuchen, N. J.: Scarecrow, 1971), 381.

[76] Thomas H. Etzold, "Protection or Politics?" *Historian* 37 (February 1975): 300.

[77] Dorn Diary, 8 June 1904.

[78] Hourihan, "Roosevelt and the Sultans," 66.

[79] Chadwick to Secretary of the Navy, 6 June 1904, NARA, RG 45, Translations of Messages Received in Cipher, vol. 2 of 6.

[80] *Papers Relating to the Foreign Relations of the United States*, 1905 (Washington, D. C.: Government Printing Office, 1906), 499.

[81] J. M. Macheod to Sir Arthur Nicholson, 2 June 1904, BNA, FO 174/265, "From Fez Consulate."

[82] Chadwick to Secretary of the Navy, 8 June 1904, NARA, RG 45, Translations of Messages Received in Cipher, vol. 2 of 6, p. 458.

[83] Dorn Diary, 7 June 1904.

[84] *Papers Relating to the Foreign Relations of the United States*, 1905, 500.

[85] Chadwick to Secretary of the Navy, 10 June 1904, NARA, RG 45, Translations of Messages Received in Cipher, vol. 2 of 6, p. 462.

[86] Chadwick to Secretary of the Navy, 12 June 1904, FECC.

[87] Gummeré to Hay, 15 June 1904, *Papers Relating to the Foreign Relations of the United States*, 1905, 500.

[88] John Hay Diary, 15 June 1904, HPLOC, vols. 1 and 2.

[89] Nicolson to Lansdowne, 15 June 1904, TNA FO 99/415, "General Correspondence, Morocco."

[90] Chadwick to Secretary of the Navy, 16 June 1904, NARA, RG 45, Translations of

Messages Received in Cipher, vol. 2 of 6, p. 465.

[91] Etzold, "Protection or Politics?" 300.

[92] Chadwick to Secretary of the Navy, 16 June 1904, FECC.

[93] Gummeré to Hay, 15 June 1904, *Papers Relating to the Foreign Relations of the United States*, 1905, 501.

[94] Hay to Roosevelt, 15 June 1904, HPLOC, vol. 5.

[95] Roosevelt to Hay, 15 June 1904, TRLOC, microfiche reel 334, "Outgoing Correspondence."

[96] Tuchman, "Perdicaris Alive or Raisuli Dead," 99.

[97] Chadwick to Southerland, Morrell, and Dorn, 16 June 1904, FECC.

[98] Ellsworth, *One Hundred Eighty Landings of U. S. Marines*, 8.

[99] "Biography of Lieutenant General John T. Myers, USMC (Deceased)," Biographical Files, John T. Myers Folder, USMC Historical Center, Washington Navy Yard.

[100] Hourihan, "Marlinspike Diplomacy," 47.

[101] Gummeré to Hay, 17 June 1904, *Papers Relating to the Foreign Relations of the United States*, 1905, 501 - 502.

[102] John Hay Diary, 18 June 1904, HPLOC, vols. 1 and 2.

[103] Chadwick to Secretary of the Navy, 19 June 1904, NARA, RG 45, Translations of Messages Received in Cipher, vol. 2 of 6, p. 466.

[104] Dorn Diary, 19 June 1904.

[105] Gummeré to Hay, 20 June 1904, *Papers Relating to the Foreign Relations of the United States*, 1905, 502.

[106] 同上, 503 - 504.

[107] Gummeré to Hay, 21 June 1904, Dispatches/Tangier.

[108] Gummeré to Hay, 22 June 1904, *Papers Relating to the Foreign Relations of the United States*, 1905, 503.

[109] Dorn Diary, 21 June 1904.

[110] 同上.

[111] 同上.

[112] 同上.

[113] Chadwick to Secretary of the Navy, 22 June 1904, NARA, RG 45, Translations of

Messages Received in Cipher, vol. 2 of 6, p. 467.

[114] Larsen, "Theodore Roosevelt and the Moroccan Crisis," 64 – 65.

[115] Morris, *Theodore Rex*, 334.

[116] Hay to Gummeré, 22 June 1904, *Papers Relating to the Foreign Relations of the United States*, 1905, 503.

[117] 同上, 23 June 1904, 503 – 504.

[118] Tuchman, "Perdicaris Alive or Raisuli Dead," 101.

[119] John Hay Diary, 27 June 1904, HPLOC, vols. 1 and 2.

[120] Woolman, "Did Theodore Roosevelt Overreact?" 79.

[121] Etzold, "Protection or Politics?" 303.

[122] Tuchman, "Perdicaris Alive or Raisuli Dead," 100.

[123] Chadwick to Secretary of the Navy, 25 June 1904, FECC.

[124] USS *Brooklyn* Cruising Report, Quarter ending 30 June 1904.

[125] Darling to Chadwick, 24 June 1904, NARA, RG 45, Confidential Letters Sent September 1893 – October 1908, vol. 4 of 6.

[126] Chadwick to Secretary of the Navy, 25 June 1904, NARA, RG 45, Translations of Messages Received in Cipher, vol. 2 of 6, p. 471.

[127] Hourihan, "Marlinspike Diplomacy," 49.

[128] Cogar, *Dictionary of Admirals*, 2: 42.

[129] Hay to Gummeré, 25 June 1904, *Papers Relating to the Foreign Relations of the United States*, 1905, 504.

[130] Serge Ricard, "Roosevelt Style Personal Diplomacy," in *Artists of Power: Theodore Roosevelt, Woodrow Wilson, and Their Enduring Impact on U. S. Foreign Policy*, ed. William N. Tilchin and Charles E. Neu (Westport, Conn.: Greenwood Press, 2006), 17 – 22.

[131] H. W. Brands, *T. R., the Last Romantic* (New York: Basic Books, 1997), 576 – 578.

[132] Woolman, "Did Theodore Roosevelt Overreact?" 79.

[133] Letter dated 25 June 1904, FECC.

[134] Pennell, *Morocco since* 1830, 132 – 133.

[135] Tuchman, "Perdicaris Alive or Raisuli Dead," 101.

[136] John Hay Diary, 23 June 1904, HPLOC, vols. 1 and 2.

第五章
最不可能的选址
——在朴次茅斯的海军码头创造和平

104

让这两个国家在谈判地点上达成一致是有困难的。但最后双方达成了妥协，决定派代表在新罕布什尔的朴次茅斯进行谈判。

——西奥多·罗斯福

和平的推进始于海上。虽然胜利在意料之中，但东乡平八郎（Heihachiro Togo）上将在1905年5月27—28日大败俄国海军的消息还是大大超出了西奥多·罗斯福的预料。“怪不得你这么高兴！”罗斯福给担任他和日本政府之间联络工作的哈佛毕业生金子坚太郎（Kentaro Kaneko）男爵写道，“无论是特拉法尔加（Trafalgar）海战，还是击败西班牙无敌舰队都没有这次来得彻底。”同一天，罗斯福在给战争部长的消息中充分显示出他对日本获胜背后意义的理解：“我希望……你会引导参议院和众议院的注意力……让他们注意到，有必要巩固（菲律宾）苏比克湾的防守。美国现在必须决定，是否打算拥有在远东的领地——菲律宾和夏威夷。如果我们不准备建立并保持一个良好建制的海军……并且……在菲律宾……建立强大并且合适的基地，那么我们最好全面放弃菲律宾。”[1]

罗斯福想让战争双方签订和平协议，越快越好。日本的胜利威胁到了亚洲脆弱的力量平衡，而罗斯福决定在美国的长远利益遭受到不可修复的伤害之前建立新的平衡。在战争过程中，罗斯福说服英、德、法三国利用他们的影响力来让交战国认识到中国在战争中严守中立。他不想让日俄之间的战争成为他们进一步瓜分腐朽的清王朝的借口。[2]在东乡平105 八郎获胜后的四个月，罗斯福将在新罕布什尔（New Hampshire）的朴次茅斯（Portsmouth）举行一场和平会议。这场会议的结果是，按照罗斯福的希望签订了和平协议，同时也为他赢得了诺贝尔和平奖。

许多历史学家对这个奖项的颁发表示了质疑。一些人还指出，既肯定罗斯福对和平进程的贡献，又认为他在国内公众面前十分好战，这两者自相矛盾。[3]其他人，或者说大多数人，指责他并没有亲自参加和平谈判，而是作为一个旁观者，因此配不上这个国际大奖。[4]这些观点的产生都是因为对罗斯福的方法论和成效认识不清。

从许多方面来看，决定在新罕布什尔的朴次茅斯举行和平会议，以谈判来结束日俄之间的战争状态，正是罗斯福交叉利用外交和海军政策解决实际问题的巅峰手笔。从这个角度来看，他在对交战双方进行调解的同时，也在布置海军，就显得毫不稀奇了。但问题是，为什么要选择朴次茅斯作为谈判地点？这个问题普遍遭到忽视，也没有人对此进行解释，只是很快就被大家接受了。选择这个地点，究竟在更大层面上意味着什么？在罗斯福整体外交政策的成功中，又扮演了什么角色？[5]

初步谈判

西奥多·罗斯福曾试图在日俄战争爆发前就阻止它。他先到日本，后到俄国，提出由现在我们熟知的和平会议，来解决两国的分歧。日本人回应称，他们会认为任何“调解的企图都是不友好的”，认为外交方式是给俄国人更多的时间准备。而沙皇尼古拉二世（Nicholas Ⅱ）的政府则认为，调解并无必要，必须由日本提出外交提案。[6]

罗斯福在整个事件过程中都是一个十分感兴趣的观察者，这点毋庸置疑。由于他曾被俄国傲慢地拒绝，他在日本早期获得战争胜利时曾私下里拍手称快。[7]然而随着日本战争势不可挡的胜利脚步，罗斯福意识到了日本势力的潜在增长，他的态度发生了转变。1904年6月，他向他的英国朋友塞西尔·斯普林·赖斯（Cecil Spring Rice）透露："日本人引起了我的注意，我对他们十分感兴趣。我清楚地知道，一旦他们获得最终的胜利，他们和我们之间在将来必将爆发冲突。"[8]12 月，罗斯福决 106
定将有丰富经验的外交官乔治·冯·伦格克·迈耶（George von Lengerke Meyer）派到圣彼得堡（Saint Petersburg）担任新的大使。虽然他对俄国很轻蔑，并逐渐开始支持日本，但他还是警告迈耶："日本是一个东方国家，对于诚信的个人标准很低。谁也不能预测它未来的态度。"因为意识到美国的海军现代化的进程只进行了一半，罗斯福不希望现在就在太平洋地区发生冲突，决定诉诸外交手段。他告诉迈耶，美国要准备好在必要时"单独行动"。[9]

1905 年 2 月初，罗斯福又一次对交战双方提出调解，来帮助他们脱离日渐困难的形势。[10]战争对俄国来说是一场灾难，对日本的经济也造成了巨大的压力。他还担心，亚洲脆弱的力量平衡会明显地向日本倾斜。日本在一场面对西方强国的战争中获得的胜利，显然大大增强了日本的国民自豪感，而罗斯福的应对措施则是将注意力转向"控制菲律宾，让海陆军时刻准备抗击任何敌人"的必要性上面。[11]东乡平八郎上将在对马海峡战役（Battle of Tsushima Strait）中的压倒性胜利，将举办和平会议的需求推上了顶点。在罗斯福看来，必须要在日本威胁到美国在太平洋上的新领土之前阻止日本的势头。让双方主动达成协定的时机已经过去了。

随着在对马海峡战役中的胜利，日本人感到他们在这场战争中的战略目标已经实现。他们完全掌控了朝鲜地区和辽东半岛，包括旅顺港在内，俄国在满洲地区的存在也被清除。日本认为，俄国在远东地区的处境已是岌岌可危，因此沙皇将不得不接受赔款的要求，日本国内脆弱的经济也恰好需要这笔资金的注入。日本驻美国大使在战争期间找到罗斯福，请求他在谈判中充当调解人的角色。然而为了日本的荣誉，这位日本官员强调，谈判应该由罗斯福来发起。[12]罗斯福给他在圣彼得堡的代表发送讯息，确认沙皇是否会接受调解。他还把讯息发给英国和德国，因为他们各自对日本和俄国有着重要的影响力。[13]

俄国最初通过驻华盛顿大使发出的回应十分生硬。沙皇“既不需要
107 和平也不需要调解”。[14]然而在收到回复后不久，罗斯福暗地里的努力开始奏效。德国皇帝威廉（Kaiser Wilhelm）对他的表兄弟尼古拉进行了多次劝告，尽管相对于接受不平等条约，沙皇更偏向于战争，但最终还是接受了“一个没有中间人的仅有俄国和日本代表的会议，来看看他们之间就达成和平协议是不是不可能的。”迈耶向国务院透露，沙皇大概是在德国皇帝的提醒下知道，虽然日本的军队还没有进入俄国领土，但形势是不稳定的，“因此让日本尽快应允（参加会议）是十分重要的。”[15]日本最终同意参加会议。双方开始磋商于何地、以何种方式解决他们之间的分歧。

接下来的日子里，一封来自美国国务院的秘密电报发送到全球各国，提议让交战双方在海牙举行会议。[16]或许是为了保留几分面子，俄国提出反对，要求在巴黎举行会议。而日本不甘示弱，为了提升自己在亚洲的强势地位，要求在中国的芝罘（Chefoo）举行会议。[17]最后，双方妥协的结果是在华盛顿特区举行会议。

双方确定了会议地点，于是，围绕这第一个重要的国际和平条约将在北美大陆进行调解。[18]日本政府的代表意识到暂定举行谈判的日期是在8月初，是华盛顿一年中最热最潮湿的一段日子，便提出将地点更改到“纽波特（罗德岛）或其他美国地区”。[19]于是，罗斯福开始着手选择替代华盛顿特区的地点，最好是离他自己在纽约牡蛎湾的避暑别墅不远的地方。[20]

准备调解

早在6月15日，罗斯福就为谈判提供了几个可供选择的地点。他尤其想要找到一个“条件合适，且能最大可能免遭打扰”的地方。[21]寻找合适地点的任务交给了第三助理国务卿，赫伯特·H·D·皮尔斯（Herbert H. D. Peirce），他因国务卿海约翰生病而暂代国务卿一职。皮尔斯

是著名的哈佛天文学家、数学家本杰明·皮尔斯之子，在马萨诸塞州参议员亨利·卡伯特·洛奇的支持下担任了在国务院的职位。[22]由于他曾在美国驻圣彼得堡大使馆担任秘书的工作，于是被选为此次和平会议的协调人。[23]

皮尔斯立即开始寻找主办地点。温和的天气和相对较少的居民是 108
主要的选择标准；此外，还要有便利的交通设施，并能够为谈判人员提供合适的食宿。就在新英格兰海岸沿岸的市长和州长为争夺这场盛大和平会议的举办权而进行公开游说时，国务院官员对东北部所有地点的优缺点都进行了评估。缅因州的巴尔港（Bar Harbor）和波特兰（Portland）的诸多小镇入围，还有诸如新泽西的大西洋城（Atlantic City）和纽波特这类大一些的旅游胜地。[24]新罕布什尔的州长，约翰·麦克莱恩（John McLane）建议在布雷顿森林（Bretton Woods）、怀特山（White Mountains）上的华盛顿山饭店（Mount Washington Hotel）举行。这是一个由新罕布什尔的州务卿爱德华·N·皮尔森（Edward N. Pearson）亲自提交至国务院的慷慨提议。在与皮尔斯进行商议后皮尔森的举动，意味着罗斯福已经决定了另一个地点。皮尔森在7月3日向皮尔斯报告："我从华盛顿回来后参观了朴次茅斯，并与温特沃斯酒店和罗金厄姆酒店的所有人、经理和当地的主要居民进行了协商。我很荣幸地告诉您，这里将为和平谈判的全权代表提供所有可能的礼节和便利。"[25]

6月25日，罗斯福总统向日俄两国代表正式推荐，举办地点宜定于朴次茅斯海军码头。但直到7月7日，《朴次茅斯先驱报》（*Portsmouth Herald*）才迟迟报道称，当地官员已回复华盛顿关于当地食宿的询问。[26]这处小镇与其他曾被考虑的地方相比是很小的，人口只有不到11 000人，但却有一个十分活跃的海军码头，这就是决定因素。7月10日，官方正式发表声明。[27]谈判地点已经定了下来，但罗斯福还是得让代表团现身才行。

罗斯福特殊外交模式有两个方面成为促使谈判获得最后成功的关键因素：一是他亲身参与整个进程的程度，二是他对"幕后渠道"联络沟通的运用。在双方对和平谈判表示出兴趣后，罗斯福立即而且坚定地在之后的过程中利用这两个技巧。罗斯福参与此事后的首个良机就是想方设法挽救和平进程免遭夭折。一开始，双方对代表团的组成有所不满。整个事件的分歧，可具体到两个看似各不相干，却又相互交织的话题：所派人员的威望，和他们能够代表自己的国家进行谈判的权限级别。

109 日本虽然在几个世纪的孤立后自己完成了现代化进程，但相对来说对国际惯例还不够熟悉。日本人担心一旦自己派出的人员与皇室较为接近，而俄国没有这么做时，自己的国家会很难堪。日本宣布自己在第一轮的谈判中派出两位全权大使的意图，并公开日本主要的政治家、天皇的高级政治顾问伊藤博文（Ito Hirobumi）的名字。[28]伊藤作为著名的非正式执政委员会“政界元老（Genro）”的一员，曾反对在亚洲大陆发动战争。[29]俄国在询问伊藤是否会被委任时犯了一个错误，他们认为伊藤是“有和平倾向的，会……是一个好的选择”。[30]他们这样的态度排除了伊藤参与会议的可能。英国在东京的外交大臣告诉他在伦敦的上级，“外交部长说俄国显然很渴望伊藤侯爵作为全权代表，而且很直接地指出，从非官方的角度来看，伊藤太偏向于俄国。”[31]

同时，俄国外交部长弗拉基米尔·拉姆斯多夫（Vladimir Lamsdorff）一开始推荐俄国驻法国大使亚历山大一世·尼利多夫（Alexander I. Nelidoff）作为沙皇的代表。然而尼利多夫却以自己年事已高且不熟悉英语为由，请求取消派遣任务。拉姆斯多夫只好转而推荐沙皇驻罗马使者迈克尔·穆拉维约夫（Michael Mouravioff）。[32]穆拉维约夫勉强同意了这项任务，并回到圣彼得堡进行咨询，但当他意识到和平谈判使者可能会成为俄国战败的替罪羊后，忽然食言，表示自己因病不能承担这项任务。[33]

罗斯福在幕后每天都会与两国皇室进行商议，试图缓和双方外交上想要压倒对方的倾向。他多次在白宫与即将离职的俄国大使交谈，并向美国驻俄国大使发了无数电报，恳请沙皇尼古拉派遣最高级别的使者来和日本人见面。在日本方面，他与金子坚太郎不断进行口头和书面交流，后者明确表态，不再接受之前欧洲国家派遣三等官员会见亚洲领导人的情况。日本人认为既然他们已经获得战争的胜利，他们将不再忍受在和平会议中的任何侮辱。[34]

最终俄国不情愿地派出了谢尔盖·维特（Serge Witte），帝国最有能力的公职官员之一。维特建立了俄国的现代铁路系统，并恢复了俄国的经济，但在1905年，他因反对沙皇在远东扩张的政策而不被皇室所喜爱。[35]维特的助手是俄国新任驻华盛顿大使罗曼·罗斯（Roman Rosen）男爵，他之前曾担任华盛顿大使馆秘书，在被重新任命之前他是俄国驻 110
墨西哥外交大臣。[36]日本相应地派出了毕业于哈佛的战时外交部长小村寿太郎（Jutaro Komura）男爵作为代表。[37]他的助手是日本驻美国大使高平小五郎（Kogoro Takahira）。

就在商议参会代表人选的同时，另一场商议也在进行，讨论有关全权代表所能代表各自政府做出决定的权限。罗斯福在之前给双方政府的邀请中，故意使用了比较模糊的措辞，即“来试试两国代表之间达成和平协议是不是不可能的”，让两国可以进行各等级、各形式的谈判。日本的回应显示出，他们的代表与俄国代表会面“是为了商议并达成和平协定。”[38]然而俄国按照罗斯福的原话做出的回应称，他们的代表与日本代表见面“是为了试试两国代表之间达成和平协定是不是不可能的”，这让俄国代表遭到了质疑，质疑他们究竟能在多大程度上代表其政府做出决定。[39]日本认为俄国的声明是“避实就虚而毫无诚意的”，因为这样的声明或许意味着，俄国代表只是来这里听一听日本的要求，借机在战场重新组织军队。[40]在1895年，中国在与日本签订《马关条约》（Treaty of Shimonoseki）时就曾经用过这种策略。[41]

罗斯福的外交方式又一次崭露头角。在一次尖锐的对话中，他提醒高平小五郎，“全权代表”这四个字本身就意味着“被授权商议和签订和平协议的人”。[42]他又说，“全权代表的权力绝不是一个重要问题。”商议进行的决定性因素是让交战双方能够会面。如果“有实现和平的机会，”罗斯福告诉高平小五郎，“相比较之下，任命全权代表的正式命令是什么样子，就显得不那么重要了。”罗斯福在谈话最后强调，即使俄国没有派遣全权代表来谈判，在他看来，也不是日本放弃谈判的正当理由。[43]罗斯福发电报到美国驻俄国大使，确认代表所被授予的权力，俄国在7月13日回应称，维特会被赋予和日本签订和平条约的所有权力，于7月25日从瑟堡（Cherbourg）出发，并于1905年8月1日到达纽约。[44]随着这些幕后谈判的进行，罗斯福再次将自己的注意力放在
111 接待这些全权代表上。为了寻找帮助，他把目光投向了威廉·W·米德（William W. Mead）少将和助理国务卿赫伯特·H·D·皮尔斯。

米德虽然是海军将领，但他在岸上海军码头的经验比他在海上的经验还要多。就在他被授勋二星少将十天后，海军副部长查尔斯·达林（Charles Darling）命令他向尊敬的赫伯特·H·D·皮尔斯提供“所有可能的尊敬和帮助”。[45]当皮尔斯在选择谈判地址，选择代表美国参与实质性谈判的人选时，他本不在考虑当中。但一系列的巧合，使他接受皮尔斯任命，成为出现在朴次茅斯谈判现场的关键人物。

在1905年年初，麦金莱政府的遗老、国务卿海约翰身患重病，最后不治而亡。这是当时这一系列巧合的第一件大事。海曾是亚伯拉罕·林肯（Abraham Lincoln）的私人秘书，也是西奥多·罗斯福父亲的好友。虽然在外交政策方面两人意见不合，但罗斯福与这位长者一直保持着很好的私人关系。海的健康状态迫使他不得不返回自己在新罕布什尔苏纳庇湖东岸的家中休养。他的缺席使得罗斯福只能独自实施一系列交流对话，并最后使和平会议得以举行。海于1905年7月1日突然逝世，并没有改变罗斯福参与整个活动。[46]罗斯福很快任命前战争部长伊莱休·鲁特接任，但鲁特第一天任职，就把目光放在了英美之间围绕纽芬兰一处渔场发生的冲突和国务院的重组上。[47]

第二位在接下来的几个关键性月份应该出现，却没能出现的官员，是海军部长查尔斯·J·波拿巴（Charles J. Bonaparte）。他当时正在处理美国军舰“本宁顿”号（*Bennington*）上发生的一起灾难性工程机械爆炸，爆炸造成了一些官员和士兵的死亡。随后几个月进行的调查将对许多旧型舰艇上的工程机械进行检查和改装，包括总统的游艇“五月花”号。波拿巴还参与了一件令总统十分感兴趣的事：美国独立战争期间的海军英雄约翰·保罗·琼斯（John Paul Jones）的遗体从法国归葬。琼斯的遗体带着极大的荣誉归来，在盛大的庆典后被改葬在马里兰州安纳波

利斯（Annapolis）的海军学院新建的一处小教堂的地下室里。波拿巴的 112
缺席是与之有联系的，因为他作为拿破仑·波拿巴（Napoleon Bonaparte）的侄孙，能够用自己独特的眼光来看待欧洲的外交实践。[48]海因病逝世，波拿巴另有任务，鲁特注意力转移，而罗斯福又决定待在远处提供支持，这些加起来就给了助理国务卿皮尔斯一次千载难逢的机会。

米德少将和他的参谋已经回答了无数华盛顿关于码头的总体情况，和有关能否提供合适的接待环境来接待代表的询问。米德在公布选定朴次茅斯作为谈判地点后的23天内做出的回答，使得选择朴次茅斯背后的逻辑逐渐清晰，同样也显示出罗斯福外交潜在的几个主题。这些主题可以粗略地概括为：安全、交流、礼仪。

"僻静的场所"：保卫谈判

米德少将最关心的问题就是码头整体的安全和各个建筑的安全。在海军部的命令下，他将"新建的仓库建筑"转交给助理国务卿皮尔斯来为和平谈判的代表服务。[49]建筑的砖面外观显示出相当的牢固性。虽然在现在看来很普通，但当时还是有一位俄国代表赞叹道："任何人在将美国的建筑和我们的做出比较后，都会不由自主地生出羡慕之情，特别是与俄国外交部的房子相比。"[50]皮尔斯从建筑计划中查明，这样的建筑结构会"提供所有在会议中用到的必备设施"。尽管还没有置办家具，但皮尔斯确信"能够在花费政府少量钱财的条件下，安排好所有必需的家具"。[51]租用的设施，迅速建起的内墙和象征性地挂起的帷幕，营造了一种"波将金"（Potemkin）式的假象，这是俄国人一定会喜欢的。

为了保护码头和仓库，保证与会代表的安全，米德少将叫来了海军陆战队。在给海军陆战队司令员乔治·F·艾略特准将的信中，米德详细要求派遣2名中士、6名下士和42名列兵来加强码头现在已有的海军陆战队安保分遣队。将军解释了他要求的重要性。"为会议提供绝对的保 113
护来使其免遭外界打扰，这个必要性无需多说，而鉴于会场占地面积很大，为提供很好的保护，还应该安排一队哨兵。”[52]海军陆战队司令员同意了6名士官的要求，但只派出了25名士兵，称再派遣另外17名海军陆战队员是“不具可行性的”。[53]

米德进一步禁止了在会议期间对码头的一切参观。相应的部门领导要向雇佣的平民职员发放带有他们姓名的通行证。[54]雇佣申请要通过信件投递。退伍军人可通过仅在每周的周一和周二这两天开放四个小时的码头前门的窗口处报名，随即被引领至申请窗口，申请结束后再在看守下回到前门。即使是个人申请，也会受到同样的特别待遇。[55]

最后，米德限制了媒体在码头的出现。在会议的官方声明发表后数日，赶来的记者和摄影师使得小镇的人口暴增数百人。将军公布了媒体想要接触代表需要的正式申请程序。只有一些媒体提交了申请。“我们按照他们提交申请的次序，”米德后来写道，“来依次批准靠前的申请。”这让更多未获批准的媒体，尤其是美国主流媒体感到愤怒，后者认为自己应该拥有一些特权。[56]许多被拒绝的媒体向海军部提出抗议。[57]米德冷静地调整了他的行为。

> 禁止参观者进入码头是有必要的，这是因为如果不这样做，会有过多好奇的观众，很可能他们之中会有一些“怪人”，而且只有通过通行证的方式，才能彻底控制这样的情况。现在在朴次茅斯及其附近的记者达数百人，而且我还收到报告称，在和平谈判与会者居住的温特沃斯酒店，任何一位大使想要离开房间而不被记者追着采访，是不太可能的。当务之急是必须阻止政府预订之客房遭受此类骚扰。而想要做的这一点，只能将所有的记者拦在码头外。[58]

114 米德对公众和媒体的严格准入和他利用海军陆战队为码头提供的保护，符合罗斯福总统为和平谈判人员提供“僻静场所”的愿望；但提供安保只是罗斯福在这场外交事件中使用军事力量的目的之一。他还试图通过海军码头独有的联络方式，对正在进行的谈判进行仔细的监控。

在远处倾听：朴次茅斯的交流

国务院的H·D·皮尔斯当初为进行和平会议选址，对朴次茅斯进行考察时，他最初问的一个问题就是，当地的西部联盟电报公司（Western Union）能不能扩大小镇的无线通讯规模。[59]通讯安全与否，是决定会议成功与否的关键因素，而朴次茅斯在这方面拥有充分的装备。紧靠海岸的城市黑麦海滩（Rye Beach）是全国第一个横跨大西洋的海底电缆的故乡。西部联盟电报公司有足够的力量，小镇也有电话设备。海军码头拥有的通讯设备还大大超过了小镇所拥有的。海军码头还设有无线电报站，这让他们可以沿着海岸传递信息，也可以传到在海上的舰艇。[60]

罗斯福对这种通讯能力很熟悉。他在担任海军部副部长时，对所有的新型科技有着浓烈的兴趣。这样的能力可以让海军，继而让罗斯福，对朴次茅斯的信息流通进行极大的掌控，并通过这种渠道将所有信息传递给身在牡蛎湾的总统。简单来说，他能够掌控流入和流出朴次茅斯的所有信息。没有证据显示他真的知道这些使者传递的信息；也没有证据显示他真的不知道。历史记录只是证明了，海军情报处（ONI）的最大支持者和顾客就是罗斯福。他需要海军情报处提供的信息，来对他的海军建造计划进行调整。[61]对于在朴次茅斯的谈判人员，西奥多·罗斯福至少知道谁发出了电报，什么时候发的电报，电报内容有多长和他们送出了多少份；这些都会记录在码头的记录表上。只要了解这些记录，一个经验丰富的观察者就能够大致了解谈判进行的速度和方向。

在确定将朴次茅斯作为会议地址后的几天内，米德开始处理当地电报公司提出的，在码头建立更多无线设施的要求。最初，米德只是将这 115
个决定转交华盛顿海军部，但这却拖延了决定的进程。[62]在距离会议开始的时间过了一半后，海军部部长才做出批准。即使这样，米德通过将一条新的频道提供给专属通讯频道来对信息的传播进行控制，每个在会场的电报机只能由一个人操控，只能占一条线。[63]这些线路最初是提供给和平会议代表们和助理国务卿皮尔斯的。通过控制传出码头的信息流大小，罗斯福希望能够对在海军码头严密防守下的内部活动“把好脉”。

新的形式：共和制下的协议

在欧洲的政体下，外交有着自己的形式。外交界的成员有着自己的等级，而作为显示在体制内相应等级的方式，他们穿着不同的制服。大型会议在华丽的宫殿召开，周围布满了财宝和古董，显示着国家过去和现在的伟大。作为总统代表的米德将军，在接待身处这种等级制度下的各位代表的同时，还要坚持美国共和制下的反贵族传统。幸运的是，在此时此地，海军的元素和传统占了主流。

总统将在他牡蛎湾的家中欢迎所有的代表，然后总统游艇“五月花”号和“海豚”号将会为代表们提供运输服务。这些小型的快船常由罗斯福、海军部长和舰队各司令员使用，它们拥有舒适的居住条件和强大的通讯能力。当代表们到达朴次茅斯时，就交由米德负责。为了将这些尊贵的客人从船上带到会议现场，并在会议期间提供每日从温特沃斯酒店到码头的交通，米德命令两艘海军快艇前来提供服务。这是大约25英尺①长的船，由五名入伍水手驾驶。[64]几天后，为了防止快艇发生故障，或者一天之内需要在酒店和码头之间来回跑，这就需要额外的船员，
116 于是又加入了第三艘、第四艘船，和相应的两组船员。[65]

就在快艇在为运送这些尊贵的客人进行改装时，米德就这些客人的官方外交身份进行了询问。从皮尔斯那里他知道了代表团的领导者是大使级别。就这一点而言，需要他自己做些功课。他向在华盛顿的装备局局长写道：

---

① 1 英尺≈0.304 8 米。——编者注

> 亲爱的（少将亨利·）曼尼：
>
> 根据海军章程第158条，当美国的外交官员，或者以上级别的官员在海军舰船上进行官方访问时，船首应悬挂适当大小的国旗。
>
> 据我了解，下个月将要在这个码头进行会面的外国和平会议代表中将会有大使级别的人员，但我在章程里没有找到有关这个情形下应该悬挂哪一方旗帜的规定，我有印象，其他国家的海军在这种情况下使用他们自己国家的旗帜，但我不确定是悬挂我们自己的旗帜还是悬挂大使所属国家的旗帜。你能给我一些提示，或者帮我询问一下有关的信息吗？如果是使用大使所属国家的国旗，因为要来的是俄国和日本的使者，就要用到俄国和日本的国旗，烦请各送一面到这里。[66]

两天后，航海局做出回应称，由于来到美国的使者是大使级别，因此他们应得到足够的尊重。[67]两面国旗，一面俄国，一面日本，将顺次送到，并被分别显著地悬挂在两艘快艇的船首旗杆上。米德在接待代表团上已经做好了所有的准备。就等赫伯特·皮尔斯确保他们的到来了。

对抗与妥协：谈判

就在总统宣布，将于8月5日在牡蛎湾会见两国代表团后，助理国务卿赫伯特·H·D·皮尔斯开始安排接待工作。全权大使们将乘坐海军舰艇“五月花”号和“海豚”号从牡蛎湾到达新罕布什尔。[68]这样的运 117
送方式不仅避免了媒体和嘈杂的环境，替代了常规的从纽约到朴次茅斯（形式上在波士顿停站）乘火车的方式，也能够“让全权代表们感到我们对他们的尊重”。[69]这些方面的考虑都显示出，现在已经公之于众的，罗斯福外交与海军政策的协同作用。公布这样的运送方式后，皮尔斯将注意力转向代表之间的会面和与总统的晚宴上面。

鉴于双方代表团都对任何形式的无礼十分敏感，在牡蛎湾的会面充满了挑战。总统首先会见哪国代表团的问题，可以按照代表团到达美国的先后次序来决定（日本代表团先到）；但其他问题，例如谁会坐在总统的右手边（尊贵的位置），则还没有定下来。[70]罗斯福分别与两国政府商讨，也与双方代表团进行的私下交谈，只进一步证明了他关于谈判不会顺利的猜想。他于7月27日在萨迦莫尔山庄与小村寿太郎和高平小五郎进行了私下会晤，又于8月4日与维特和罗斯进行了私下会晤。[71]从交谈中，罗斯福感到日本不会在这个胜利的时刻采取高人一等的谈话语气，而俄国也不会承认被征服。[72]罗斯福就晚宴的问题提出了独特的解决方法：不设晚宴，没有座位，也就不用提那个座位比较尊贵了。他将站着欢迎代表团的到来，整个会面将以一场自助餐的形式开展，且将在最近刚刚经过检查与翻新的总统游艇“五月花”号上进行。

1905年8月5日上午，罗斯福从萨迦莫尔山庄转移到停靠在牡蛎湾的“五月花”号上。[73]当他的旗帜悬挂在船的桅杆上时——他是第一位悬挂总统旗的人——这场由舰船提供支持、精心安排的外交盛会正式开始了。半个小时后，伴随着舰船乐队的演奏，日本代表团的船来到“五月花”号旁，小村寿太郎男爵、高平小五郎和其他10个人登上“五月花”号与总统会面，日本国旗悬挂在了旗杆上。一个小时的会面中，罗斯福提及了他近期与维特的谈话（两个人不怎么谈得来；罗斯福觉得维
118 特固执，维特觉得罗斯福有些粗鲁），随后日本代表团在护送下来到舰船的图书馆等待，俄国的旗帜升上了“五月花”号的旗杆上。[74]在接待俄国代表团时，罗斯福提出将日本代表团介绍给维特和他的代表团成员，然后助理国务卿皮尔斯打开一扇门，迎来了日本代表团成员。

俄国代表团的一位成员后来写道，日本人“耀武扬威，自命不凡地”走了进来。[75]维特会永远记住那个时刻身体上的晕眩和精神上的阵痛。[76]罗斯福试图运用自己传奇的个人魅力来打破僵局，并邀请所有人享用自助餐。在两个代表团的人用盘子盛满了冷肉和其他菜后，罗斯福在房间的一角找了个座位，并邀请双方代表团的首席外交官过来和他一起用餐。他们没有试图讨论严肃的话题；还太早了一些，而且代表团也

清楚地表示，他们想要自己解决自己的困难，不要外界的帮助。在漫长的几分钟之后，罗斯福举起斟满香槟的酒杯起身说道："先生们，我提议，我们为了此刻可以站在这里安静地享用这杯酒干杯，为了两个国家的代表能够在这条船上见面干杯，也为了两个国家的幸福与繁荣干杯。而我最真诚地希望和祈祷，不仅是为了两个大国间的利益，也为了所有的文明人，你们之间能够达成一个公正而长久的和平。"或许只是臆想，但维特的秘书后来回忆，总统在说这番话时目光直视谢尔盖·维特。[77]除此之外，罗斯大使感到这位美国公选的总统在组织这场非常敏感的欢迎会时，有着"令人钦佩的机智"。[78]

罗斯福在"五月花"号甲板上与两个代表团的领导者快速合影后，在21响礼炮声中返回萨迦莫尔山庄。几分钟后，日本代表团也离开了"五月花"号，在礼炮声中转经他们自己早已决定的一艘船到达"海豚"号，将"五月花"号留给俄国代表作为到朴次茅斯的工具。[79]现在，只有恶劣的天气才能阻止他们的旅程，而恶劣天气确实来临了。大雾使得两艘船航行十分缓慢，由于害怕夜间会在海上相撞，他们只好抛锚停留。维特借此理由让他的团队在纽波特下船，经铁路继续前进，于8月8日秘密返回"五月花"号上，参加由于他们的姗姗来迟而延期举行的朴次茅斯的欢迎仪式。[80]

延伸的红地毯 119

米德在岸上为了代表团的到来所做的准备清楚地显示出，他最初给海军陆战队司令员的信有着两个目的。诚然，他希望海军陆战队能够提供独一无二的安保条件，但他也希望海军陆战队能够以正式的形式出现在平常的场合。在华盛顿司令官总部值班的海军陆战队员经常被指派参加白宫的高级任务，平常训练也正是米德想要展示的类型，但那是在总司令官的直接统帅下。因此，米德联系艾略特将军，而不是联系在附近纽波特、波士顿和纽约的基地指挥官。虽然后者也能提供足够仔细的安保，而且后几个地方的海军陆战队员还能更容易、更迅速地来到朴次茅斯，但米德想要的是足够光鲜的外表和组织庆典的能力，这点只有华盛顿的海军陆战队员才能够提供。这些队员一到，他就让他们马上开始工作。

1905年8月4日，距离代表团到达只有三天，米德少将就他们的到来发布了一项特殊的命令。他命令他的工作人员穿上军礼服，海军陆战队员也换上礼服，指示要让这些全权代表感到“完全的敬意”。米德甚至亲自指定，礼炮要“在大使一到码头的上层平台”就马上鸣响。[81]为了完成整个欢迎庆典，他在会场安排了与两个代表团的正式接见，会场内装饰满了华丽的旗帜来衬托当时的情形。[82]海军码头外，约翰·麦克莱恩州长保证了庆典的持续进行。新罕布什尔的国家守卫队在从海军码头到温特沃斯酒店的道路两旁站岗，温特沃斯是豪华的五星级酒店，是代表们下榻之处。[83]

开场：罗斯福在幕后

8月9日的双方代表团领导者见面会只是初步的试验。四名主要代表相互交换委任状，并敲定了接下来的会议安排。在交换文件的时候，日本方面尴尬地解释称，他们的文件忘在了温特沃斯，但明天会带来。
120 说来也奇怪，日本方面之前对代表们的谈判权力那么在乎，而现在，俄国方面派出的代表是作为沙皇的使者，有着签订条约的权力，日本方面的代表却还要请求国内的批准。[84]维特和小村寿太郎商定，此后每天会有两场谈判，上午和下午各一场。在做出这些决定后，他们与当地的官员一起吃了午餐，然后才回到酒店。他们走后，助理国务卿皮尔斯来到会场上方的电报室，给在牡蛎湾焦急等待的总统发出了第一封电报。皮尔斯总结道：“到现在为止，关系发展得都十分融洽，符合我们的期望。”[85]但这种融洽不会持续多久了。

8月10日，首次实质性会谈开始，双方先正式交换了国书，然后日本人就直奔主题。关于和平协议的具体条款，双方从6月初起就一直在私底下的外交活动中讨论。日本从1905年在奉天①（Mukden）取得重大胜利后，就一直在考虑这个问题。4月21日，以舆论为导向的帝国内阁收到了天皇对一系列条款的批准，这些条款可分为两大类：绝对必要的，和相对必要的。绝对必要的条款包括：俄国要承认日本在朝鲜半岛的重大利益；俄国要从中国东北撤军；日本要继承俄国在辽东半岛的利益。相对必要的条款包括：日本要求战争赔款；被扣留在中立港的俄国战舰要归日本所有；割让库页岛（Sakhalin Island）；在俄国太平洋沿岸允许日本船只捕鱼。[86]6月，两项额外的要求又被提出：控制俄国在远东的舰艇数量；海参崴（Vladivostok）港口去军事化。这些是日本的要求，但还有其他的议程要进行。

日本要求俄国承担的战争赔款是根据1870年法德冲突的先例来制定的。伦敦的罗斯柴尔德勋爵（Lord Rothschild）因其声称可以帮助俄国集资5亿美元的贷款来支付战争赔款而出名。其中一半的钱在他伦敦的银行里，四分之一由现金支付，剩下的用俄国债券支付。[87]日本向罗斯福和英国政府请教，这样的赔款要求是否现实。[88]罗斯福最初没有明确回答，指出现在不是1870年的德国，日本军队并没有在其敌国的首都外驻扎。[89]但日本还是继续提出赔款的要求，这让罗斯福不得不向日本最亲近的朋友英国求助。

6月12日，他召集英国大使亨利·莫蒂默·杜兰德（Henry Mortimer 121
Durand）爵士到白宫进行商议。他要求杜兰德代为告知伦敦，称他希望英国政府能够和日本展开对话，说服这个亚洲国家减少它的要求。杜兰德提出异议，认为英国不希望介入此事。毕竟，俄国在大国政治中是一直存在的一个对手，能够让俄国陷入困境是英国乐于看到的。在之后的过程中，罗斯福坚持要求英国对日本施加限制，而英国一直不予理会。[90]这一点令人恼火。罗斯福最终还是说服日本，至少战争赔款的数额是可议的。[91]

战争赔款只是日本在朴次茅斯海军码头会场提出的诸多要求之一。

---

① 沈阳的旧称。——译者注

小村寿太郎在开始商议前，事先声明“他希望就所有的问题进行诚挚的讨论”，又声称日本政府“为实现和平协议做好了一切准备”。声明结束，他将写着日本要求的条款的备忘录推到了谈判桌上。[92]

（1）俄国必须承认日本在朝鲜地区的绝对权力。

（2）俄国必须在一定时间内撤出中国东北的所有军事力量。

（3）俄国要将他从中国手中获取的辽东半岛转交日本。

（4）俄国要将库页岛及其周边岛屿割让给日本。

（5）俄国要向日本支付战争赔款。

（6）俄国在海参崴的海军基地要彻底拆除，港口只能作为民用。

（7）俄国在“远东”地区的海军力量不能对日本造成威胁。

（8）作为战利品，俄国所有在战争中受创后，到中立港逃难的俄国舰艇要向日本投降。这里面包括战时进入中国、越南和菲律宾的一艘战列舰、两艘巡洋舰和不少于四艘驱逐舰。[93]

（9）俄国必须保证日本国民在日本海、鄂霍次克海和白令海沿岸和海湾拥有完全捕鱼权。[94]

122 小村寿太郎要求维特仔细阅读备忘录，并就每项条款做出书面回应。俄国人平静地接受了这一状况，声明代表团会仔细考虑条款，次日做出回应。维特认为代表团在此时的任何拖延，对俄国在国际舞台的位置都是不利的。[95]在日本代表团离开会场返回温特沃斯后，维特和他的团员脱掉外衣，卷起袖口，在电扇带起的风中开始工作。俄国人发现大多数的条款都在预料之中，也可以接受。代表们开始计划他们应如何回应，同时将这些要求进行翻译后，通过电报传给沙皇。维特要求多一天时间来考虑如何回应，同时也要等待圣彼得堡传回的消息。据推测，俄国代表团中的一员将日本的要求泄露给了媒体，这些要求在第二天被公之于众，这让日本十分惊慌。[96]

自维特出发后，沙皇尼古拉二世就一直受政府内部偏向于继续与日本开战的强硬派影响。他们的许多观点涉及无形的财产，例如俄国的骄傲与尊严，它们一直受到军事上逐渐崛起的日本和外交上逐渐崛起的美国的威胁。为了展示自己的力量和决心，沙皇向维特发回一封简短的电报，命令他直接拒绝日本的五项要求，包括战争赔款和割让库页岛。[97]

维特并不完全同意沙皇的决定。他认为俄国应撤回在中国东北的军队，撤回到铁路线上，这条铁路根据国际条约应受他们保护。另外，他认为日本可以在不损害俄国的前提下拥有捕鱼权，反正俄国只在其太平洋沿岸进行少量商业活动。然而维特同意拒绝有关库页岛、战斗舰队投降和最重要的战争赔款等几项要求。

俄国控制了库页岛30多年，希望能够在不割让任何领土的前提下完成谈判。维特同意承认日本在岛上的“经济权利”，但那也只是他最初的想法。对于在中立港避难的战舰，维特相信要求他们投降没有任何国际法依据，并准备就此展开回应。最后，也不会有任何战争赔款。在对其团员的商议做出总结后，维特说了自己的观点，即如果在日本现在的状态下接受他们的条款，由此产生的怨恨情绪很可能会在未来带来冲突。[98]这样的观点再加上沙皇强硬的指示，对和平进程来说可不是什么 123
好兆头。维特让他的助手询问开往欧洲船只的日程，为谈判立即破裂做好准备。[99]

维特在8月12日以带有条款的备忘录的形式，向小村寿太郎做出了回应。由于俄国人的文件是用法文写的，日本方面需要一定的时间来进行翻译。随着时间流逝，日本方面的进展越来越快，海军码头和温特沃斯酒店的气氛明显变得紧张。每个人都很清楚，日本方面对俄国的回应十分不满。也正是在这个时候，罗斯福的外交形式开始崭露头角。

罗斯福总统从多种渠道接收来自朴次茅斯的消息。维特和小村寿太郎，以及他们的助手在整个谈判过程中都会和助理国务卿皮尔斯一同进餐，而皮尔斯也通过电报和通讯员将他们的观点和担忧传回给总统。[100]在代表们不知道的情况下，罗斯福还通过一种非常规的形式获取信息。约翰·卡伦·“卡尔”·劳克林(John Callan “Cal” O’Laughlin)是《芝加哥论坛报》(*Chicago Tribune*)的记者，与罗斯福的个人关系非常好。1905年8月13日，他将第一封内容丰富，涵盖面广阔的信件交给总统，详述自己对朴次茅斯会议的看法。鉴于他是根据每天在温特沃斯酒店的观察而得出的结论，而这里是代表们休息和交流的地方，他的这封信提供了有关双方代表的立场和情绪的独特理解。在他第一封长达九页的信件中，劳克林警告罗斯福称现在的气氛很低沉，但也提到维特此时的动作只是在虚张声势，想要赢得美国公众的同情。[101]

24 小时后，在日本方面对俄国的回应进行翻译和解读后，“低沉”已经不足以形容此时温特沃斯的气氛了。在 8 月 14 日一张长达四页的公文中，劳克林称日本的大部分要求都被接受了，虽然具体细节还要继续商议。“朝鲜地区、满洲①和辽东半岛，包括旅顺港……已经被转让。”他写道。然而，俄罗斯对日本有关俄国领土和赔款的要求却寸步不让，这让他十分吃惊：“库页岛和赔款仍然是谈判的死结，俄国人在这两方面态度十分坚定，我没有想到他们绝不会割让岛屿或者对日本赔款。”[102]俄国方面的坚持使得小村寿太郎表示：“你说话的口气就像你代
124 表的是胜利一方。”维特回答道：“在场的没有谁是胜利者，因此也就没有谁是失败者。”[103]罗斯福知道，日本政府公开宣称会带回战争赔款，因此事态开始不妙了。[104]

米德少将和助理国务卿皮尔斯为了让谈判走出困境，在 8 月 16 日组织了一场联欢活动。在欧洲，外交官聚集在一起的时候会穿着礼服，这是巴黎最近的时尚，军装上也会装饰上闪耀的勋章和碰撞不停的战刀。朴次茅斯的聚会虽然有些压抑，却不乏迷人之处。军事长官穿着晚礼服，女士们穿着最时尚的服装，“五月花”号上的海军乐队奏着动人的乐曲。[105]虽然这次聚会没有带来外交上的突破，但也显示出，当地的会议主办方会尽一切可能来使会议圆满完成。事实上，这次会议的主持者，在牡蛎湾的家中时刻关注着事件进程的罗斯福，已经准备结束沉默，介入到谈判中来。

① 中国东北的旧称。——译者注

从幕后到台前

后来成为罗斯福内阁的商务劳动部长的商人奥斯卡·S·施特劳斯（Oscar S. Straus），于8月1日在朴次茅斯与谢尔盖·维特进行会面后，请求罗斯福亲自介入谈判。他在与维特的交谈中了解到，维特接到了沙皇的明确命令，要求他不能在赔款和割让库页岛上有任何让步。[106]现在俄国政府和人民已经做好再次投入战斗的准备，只是需要资金来继续作战。维特与施特劳斯会面，询问能否获得更多的贷款。施特劳斯在会面后明白了，俄国人这次来是以和平会议为幌子，利用这次注定失败的会议作为掩护，来寻求更多的贷款，为以后的战争行动提供资金。施特劳斯现在认为，想要让此次会议获得成功，只有让公众对此会议更加关注，并且对会议失败的情形感到尴尬，才有可能。[107]1905年8月18日，周五，《朴次茅斯先驱报》在头条报道称“和平谈判随时可能结束”，之后罗斯福开始采取行动。他要求日本幕后的使者金子坚太郎男爵来到牡蛎湾。

罗斯福希望金子坚太郎向东京政府建议，取消有关限制俄国海军出 125
现在亚洲海域，以及将参战战舰转交日本的要求；减轻有关战争赔款和割让库页岛的要求。作为回报，罗斯福会亲自请求沙皇，并间接通过德国和法国领导人向沙皇发出请求，以此向这位俄国独裁者施压，使其软化自己强硬的态度。[108]在这次会面之后，罗斯福致电助理国务卿皮尔斯，要求维特和罗斯两人之一乘坐凌晨的火车赶到纽约，在萨迦莫尔山庄与他会面。[109]罗斯接到召唤后，于8月19日凌晨两点，秘密登上了开往纽约的火车。

罗斯在下午赶到萨迦莫尔山庄后很恼火地发现，西奥多·罗斯福正在打网球。罗斯福在运动间歇稍事休息，向这位大使建议，俄国需要就所谓日本已实际占领库页岛，并对其有历史诉求的说法，与日方进行争论。如果俄国同意割让库页岛，那么他可以保证说服日本，放弃会影响到俄国海军的另两条要求。至于赔款，罗斯福建议日俄两方各自向另一个国家求助，由另外这两个国家来商议赔款金额。他要求罗斯将这些观点传达给沙皇，不是作为官方正式文件，而只是作为非正式的个人建议。[110]

罗斯直截了当表示，自己无法十分坦率地与罗斯福交谈，因为总统先生与金子坚太郎的私人关系非常不错，导致他的评断不怎么可靠。他又强调俄国不会在赔款和库页岛问题上有任何让步。[111]维特稍后对罗斯福的答复与罗斯别无二致，称自己也肯定地认为，沙皇会拒绝这些提议。[112]

两天后，罗斯福将谈判的权力从代表团个人的手中要了过来，正式通过迈耶大使向沙皇传达了一项提议。[113]同时，金子坚太郎回到萨迦莫尔山庄，提出了一个绝佳的妥协方案。日本决定放弃对战时俄国战舰的有关要求。另外，日本可以将库页岛北部卖回给俄国，这样一来，沙皇所谓有关赔款是对俄国尊严侮辱的论点也就不再成立。很快有消息称维特本人觉得这样的解决方法是可以接受的。[114]罗斯福将这个提议的大意传达给了柏林的德国皇帝威廉，希望他能够用自己的影响力，劝劝他的表兄弟尼古拉二世。

126 美国驻俄国大使在 8 月 23 日与沙皇会面时吓了一跳。尼古拉十分激动，情绪化地表示反对，使得迈耶感到自己简直是在和一个低能儿谈话。沙皇坚持称："如果日本坚持任何形式的赔款，那么和平就是不可能的。"当迈耶反问道，是否割让库页岛北部，就可以抵消任何赔偿时，尼古拉回答称这样的买卖"是变相的赔款"。尼古拉依靠自己的感觉告诉这位罗斯福的使者自己是对的，自己有着俄国民众的支持。会面的最后，尼古拉告诉迈耶一个震惊的消息，那就是如果需要，他将亲自加入军队到前线继续与日本作战。[115]

回到朴次茅斯，这里的氛围还在继续恶化。日本方面觉得自己已经尽可能地让步。日本带着无可争议的胜利来到朴次茅斯，仁慈地放弃了有关限制俄国海军出现在亚洲海域的要求，放弃了有关俄国参战战舰的要求，甚至还降低了有关无限制捕鱼权的要求。但俄国仍然不肯在有关库页岛归属和赔款问题上有丝毫让步。实际上，这不是俄国代表团的原因。8 月 23 日晚，在迈耶与俄国沙皇见面后，卡尔·劳克林传递给罗斯福一些令人不安的消息。维特吐露他将不再拥有全权代表的权力，因此一切与和平会议有关的事项从此以后将直接由圣彼得堡决定。[116]劳克林又称，出于对罗斯福的尊敬，商议将继续进行，因为罗斯福已经赌上了他的政府和国家的荣誉，一旦出现灾难性失败，他将陷入深深的窘境之中。

然而罗斯福不会让谈判陷入不可避免的失败之中。他命令迈耶再次向沙皇提出会面。就在他们上次会面一天后，迈耶又一次见到了这位罗曼诺夫君主。这次他获得了比上次好得多的结果。虽然尼古拉对于赔款还是保持着强硬的态度，迈耶这次指出“库页岛，就像旅顺港一样，只是暂时归属俄国”，通过这个理由说服他抛弃了不会放弃俄国任何领土的态度。面对这个事实，沙皇接受了将库页岛一分为二的建议，并在迈耶提出建议时表示，愿意就买回北部库页岛进行谈判，显然他最初认为，这个款项可以依照美国在大约 50 年前购买俄国阿拉斯加地区的经验来制定。[117]

罗斯福也在继续向日本施压。维特在考虑过有关俄国买回库页岛北 127
部地区作为支付日本的战争赔款的提议后，直接向日本方面询问，如果俄国同意割让库页岛全境，日本是否将不再提出任何战争赔款。[118]而且，罗斯福还暗示，如果日本方面拒绝俄国的提议，他们将显得是为了获取金钱而作战，从而在外交上完全站不住脚。[119]罗斯福将他对此的观点传达给日本政府，又写信给日本的盟友英国，请求他们用他们对日本的影响力来促成和平。[120]8 月 27 日，金子坚太郎男爵写信给罗斯福说：“最后一天已经到来。如果您要向我国政府传达任何建议，我可以提供帮助。”[121]

劳克林在同一天向罗斯福报告，双方代表的下次会面被推迟了，但俄国人收到沙皇的官方命令，让其不要答应支付任何形式的赔款。[122]沙皇的参谋说服沙皇，称他们在中国东北的军队已经准备好再次与日本作战，而这次他们将赢得胜利。[123]

日俄双方都是在一定的误解下采取行动，而且他们双方在谈判桌上都寄希望于对手的软弱会给自己带来成功。日本在进行谈判前相信由于俄国内部革命的爆发，沙皇会毫不犹豫地支付战争赔款来换取迅速的和平。而俄国方面相信日本紧张的经济让它无力继续作战。[124]在这点上他们并没有犯太大的错误。日本的经济确实到了崩溃边缘，他们希望罗斯福和德国皇帝威廉能够让沙皇妥协。然而问题在于，你无法让一个毫无理性的人变得理性。沙皇注定会坚持到底，因为他看不到即将到来的真正危机。[125]罗斯福宣称准备让媒体宣布谈判已经破裂，以此继续向日本施压。他狡猾地向日本方面保证，他会向新闻记者解释“这都是俄国的失误”，而他希望在小村寿太郎男爵返回日本前与他再见一面。[126]

罗斯福用自己个人的介入将谈判带到了现在的局面。他说服沙皇承认日本对库页岛的拥有权。下一步就取决于日本了。现在仍然没有决定下来的问题只有赔款。日本是否会仅仅为了金钱，就重开战端？就像他在谈判陷入困境时将自己巧妙地加入到谈判中间一样，现在他又从台前
128 消失了。赫伯特·皮尔斯用加密电报报告称，一些新的现象显示，日本会在下次全权代表会面时提出新的妥协方案，[127]但卡尔·劳克林却宣称一切都已经结束。皮尔斯在牡蛎湾与海军码头会场之间有一条专线，这条专线一直到 8 月 28 日深夜还一直保持静默。[128]下一场会议是在 8 月 29 日上午。谈判的破裂似乎已不可避免。

而在地球的另一端，罗斯福的话在另外一个皇城中回响着。明治天皇（Emperor Meiji）的战时内阁和皇室的三个高级参谋（合称“政界元老”）一起出现在皇城，就即将到来的灾难进行商议。他们的情报显示，就在和平会议期间，俄国对他们在东北亚的军队进行了增援。很快俄国就会有超过 20 个师重新应对冲突。日本方面虽然相信自己能够再次获得胜利，但想要与俄国拥有对应的实力，就需要花费 13 ~ 18 亿日元。即使如愿获得胜利，战时内阁向天皇表示“我们不能保证我们不会陷入严重的经济危机中”。[129]在他们面前的桌子上放着两封信，那是罗斯福要求日本放弃赔款的信。

日本在从 19 世纪的自我封闭中脱离出来时，有意追随了德国的发展

模式。由于现在在战争中获得了胜利，他们期待着自己能够获得，与德国战胜法国后所获大量赔款类似的收获。然而现在美国总统却强迫他们面对现实：他们现在似乎成了只为追求钱财的帝国主义者，而不是一个饱受委屈现在终于在战场上找到正义的国家。面对大量来自国际社会的指责，日本天皇“决定全部收回有关赔付战争消耗的要求”，这“是出于人道和文明的考虑”。[130]在朴次茅斯的日本代表团收到了来自华盛顿日本大使馆通过专线传来的消息，要求他们将已定好的会议延期。[131]小村寿太郎收到了这条消息，解密阅读后，走进了会场。

一开始，日本全权代表要求俄国正式回应日本有关赔款的要求。维特回应称不会有任何赔款。小村寿太郎继续将话题转到库页岛，称如果
俄国能够承认日本对岛屿全境的拥有权，日本便将收回有关赔款的要求。 129
尽管尼古拉二世授权可以做出这一让步，维特还是拒绝了这项提议，因为他认为日本不论怎样都会与俄国达成和平协议。在长时间的肃静中，会场唯一能听到的只有电风扇转动的声音，之后，日本战时外交部长小村寿太郎提出了最后的提议。他问道，如果将岛屿分割开来，俄国是否会承认？维特对此表示了赞成。鉴于此，小村寿太郎回应称，日本收回有关赔款的要求。

罗斯福派遣到现场的助理国务卿皮尔斯，从会场二层的一间小电报室中向牡蛎湾发去了一封加密电报。“所有主要问题已经全部确定，”他写道，“全权代表开始就细节进行商议。”[132]皮尔斯在下午晚些时候又发了一封电报，将谈判能够获得成功全部归功于罗斯福，称其“衷心地对谈判的成功表示祝贺，这全是由于您代表人道主义精神和世界和平而做出的努力的结果。”[133]金子坚太郎男爵的观点与此相同：“我们的天皇决定按照您在信中提供的建议做出决定……您的观点十分有力，也令人信服，正是由于您的观点，亚洲的和平才得以实现。俄国和日本之间能够得到这样完美的结果都应归功于您，您的名字将被亚洲的和平与繁荣所铭记。”[134]

外交余晖

历史只会记得朴次茅斯和平谈判的结果。1905 年 9 月 5 日，在海军庆典礼炮和教堂钟声中，一项协议签订了。[135] 一年后，罗斯福获得了 1906 年的诺贝尔和平奖。颁奖委员会称，罗斯福“将和平的理想变成了切实可行的政治主张”，这是他获奖的主要原因。[136] 鉴于他仍在任，罗斯福命令当时已成为美国驻挪威公使的赫伯特·H·D·皮尔斯代表他前去领奖。[137]

除了证明罗斯福有着通过仲裁和调解来解决国际冲突的高超技巧之外，透过朴次茅斯的谈判和罗斯福在其中的作用，我们还能对罗斯福的外交风格产生怎样的了解呢？第一，我们可以确认，这确实是他的风格。
130 国务卿海约翰在那年上半年就患上重病，于 7 月 1 日逝世，正好处于朴次茅斯会议准备的中间阶段。[138] 罗斯福的第二任国务卿伊莱休·鲁特直到会议完全步入正轨后，才将注意力转向这里。[139]

外交风格对罗斯福来说很重要，而且他知道，这在传统外交中也很重要。作为一个没有宫廷服饰和贵族头衔的共和国的领袖，在自己国家的历史还不到 150 年的情况下，罗斯福试图向这些客人展示自己国家的伟大和尊严时，面临着很多困难。在举行庆典和赢取赞誉时，美国海军完美地完成了任务，米德少将用他统率的部队赢得了能够取得的最好的结果。获得了什么程度的成功只能靠大家自己去猜想，但事实上，谢尔盖·维特在他的回忆录中，只对会议的两个方面没有进行抱怨：礼仪和仪式。

第二，罗斯福表现出来的并不只是他的外交风格。朴次茅斯会议显示出，他实际上还会深深介入其执行过程。我们知道，罗斯福在朴次茅斯之外密切关注着谈判的进行。他在谈判开始后的 10 天中，日常通信几乎全部中止，就是因为他将注意力全部集中在海军码头上。[140] 正因为他对在海军码头中发生的事情如此了解，他才能够在关键时刻分别将双方的代表叫到牡蛎湾与他会面。他在这场会议中的建议足以重启谈判进程，同时也足以影响到两国本土的政府部门。[141]

罗斯福对"非官方"外交形式的高度依赖也十分明显，这种方式现在被普遍称为"多轨道"的方式。他和在朴次茅斯进行谈判的代表们通过多种方式进行沟通，既有官方渠道，也有非官方渠道。同时，他还通过日本和俄国的紧密盟友，英国和德国，来分别对日、俄施加影响。最后，他不会通过个人，例如金子坚太郎男爵和德国皇帝威廉二世，来直接向谈判双方政府的领导人提出接受调停和减少条款的要求。罗斯福作为一个民主共和国的公选领袖，只有很有限的个人资产让他在这样的过程中使用；他不顾自己与同时代欧亚领导人相比，承担着更大的失败风险的事实，仍将这些资产全部投入其中。

通过将海军码头选为举办和平会议的地址，我们还可以发现，在罗斯福的风格、介入的程度，或者承担的义务之外，还有另一些东西。在这个他经常使用的法宝之上，密布着他个人的印记。到1905年，他的外交模式已经定了下来：在他面临某个危机时，他会需求海军的帮助。这 131
样的行为在美国陷入冲突时是十分适用的，但事实上，在面临纯粹的外交环境时，他还是会这么做（至少从美国角度来看），从中我们可以看出罗斯福对海军依赖的程度。海军已不仅是他手中的"大棒"，也成了他口中"温言"的一部分。

注释：

引文出自 Roosevelt, *Autobiography*, 528. Portions of this chapter appeared previously in "An Unlikely Location," *Naval History Magazine* 19 (August 2005): 37 – 41; and "'I am having my hair turn gray...': Roosevelt's Backchannel Diplomacy and the Salvaging of the Portsmouth Peace Treaty Negotiations," *Theodore Roosevelt Journal* 27, no. 1 (2005): 12 – 14, 17 – 20.

[1] Morinosuke Kajima, *The Diplomacy of Japan* (Tokyo: Kajima Institute of International Peace, 1978), 2: 201; Roosevelt to Kentaro Kaneko, 31 May 1905; Roosevelt to William Howard Taft, 31 May 1905, *TLTR*, 4: 1 198.

[2] Kajima, *Diplomacy of Japan*, 180 – 183.

[3] Pringle, *Theodore Roosevelt*, 196; Thayer, *Theodore Roosevelt*, 203.

[4] Wagenknecht, *Seven Worlds of Theodore Roosevelt*, 267; Peter Randall, *There Are No Victors Here* (Portsmouth, N. H.: Portsmouth Marine Society, 2002), 54.

[5] Volume 8 of Ian Nish's *The Russo – Japanese War*, 1904—1905 (London: Global Oriental, 2003) is a notable exception to this statement.

[6] Roosevelt to Oscar Solomon, 9 February 1904, *TLTR*, 4: 721.

[7] Roosevelt to Theodore Roosevelt Jr., 10 February 1904, *TLTR*, 4: 724.

[8] Roosevelt to Cecil Spring Rice, 13 June 1904, *TLTR*, 4: 831.

[9] Roosevelt to George von Lengerke Meyer, 26 December 1904, *TLTR*, 4: 1 078.

[10] Roosevelt to George Otto Trevelyan, 9 March 1905, *TLTR*, 4: 1 134.

[11] Roosevelt to John Albert Tiffin Hull, 16 March 1905, *TLTR*, 4: 1 141.

[12] Komura to Takahira, 31 May 1905, in Kajima, *Diplomacy of Japan*, 218 – 219.

[13] Letters from Sir H. M. Durand to Lord Lansdowne, 2 and 5 June 1905, BNA, FO 115/1 359.

[14] Durand to Lansdowne, 8 June 1905, BNA, FO 115/1 359.

[15] Telegram from Ambassador Meyer to Secretary of State, 7 June 1905, TRLOC 1/55.

[16] Telegram from State Department to Ambassador Meyer, 8 June 1905, *Papers Relating to the Foreign Relations of the United States*, 1905, 807.

[17] Roosevelt to Oscar Strauss, 15 June 1905, TRLOC 2/338.

[18] Ambassador Meyer to Roosevelt, 18 June 1905; Minister Griscom to Secretary of State, 18 June 1905, *Foreign Relations of the United States*, 1905, 811 – 812.

[19] Letter received at White House from unknown writer, possibly Kaneko, 14 June 1905, TRLOC 1/55.

[20] Roosevelt to Kogoro Takahira, 15 June 1905, *TLTR*, 4: 1 226.

[21] 同上.

[22] Henry Cabot Lodge to Roosevelt, 24 October 1901, *SCTRHL*, 1: 508.

[23] *TLTR*, 4: 3, 183.

[24] Eugene P. Trani, "The Treaty of Portsmouth: An Adventure in Rooseveltian Diplomacy," Ph. D. diss., University of Indiana, Bloomington, 1966, 74 – 75.

[25] Edward N. Pearson, Secretary of the State of New Hampshire, to Herbert H. D.

Peirce, 3 July 1905, TRLOC, 1/55.

[26] Kajima, *Diplomacy of Japan*, 235.

[27] Randall, *There Are No Victors Here*, 11 – 12.

[28] Statement made by the president to the Russian ambassador at the White House, 15 June 1905, TRLOC 2/338; Ambassador Meyer to Secretary of State, 20 June 1905, TRLOC 1/55.

[29] Tatsuji Takeuchi, *War and Diplomacy in the Japanese Empire* (New York: Doubleday, 1935), 151.

[30] Lansdowne to Durand, 22 June 1905, BNA, FO 115/1 353.

[31] 同上, 24 June 1905, BNA, FO 115/1 353.

[32] 同上, 1 July 1905, BNA, FO 115/1 353.

[33] Assistant Secretary of State William Loeb to Roosevelt, 13 July 1905, TRLOC 1/56.

[34] Tyler Dennett, *Roosevelt and the Russo – Japanese War* (Glouster, Mass.: Peter Smith, 1959), 236.

[35] J. J. Korostovetz, *Pre – war Diplomacy: The Russo – Japanese Problem* (London: British Periodicals, 1920), 11.

[36] Cecil Spring Rice to Lansdowne, 24 May 1905, BNA, FO 115/1 353.

[37] T. H. Titherington, "The Great Peace Conference," *Munsey's Magazine* 33, no. 6 (1905): 642.

[38] *Foreign Relations of the United States*, 1905, 808 – 809.

[39] 同上, 810.

[40] Durand to Lansdowne, 14 June 1905, BNA, FO 115/1 359; Kaneko to Assistant Secretary of State Loomis, 14 June 1905, TRLOC 1/58.

[41] Dennett, *Roosevelt and the Russo – Japanese War*, 236.

[42] Lansdowne to Durand, 20 June 1905, BNA, FO 115/1 353.

[43] Memorandum for the Japanese government, given by the president to Minister Takahira, 15 June 1905, TRLOC 2/338.

[44] Assistant Secretary of State Rudolph Forster to Ambassador Takahira, 13 July 1905, TRPLOC 1/56.

[45] Navy Department to Rear Adm. William W. Mead, 10 July 1905, Portsmouth Navy Yard General Correspondence, folder 127, NationalArchives Annex, Waltham, Mass.

(NARA - WM), RG 181; Cogar, *Dictionary of Admirals*, 2: 189 - 190.

[46] Telegram, Mrs. John Hay to Roosevelt, 1 July 1905, TRLOC 1/55.

[47] Jessup, *Elihu Root*, 454 - 455.

[48] Charles Bonaparte to Roosevelt, 29 July 1905, TRLOC 1/57.

[49] Navy Department to Mead, 10 July 1905, RG 181, Portsmouth Navy Yard General Correspondence, folder 127.

[50] Korostovetz, *Pre - war Diplomacy*, 44.

[51] Assistant Secretary of State Herbert Peirce to Roosevelt, 6 July 1905, TRLOC, 1/56.

[52] Rear Adm. George Mead to Commandant George Elliott, 20 July 1905, RG 181, Portsmouth Navy Yard, Letters and Endorsements Sent to the Commandant, USMC (1902—1911), 1: 84.

[53] Elliott to Mead, 24 July 1905, RG 181, Portsmouth Navy Yard, General Correspondence, folder 127.

[54] Mead to J. J. Haring, 1 August 1905, RG 181. 3. 10, Records of the Portsmouth Navy Yard, Miscellaneous Letters Sent (Press Copies) 1899—1907, 17: 418.

[55] Rear Adm. William Mead, Special Order, 2 August 1905, RG 181, Portsmouth Navy Yard, Orders, Memorandums and Circulars issued by Commandant, 1898—1911, p. 166.

[56] Mead to Secretary of the Navy Charles Bonaparte, 8 August 1905, RG 181, Portsmouth Navy Yard, General Correspondence, folder 127, pp. 33 - 34.

[57] E. B. Pillsbury to Mead, 28 July 1905, RG 181, Portsmouth Navy Yard, Telegrams Sent, 1901—1911, 7: 461.

[58] Mead to Assistant Secretary of the Navy Charles Darling, 10 August 1905, RG 181, Portsmouth Navy Shipyard, General Correspondence, folder 55, pp. 264 - 265.

[59] Trani, "The Treaty of Portsmouth," 75 - 76.

[60] Susan J. Douglass, "The Navy Adopts Radio," in *Military Enterprise and Technological Change*, ed. Merritt Poe (Cambridge, Mass. : MIT Press, 1985), 133 - 151.

[61] Christopher Andrew, *For the President's Eyes Only* (New York: Harper Collins, 1995), 25 - 29.

[62] Secretary of the Navy to Mead, 26 July 1905, Portsmouth Navy Yard, folder 127, General Correspondence, p. 17.

[63] Mead to C. F. Ames, 4 August 1905, Portsmouth Navy Yard, folder 127, General Correspondence.

[64] Mead to Chief of Navigation Bureau, 24 July 1905, RG 181, Portsmouth Navy Yard, General Correspondence, folder 127; Mead to Bureau of Equipment and Recruiting, 4 August 1905, RG 181, Portsmouth Navy Yard, Letters Sent to Bureau of Equipment and Recruiting (1862—1910), 12: 336.

[65] Mead to Chief of the Bureau of Navigation, 29 July 1905, RG 181, Portsmouth Navy Yard, General Correspondence, folder 127, p. 40.

[66] Mead to Rear Adm. Henry Manney, 29 July 1905, RG 181, Portsmouth Navy Yard, Commandants' Letter Books (1891—1909), 2: 190.

[67] Bureau of Navigation to Mead, 31 July 1905, RG 181, Portsmouth Navy Yard, General Correspondence (1900—1911), folder 127.

[68] Peirce to William Loeb, 22 July 1905, TRLOC 1/57.

[69] Peirce to Roosevelt, 6 July 1905, TRPLOC 1/56.

[70] Peirce to Benjamin F. Barnes, 1 August 1905, TRLOC 1/57.

[71] Kajima, *Diplomacy of Japan*, 237; Korostovetz, *Pre - war Diplomacy*, 31 - 32.

[72] Kaneko Dan to Bei Daitoryo to no Kaiken shimatsu, Kaneko reel MT 804, Japanese Foreign Ministry Archives; Korostovetz, *Pre - war Diplomacy*, 31.

[73] Peirce to Barnes, 29 July 1905, TRLOC 1/57.

[74] In Roosevelt's defense, Witte thought nearly everyone in America was crass; see Serge I. Witte, "Memoirs: My Visit to America," *World's Work* (March 1921): 487, TRC.

[75] Raymond A. Esthus, *Double Eagle and the Rising Sun* (Durham, N. C.: Duke University Press, 1988), 76.

[76] Witte, "Memoirs," 488 - 489.

[77] Korostovetz, *Pre - war Diplomacy*, 36.

[78] Roman Rosen, *Forty Years of Diplomacy* (New York: Alfred A. Knopf, 1922), 1: 265.

[79] Korostovetz, *Pre - war Diplomacy*, 37.

[80] Esthus, *Double Eagle and the Rising Sun*, 77.

[81] RG 181, Portsmouth Navy Yard, General Correspondence, folder 93, Special Order, 4

August 1905.

[82] Mead to Manney, RG 181, Portsmouth Navy Yard, Letters Sent to Bureau of Equipment and Recruiting (1862—1910), 12: 339.

[83] Korostovetz, *Pre – war Diplomacy*, 45.

[84] Dennett, *Roosevelt and the Russo – Japanese War*, 244; Kajima, *Diplomacy of Japan*, 240 – 241.

[85] Peirce to Roosevelt, 9 August 1905, TRLOC 1/58.

[86] Imperial Japanese Cabinet decision of 21 April 1905, sanctioned by the emperor; Kajima, *Diplomacy of Japan*, 232.

[87] Durand to Lansdowne, 5 June 1905, BNA, FO 115/1 359.

[88] 同上, 2 June 1905.

[89] Secret memorandum of Mr. O'Beirne, circa 5 June 1905, BNA, FO 115/1 359.

[90] Lansdowne to Durand, 13 June 1905, BNA, FO 115/1 353; Durand to Lansdowne, 4 August 1905, BNA, FO 115/1 360.

[91] Kajima, *Diplomacy of Japan*, 240.

[92] Korostovetz, *Pre – war Diplomacy*, 51.

[93] Oliver Warner, *Great Sea Battles* (New York: Macmillan, 1963), 244 – 248.

[94] Dennett, *Roosevelt and the Russo – Japanese War*, 231 – 232.

[95] Korostovetz, *Pre – war Diplomacy*, 53.

[96] Kajima, *Diplomacy of Japan*, 248, 253 – 254.

[97] Trani, "The Treaty of Portsmouth," 155.

[98] Korostovetz, *Pre – war Diplomacy*, 54 – 56.

[99] 同上, 66.

[100] 同上, 60.

[101] John C. O'Laughlin to Roosevelt, 13 August 1905, TRLOC, 1/58.

[102] O'Laughlin to Roosevelt, 14 August 1905, TRLOC, 1/58.

[103] Witte, "Memoirs," 494.

[104] Kajima, *Diplomacy of Japan*, 210 – 212, 214, 219 – 221.

[105] Mead to Commanding Officers, USS *Mayflower* and USS *Dolphin*, 17 August 1905, RG 181, Portsmouth Navy Yard, folder 127, General Correspondence (1900—1911).

[106] Kajima, *Diplomacy of Japan*, 321.

[107] Oscar S. Straus to Roosevelt, 15 August 1905, TRLOC 1/58.

[108] Roosevelt to Hermann Von Sternberg, 21 August 1905; Roosevelt to Jean Jusserand, 21 August 1905; Roosevelt to Kaneko, 22 August 1905, *TLTR*, 4: 1 306 - 1 308.

[109] Randall, *There Are No Victors Here*, 51.

[110] Rosen, *Forty Years of Diplomacy*, 2: 269 - 271.

[111] Kajima, *Diplomacy of Japan*, 330 - 331.

[112] Witte to Roosevelt, 22 August 1905, TRLOC 1/58.

[113] Roosevelt to Von Sternberg, 21 August 1905, *TLTR*, 4: 1 306 - 1 307.

[114] Kajima, *Diplomacy of Japan*, 322.

[115] Rudolph Forester to B. F. Barnes, 23 August 1905, TRLOC 1/58.

[116] O'Laughlin to Roosevelt, 23 August 1905, TRLOC 1/58.

[117] Forester to Barnes, 24 August 1905, TRLOC 1/58.

[118] Kajima, *Diplomacy of Japan*, 336.

[119] Roosevelt to Kaneko, 23 August 1905, *TLTR*, 4: 1 312 - 1 313.

[120] Durand to Lansdowne, 24 August 1905, BNA, FO 115/1 360.

[121] Kaneko to Roosevelt, 27 August 1905, TRLOC 1/58.

[122] O'Laughlin to Roosevelt, 27 August 1905, TRLOC 1/58.

[123] Kajima, *Diplomacy of Japan*, 345.

[124] Meyer to Roosevelt, 28 August 1905, TRLOC 1/58.

[125] Kaneko to Roosevelt, 27 August 1905; Komura toRoosevelt, 28 August 1905, TRLOC 1/58.

[126] Memorandum, Oyster Bay, 27 August 1905, TRLOC 1/58.

[127] Peirce to Barnes, 28 August 1905, TRLOC 1/58.

[128] Kajima, *Diplomacy of Japan*, 350.

[129] Peirce to Roosevelt, 27 August 1905, TRLOC 1/58.

[130] Kaneko to Roosevelt, 29 August 1905, TRLOC 1/58.

[131] Peirce to Roosevelt, 29 August 1905, 11: 25 am, TRLOC 1/58.

[132] 同上, 1: 20 pm, TRLOC 1/58.

[133] 同上, 5: 40 pm, TRLOC 1/58.

[134] Kaneko to Roosevelt, 29 August 1905, TRLOC 1/58.

[135] Randall, *There Are No Victors Here*, 54 - 55.

[136] Gunnar Knudsen, Presentation Speech, Nobel Peace Prize 1906, http://nobelprize.org/peace/laureates/1906/press. html.

[137] *TLTR*, 4: 1 163.

[138] Roosevelt to Clara Hay, 1 July 1905, *TLTR*, 3: 1 258.

[139] Jessup, *Elihu Root*, 454.

[140] *TLTR*, vol. 4, 1 299 – 1 301.

[141] Roosevelt to Hermann Von Sternberg, 21 August 1905; Roosevelt to Jean Jules Jusserand, 21 August 1905; Roosevelt to Kaneko, 22 August 1905; Roosevelt to Peirce, 23 August 1905; Roosevelt to Kaneko, 23 August 1905, *TLTR*, 4: 1 306 – 1 312.

第六章
132
西奥多·罗斯福，技术与变革

亲爱的西姆斯中校……埃文斯坚持要求，我们在战舰上只装大型的 12 英寸炮和 14 磅的炮弹，其他一律不装。你觉得怎样？

——西奥多·罗斯福，1904 年

人们常会用“墨守成规”来形容那些在解决问题时不懂得变通的人。在西奥多·罗斯福践行外交政策之初，关于海军力量（naval power）的运用，常常存在定义不清晰，或滥施强权的问题。由于罗斯福将制海权看成是新时代外交的附属物，他开始日益觉察到，军事领域里存在着或大或小的缺陷，而某些缺陷限制了美国在特定环境中，如在近陆区域施展自身能力。另一些缺陷意味着，在远离美军控制的海岸基地时，美国无能为力；还有一些是战术上的缺陷，使得美军难以直接对峙某几支外国海军。当罗斯福将注意力集中到这些缺陷上之后，他立即认识到，这些缺陷在很大程度上对他的外交政策构成了破坏与限制。他不愿受此束缚，积极发展新兴技术，试图予以补救。

在 20 世纪初，西奥多·罗斯福极力主张，通过迅速的技术进步带来军事上的变革，并由此影响了美国海军的发展方向。只有理解了这一点，我们才能够懂得并欣赏他对海军的影响。在这方面与罗斯福相近的现代美国总统只有一位，就是罗纳德·里根（Ronald Reagan）。里根大力主张，通过天基导弹防御系统（space – based missile defense systems）来获取改变战局的潜力。这确实改变了美国国防战略的重心。但即使是里根，也功亏一篑，未能实现自己最初的设想。

罗斯福在公开和私下两个场合都提倡技术变革，这一点超过了包括阿尔弗雷德·塞耶·马汉在内的，他那个时代其他所有海军至上主义者（navalist）。就了解和鉴别后“无畏”舰时代（post－*Dreadnought*）海军
133 战列舰的性能而言，马汉远远比不上罗斯福。西奥多·罗斯福乃是自学成才的技术专家，试图自行发布命令，改变战舰的式样与性能。与同时代的政治领导人相比，或许罗斯福最能够认识到，有必要通过新的技术途径来确保海军力量，并将海军力量用于促成美国国家利益。[1]

由于受到看似不可逾越的两个大洋①保护，又将主要精力集中在对于北美广袤大陆的逐步征服，差不多整个19世纪，在海军技术领域，美国都被其他国家甩在身后。即使偶有引领技术革新与飞跃的时刻，例如发明了蒸汽动力战舰（steam－powered warship），美国人还是错过了好的时机，拱手将收获第一桶金的机会让与他人。但当发明创造必不可少之时，美国的强大实力得到了证明。南北战争时期，南方与北方同时对于铁甲舰（ironclads）的研究，便是个极好的例子。随着内战的结束，美国技术革新的步伐就又慢了下来。此后30年间，美国都只生产铁甲舰，尽管英法两国不断推介着各种最新式的战列舰。[2]

根据历史资料，我们可以假设，如果没有西奥多·罗斯福的引领，这种情况还会无限期地持续下去。美国物资丰富，足以满足自身需要，尽管为国内产品开拓海外市场的需求日益强烈，美国也可以轻松依赖英国的海上霸权，而不像历史上的常见情形一样去发展出自己的强大海军。19世纪与20世纪之交，美国海军力量的崛起并非历史潮流的必然结果，而是一小群人通力合作的成果。做出最大贡献的三个人是，阿尔弗雷德·塞耶·马汉、亨利·卡伯特·洛奇以及西奥多·罗斯福。[3]

罗斯福所受的教养，使得他刚刚成年不久，便成了新兴技术的拥趸。但直到他通过锻炼改善体质，克服了幼年时的身体缺陷之后，他才进行了智力上的训练，从而懂得现代造舰技术中的种种奥妙之处。他所获得的知识，使他能够对于决策程序做出实质性贡献，最终让美国造出了现

① 即美国东西海岸分别毗邻的太平洋与大西洋。——译者注

代“无畏”式战列舰（modern *Dreadnought* – style battleships），并让美国海军从五流的实力，一跃成为仅次于英国皇家海军的强大军队。罗斯福的私人信件、专业文章与公开声明，在技术、海军、外交三者之间建立了联系；并且证明他全身心投入努力，为美国军队，尤其是海军带来变革。这类努力在罗斯福执政的晚期达到顶峰，当时他作为美军总司令， 134
终于有能力击败海军将官、造船工程师和议员们的联手抵制，使不亚于，甚至超越同时代世界上其他任何国家的新船得以建造和下水。罗斯福使用海军力量的理念，与他对于海运资产（seaborne assets）的支持，以最具破坏性，也是最有效的形式结合在一起，为此后数十年间美国的海军政策与外交政策指明了方向。

从停滞中复兴

美国内战之后的大多数海军舰船，都是不够稳定的混合技术产物，使用风帆与蒸汽双重动力。美国海军的指挥官们更喜欢传统帆船的航行方式，将此视为培养团队合作精神的训练，更不用说还能省下买煤的钱。[4] 1881 年的美国海军本应努力追求可切实用于作战的大型战舰，然而他们的努力却显得漫不经心，近乎刻意的疏忽。事实上，当时的海军所拥有的少量舰船，只能用于和平时期的公海巡逻。1879—1884 年间，发生在智利、秘鲁和玻利维亚之间的冲突迫使美国立法者认识到，这三个南美国家所拥有的海军，要比美国海军更为高效。

1881—1882 年，海军部长选任了一批海军军官组成委员会，对美国海军现代化战略进行研究。此委员会于 1883 年发布报告，建议海军建造四艘最新式的战舰，还特别指定，应使用钢铁构造船体。最终，海军从英国造船工程师处购得设计方案，据此造成三艘巡洋舰：“亚特兰大”号、“波士顿”号和“芝加哥”号；以及一艘通讯舰：“海豚”

号。这四艘军舰合称“甲乙丙丁舰”①，组成一支分舰队，使用了现代的战术与机动技术。[5]另有14艘钢铁船体的巡洋舰听从其指挥。海军中的既得利益者要求设计出同时使用风帆与蒸汽动力的舰船，但美国人造出来的这些混合技术舰船不是欧洲同类舰船的对手。[6]头两艘美军战列舰于1886年得到投资开始建造，尽管它们很可能直到1895年才能建成服役。[7]“得克萨斯”号与“缅因”号实际上只是沿海装甲巡洋舰（armored coastal cruisers），排水量均只有6 500吨，煤舱也都较小。两艘军舰各装备两门12英寸炮和四门10英寸炮。然而，这是往正确方向迈出的一步。[8]

135 两派人围绕世纪之交的美国海军战略发生了争执。海军部长本杰明·崔西（Benjamin Tracy）希望打造一支具有国际作战能力的海军力量。1889年和1890年，崔西在开拓性的年度报告里宣称，为保障国家利益，美国需要20艘战列舰，12艘部署在大西洋，8艘部署在太平洋。[9]他的反对者不赞成兴建远洋海军，认为有一支符合内战时期标准，由浅水重炮舰（monitors）组成，能够防御美国海岸与港口的新舰队便已足够。蓝水海军的拥护者们反唇相讥，指出成功封锁任何一个美国港口，都会对美国必不可少的海外贸易产生重大经济影响。最后，崔西成功说服国会购买了四艘战列舰。[10]

头三艘战列舰——“印第安纳”号、“俄勒冈”号和“马萨诸塞”号——的排水为10 255吨，航速为15.5节，装备四门13英寸炮，都装在舰船的中心线上。每艘战列舰还拥有由八门8英寸炮组成的二级炮组和由四门6英寸炮组成的三级炮组。[11]这些军舰上密密麻麻地武装着各种口径的火力，显然是出于海上遇敌的考虑而设计的。不过，为了安抚那些担忧美国因此被看成帝国主义国家的人们，这些战列舰的煤舱尺寸受到了限制，从而缩减了有效巡航半径。[12]直到“爱荷华”号于1892年服役，美国才真正拥有了第一艘蓝水战列舰。[13]

---

① “甲乙丙丁舰”原文为“ABCD ships”，因各舰舰名首字母分别为A、B、C、D，故以此命名。——译者注

1895 年，美国国会指示再建两艘战列舰，“奇尔沙治”号与“肯塔基”号（*Kentucky*）。这两艘军舰的长度各为 375 英尺，排水量 11 500 吨，最大航速 16 节，于 1900 年服役。[14] 两舰各装有两个盒状炮塔（“cheesebox” turrets），两个炮塔里共装有四门 13 英寸炮。这种炮塔令人回想起内战时期约翰·埃里克森（John Ericson）① 在浅水重炮舰上安装的炮塔。奇怪的是，设计者们选择将军舰的二级火力，四门 8 英寸炮装在 13 英寸炮炮塔的中央，四周被挡住，导致这些 8 英寸炮无法与 13 英寸炮瞄准同一个位置。这个设计糟糕透顶。8 英寸炮被安在炮塔中央部位，这就要求开启较为宽阔的炮门，才能让炮管自由上下瞄准；而这些大开的炮门致使火炮和操作火炮的士兵极易被敌军炮火击中。不仅如此，在炮塔与炮塔底下三层甲板之隔的弹药舱之间，也没有任何安全防护措施，或装甲隔板。1901 年 5 月 19 日，时任海军少校（后来成为海军上将）的威廉·西姆斯撰文批评这种设计：“把一个棒球扔进‘肯塔基’级军舰的炮门里，球会直接滚进 13 英寸炮操作间……那下面就是 8 英寸炮的几个弹药舱。”[15]

设计生产这些军舰的程序并不连贯。海军部各个分局在缺乏紧密协调的情况下分别设计出了军舰的各个部分。炮塔是建设局（the Bureau of Construction）设计的，炮是军械局（the Bureau of Ordnance）设计的，接着建设局又重新登场，设计将弹药装填入炮膛的起重臂。[16] 年轻的西姆斯少校于 1897 年写报告给海军部说：“‘肯塔基’号压根不是一艘战列舰。它简直就是海军建船史上最大的罪恶。”[17] 西姆斯的报告起初被置之不理，但到了西奥多·罗斯福于 1897 年赴海军部就任副部长之后，西姆斯的观察报告便多了一名热心的读者，海军部里也多了一名坚定支持变革的人。 136

① 约翰·埃里克森（1803—1889 年），美国机械工程师，发明过各种发动机，美军浅水重炮舰的设计者。——译者注

罗斯福走向成熟

1897 年 4 月 19 日，西奥多·罗斯福宣誓就任海军部的第二把手。他刚刚上任，就立即把注意力放在有能力执行国家任务的各艘战列舰上，悉心钻研这些战舰的性能与各种缺陷。[18] 一周后，他向威廉·麦金莱总统提交了一份报告，内容涵盖当前美国海军主力战舰的部署与性能状况。报告中包括他提出的建议，即根据各艘军舰的优缺点，怎样最为有效地将它们进行配置。这些优缺点不仅仅基于美军军舰之间的比较，还考虑了在美军活动的各个区域，主要假想敌的军舰状况。用专业眼光看，这篇报告颇有见地，尤其是考虑到作者经验尚浅的前提下。[19]

罗斯福的一项当务之急，是要与麦金莱政府的保守主义财政措施进行斗争。后者尝试削减海军经费，尤其是造船经费。[20] 约翰·D·朗是罗斯福在海军部的顶头上司。朗过去是马萨诸塞州和平委员会的负责人，如今成为海军部官员，显得有点奇怪，不过对于美国海军的规模怎样才算合适这一点，他的观点倒与麦金莱相一致。朗写过一封函件，建议海军建造新舰的数量应被削减到一艘。他认为以下事实不容忽视："我国海军力量在过去数年中业已倍增；我们现有资源所无法应对的紧急情况出现的可能性极低；而除非发生这样的紧急情况，现有军舰将逐步退役，储存起来，以削减军费开支；还有必要考虑到，国家开支与国家资源之间的关系。"[21] 朗的言论暴露了当时美国"新海军"的外强中干。从 18
137 世纪到 19 世纪，随着美国政府不断改变其对于国内外义务的考量，对于海军力量的支持也忽冷忽热。西奥多·罗斯福将会是第一个持续支持海军建设的美国总统。不过，1898 年发生在哈瓦那港的"缅因"号爆炸事件，保证了海军战舰的建造将会继续，至少将持续一段时间。

西奥多·罗斯福对于造舰细节表现出了特别的兴趣，尤其关注装甲、大炮和军需品等领域。在他担任副部长的日子里，他最关心的问题便是"伊利诺伊"级（*Illinois* - class）战列舰的设计。说得更具体些，他关心海军是否应该像在“奇尔沙治”级战列舰上一样，往“伊利诺伊”级战列舰由13英寸炮构成的主炮组顶上加装8英寸炮。罗斯福既是新官上任，又是活跃的民族主义者，他认为这一设计可以让美军战舰比英军战舰更具优势。让他遗憾的是，设计“伊利诺伊”级战列舰的工程师们不同意这样做，最终还是将主炮组和二级炮组分开了。[22]除了火炮的装配之外，在几乎其他所有方面，“伊利诺伊”级的三艘战列舰都照搬了“肯塔基”级的设计。

罗斯福对于“肯塔基”式炮塔的效率的看法，在他5月中旬前往弗吉尼亚州纽波特纽斯港（Newport News）的造船厂，与海军工程师会面之后，发生了变化。据众人所言，罗斯福来的时候支持叠加炮塔设计，离开的时候却改变了主意。5月21日，罗斯福写信给理查德·德纳（Richard Dana）说：“直到我到那里之前，我一直对它们（炮塔设计）念念不忘；现在我却希望，我能够把它们忘个精光。”他接着说，他沿着这条路所做的努力，已经被建设局的领导们——比如备受尊敬的海军上校威廉·桑普森（William Sampson）——给封杀了。[23]

纽波特纽斯港之行标志着，罗斯福开始采用“亲眼观看”的方法。1897年秋季，他在舰队年度炮击演习期间自愿跟随出海。绝大多数与军事无关的政府官员可能在海上待不了三天，即使出海，也多半愿意在观测甲板上舒舒服服地观赏炮击，然后就下到军官室里去和军舰指挥官一起享用丰盛的正餐。罗斯福也是这样做的，但他显然也在军舰之间来回奔波，往炮塔爬上爬下，研究机械装置的运转机制，为此不惜弄脏楚楚衣冠。

他写信给朋友亨利·卡伯特·洛奇说：“我亲眼观看了炮塔转动时不同部件的运转情况——包括电力装置、水力装置、蒸汽装置、气动装置。‘爱荷华’号和‘清教徒’号演习打靶的过程中，我就待在上面，对战列舰在火力方面的优越性非常满意。”[24]我们或可假设，罗斯 138
福只是在将这些战列舰与老旧的沿海炮舰作对比，但有一点很清楚，就是罗斯福本能地捕捉到了战列舰设计性能提升背后的战术意义。

在这趟出海过程中，罗斯福甚至还亲自动手击发舰炮。在给朋友威廉·毕格罗（William Bigelow）的信中，他提到自己成功击中了标靶："军舰一侧浮升时准备射击，将舰炮就位，然后在准星里看到正在上浮的标靶，就马上扣动扳机。"[25]西奥多·罗斯福此后迅速从海军部副部长转任勇猛骑兵团领袖，继而转任纽约州州长，升任副总统、总统，但这一切都没有减少他对于海军技术的兴趣和知识。恰恰相反，当他入主白宫时，已经在这方面极为博学了。

促成变革

国会于1901年3月授权新建三艘战列舰，海军建设委员会（the Navy's Board of Construction）必须对这些战列舰的设计做出选择。委员会由海军部各主要处局的负责人组成，无法就新型战列舰上大炮的型号与配置达成一致。两份文件，一份多数派报告和一份少数派报告，被呈送给海军部长约翰·D·朗，等待后者做出决定。[26]最终，经过上述讨论，朗决定建造叠加炮塔，将一组8英寸炮加装在12英寸炮炮组的顶部。[27]这一决定颇受瞩目。

海军少校威廉·西姆斯多年来一直在研究美国海军的火力，并将其与欧洲列强的海军火力进行比较。他特别赞赏英国皇家海军上校珀西·斯科特（Percy Scott）的理论，后者发明了"不间断瞄准技术"（the continuous aim technique）。西姆斯在"纽约"号上服务时，对这一技术，以及斯科特的其他各种创新技术痴迷不已。[28]西姆斯学习越深入，对于自己所在舰队的标准操作程序就越感到不满。他写了一系列批判性报告呈送给海军部，针对造舰与炮击程序提出了建议。这些
139 报告均被束之高阁，抛诸脑后。当西姆斯听说海军建设委员会向海军部长分开提交的两份报告时，他未经任何人要求，就擅自向约翰·D·朗提交了一份建议书。他还冒着偌大风险，直接写信给美军总司令罗斯福。

罗斯福收到了西姆斯的信件，一头雾水之余向自己的姐夫，海军上

校威廉·考尔斯（William Cowles）① 寻求建议。“你觉得我该怎么回复他？西姆斯是个好人，但他过于杞人忧天了……不过不管怎么说，我是觉得我们在打靶训练方面有所不足。”[29]罗斯福要求海军部把西姆斯递交过的所有报告呈送给他，结果收到了11 000页之多。[30]罗斯福充满热情地专心阅读起来，阅读过程中不时与西姆斯信件往来。[31]总统立即开始对海军部各主要负责人施压，要求“将我军炮击标准予以修正，或大幅提高。”[32]各位主要官员对于西姆斯越级提交“建议书”一事甚为不悦。1902年4月，总统命令海军部将西姆斯的各份报告缩写后进行传阅，征求意见。[33]总统对于西姆斯“激进”创新观念的公然支持，开启了美国海军力量的变革之门。

西姆斯的观察报告认定重型火炮的射击精度是有可能提高的，并且说服了西奥多·罗斯福。斯科特的不间断瞄准技术使英军舰队有能力始终将目标置于瞄准镜之内，而不是必须根据军舰的上下浮动来计算炮击节奏。起初，美国海军上将们拒绝相信西姆斯的报告，还自行炮制了报告来反驳他。然而，当美国军舰“向仅仅2 800码之外的靶舰开火5分钟，却只击中两发炮弹”时，英军舰队打靶的命中率则高达85%。罗斯福清楚地认识到，西姆斯的努力将会产生重大结果。[34]1902年8月，总统命令海军部长制定一套办法，来测试和奖励炮击训练中优越的表现，试图以此激励海军炮手们。[35]制定出来的办法便是至今仍在美国海军舰队沿用的作战效能程序（Battle Efficiency program）。1903年春季，罗斯福设立了一套程序，可使表现优异的炮兵瞄准手得到晋升和加薪。海军中的竞争一下子激烈起来，麾下炮手表现出众的军官们获奖并得到升职。[36]

总统还急切地寻求其他提升美国海军，使之能够与英国皇家海军旗鼓相当的方法。罗斯福给总统专属游艇“五月花”号的指挥官写信，询问有何办法，能“将‘五月花’号在某种意义上用于炮击实验。如你所

---

① 威廉·考尔斯系西奥多·罗斯福的大姐安娜·罗斯福（1855—1931年）的丈夫。——译者注

知，我对于将本国海军的炮击能力提升至最高标准，有着莫大兴趣。我
140 感到有必要进行尝试，不仅使‘五月花’号成为海军全体军舰在炮击方面的榜样，还能够在它上面进行实验，找出能确保达到最佳效果的体制。”[37]接下来的几个月里，罗斯福对于促使美国海军炮手们采用不间断瞄准技术的兴趣始终不减。[38]对于将美国海军与英国和德国的海军进行比较，他保持着极大的兴趣。[39]

1903 年 10 月，罗斯福插手海军部事务，打破了一项持续三年的官僚政治僵局。该僵局围绕的主题是，为舰队的大口径火炮选择何种新型瞄准镜。当舰队里那些食古不化的军官们声称换装新型瞄准镜需要四年时间时，罗斯福再度出手，督促海军在 12 个月之内就全部换装完毕。[40]总统抓住每个机会，“将我对于打靶训练的兴趣烙印在海军之中”。他增加了出席舰队炮击训练的次数，还亲自检验训练结果。[41]

1904 年 4 月 13 日，美国军舰“密苏里”号（*Missouri*）的一个炮塔因“回火”① 发生爆炸，造成 33 人丧生。海军高级将领们立即将爆炸原因归咎于西姆斯的新技术，认为西姆斯对于炮火速射的要求导致了燃烧的发生。罗斯福对此无法容忍，他在给海军部长威廉·穆迪的一封信中解释说：“我们所测试的，不是未能击中的炮击次数，也不是缓慢地进行炮击时，击中的百分比，而是在规定时间内击中的次数。”[42]不过，尽管西奥多·罗斯福对西姆斯的行动给予了关注与热情的支持，他却并未完全理解西姆斯为海军带来的提高，具有何种战术上的隐含意义。这一意义很快就将清晰地显示出来。

美国海军的火力配置，比如起先装备在“肯塔基”级军舰上，后来又装备在“弗吉尼亚”级（*Virginia* class）军舰上的叠加炮塔，与被广泛接受的信条，即所谓口径较小的火炮在进行短距离炮击时效率更高，是相一致的。从这一逻辑出发，美国军舰都被装备上了三到四种不同口径的火炮。在早期的设计中，正是因为没有足够的空间来将不同炮组分开进行配置，叠加炮塔才应运而生。西姆斯的研究却认为，对敌舰的打

---

① 指枪炮开火后，膛管内残余火药或气体燃烧而产生的火焰。——译者注

击，可以成功且精确地从远距离发起，从而使小口径火炮失去了存在的意义。1902年12月，西姆斯的一位朋友，海军上尉霍默·C·庞德斯通（Homer C. Poundstone）所设计的造舰蓝图被呈送给总统。[43]该蓝图中设计的军舰拥有三个装有12英寸炮的炮塔，都安装在舰身中心线上，同时不安装任何较小口径的火炮。庞德斯通灵机一动，将这种军舰称为“炮火大串烧”（*Skeerd - o - Nothin*）。罗斯福回信给这位上尉说，这个设 141
计“棒极了，可我不敢保证，对于这个设计，国会会采取我所希望的那种态度。”[44]

关于战列舰尺寸、装甲类型与炮火配置，辩论持续进行，而庞德斯通上尉在其中贡献良多。一年之后，美国海军学会《会刊》（*Proceedings*）的两篇文章中提到了庞德斯通的报告。在报告里，庞德斯通阐明了战列舰尺寸与航速之间的关系，并呈上一位工程师对于大炮的不同结构与其投射重量之间关系的分析。他的一项发现几乎无可辩驳，即拥有更多外露表面面积，和更多燃料室与动力室的大型战列舰，其航程更远，航速更快。[45]庞德斯通还进一步指出，在装弹时间（reloading cycle time）所限制的范围内，增加炮组的总体尺寸，能够将战列舰在作战时的潜在火力提高18%。[46]

庞德斯通的报告为战列舰的设计注入了活力。近期发生在加勒比海一带的委内瑞拉的危机，促使国会拨款新建五艘战列舰：三艘的排水量为16 000吨，即“堪萨斯”号（*Kansas*）、“明尼苏达”号（*Minnesota*）与“佛蒙特”号（*Vermont*），它们遵循此前一年授权建造的“康涅狄格”级（*Connecticut* - class）战列舰的标准；其余两艘的排水量为13 000吨，即“爱达荷”号（*Idaho*）与“密西西比”号（*Mississippi*），它们模仿早期的“伊利诺伊”级战列舰标准，是一种倒退，结果还未下水就遭废弃。“康涅狄格”级战列舰的航速为18节，装备四门12英寸炮，以及如今成为常规的小口径炮。它们迅速成为美国舰队的中坚力量，足以抗衡包括英国皇家海军在内的欧洲分舰队。[47]由于美国并不寻求建立和英国同等规模的舰队，海军部长穆迪在告知德国大使，德皇的舰队已达

“我军规模”时，并未感到良心不安。① 西奥多·罗斯福正孜孜以求，在世界主要海军力量中占据显赫地位。

1903 年 10 月，海军上将乔治·杜威代表总务委员会（General Board）提交了一份造舰计划，按照该计划，到 1920 年美国可新增 48 艘战列舰与护航舰（escort）。[48] 唯一限制这些庞然大物建造数量的因素，只是施工码头的可用面积而已。[49] 然而，由于战略重心放在了军舰的数量，而不是性能上，没有人知道它们在战时的表现将会如何。事实上，每个与军舰建造相关的利益集团，都针对军舰的性能水平提出了各自观点。威廉·西姆斯及其迅速增加的追随者们主张采取全重型火炮（all-big-gun）设计，把希望寄托在火炮瞄准性能的提高上。阿尔弗雷德·
142 塞耶·马汉及其助手们则坚持主张安装不同口径的火炮，认为军舰应同时具备远距离和近距离交火的能力。[50] 日俄战争中两场决定性战役的结果，似乎为这场争端画上了句号。

关于日俄战争的停火协议，上文第五章中已有详细讨论；但对于战争中代表性的战役，则尚未着墨。日俄战争包括三场重大海战。第一场海战是日本鱼雷艇编队集中偷袭停泊在旅顺港的俄军太平洋舰队。第二场海战是，1904 年 8 月 10 日，俄军残余力量试图突围逃至海参崴，俄军 6 艘战列舰与日军 4 艘战列舰及 4 艘装甲巡洋舰发生激战。日本军舰从 20 000 码之外开火，进入 14 000 码时开始有效打击。搭乘日本军舰的一名外国观察员后来说：“他们从各个方面证明了，6～8 英寸口径的火炮也可以达到很快的射速。”[51] 这是一场全由重型火炮主导的战役，从英国人那里学会不间断瞄准技术的日本人，将俄国人打得一败涂地。九个月之后发生在对马海峡的第三场海战，后文将予讨论。

1904 年 10 月 5 日，俄国太平洋舰队战败之后两个月，罗斯福给西姆斯写了一封短信，信中称，海军中一位杰出的舰长，少将罗布利·埃文斯，成为了全重型火炮战列舰的坚定支持者。西姆斯为这一思路增添

① 作者认为，此时的美国海军相比英国海军而言，只重质量，不重数量，但整体实力不相上下。因此，美国海军部长向德国大使片面强调德国舰队与美国舰队“规模”相当，是具有误导性的外交辞令。——译者注

了有力的论据，声称一艘装有 12 门 11 英寸炮的军舰能够“从远距离击穿世界上任何战列舰的装甲”。[52] 10 月 6 日下午，罗斯福在审慎地阅读并考虑了埃文斯和西姆斯的意见后，给海军部长保罗·莫顿（Paul Morton）写信说：“我对‘新罕布什尔’号（*New Hampshire*）将装备 12 英寸炮、8 英寸炮和 7 英寸炮感到遗憾。在我看来，它只要装上 12 英寸炮或 11 英寸炮，再加上 3 英寸炮组成的二级炮组就好。换句话说，我开始倾向于认为，给军舰装备 3 磅炮、1 磅炮、7 英寸炮、8 英寸炮，并不是个好主意。就此问题，我希望看到来自权威机构的完整报告。”[53] 10 月 8 日，总统亲自加入了技术性争论，要求海军建设委员会考虑，在“新罕布什尔”号上改用单一口径火炮构成的主炮组。然而，海军建设委员会及其上级组织海军建设局，对罗斯福及其支持者的意见丝毫不感兴趣。

一开始，海军建设局只打算不理睬罗斯福。对于收到的要求，即画出一艘装有 12 门 12 英寸炮的战列舰的草图，建设局置之不理达 11 个月之久。面对建设局的抵触，海军上尉庞德斯通自行设计出了三种全部 143
装备重型火炮的军舰，分别命名为“可行”号（*Feasible*）、“可信”号（*Probable*）和“可能”号（*Possible*）。[55] 最终，在一场官僚政治的宏大游戏中，海军建设委员会意外收到国会颁布的法令，将新建战舰的排水量限制在 16 000 吨之内。委员会争辩称，这一尺寸的战舰，其内部结构将无法支撑全重型火炮炮组。除此之外，刚从欧洲访问归来的军械局局长，海军少将查尔斯·奥尼尔（Charles O'Neil），宣称美军现有设计标准下的“康涅狄格”级军舰，与他所见的其他任何军舰相比都不落下风，甚至更胜一筹。“经过旷日持久的周密考虑”，海军建设委员会终于在 10 月 17 日写信回复美军总司令罗斯福，称：“过去一年中所发生的事情，无法证明我们有必要大规模更换正在建造或新近设计的军舰的主炮组。”这便是委员会的决定：按照既有的“康涅狄格”级标准来建造“新罕布什尔”号。[56]

罗斯福颇为生气。海军少将罗耶·布拉德福德（Royal Bradford）当时是设备局（the Bureau of Equipment）局长，但这个职位自 1897 年以来，越来越像一个闲职。他被勒令回到海上，与他所采购的设备待在一起。新近结束欧洲考察之旅的海军少将奥尼尔，则被免除军械局局长一职，从此再未接到新的任命，于1904年年底退役。[57]1904年12月6日，罗斯福在年终呈交给国会的咨文中强调："在任何名副其实的海军中，主要的信赖与依靠，必须来自巨舰、铁甲与重炮。"[58]

这句话表明罗斯福已经认识到，战列舰不仅内含足以改变战局的技术力量，更具有外交上的潜在意义。战列舰所代表的意义已经超越它们本身，成为国际棋盘上有形的符号。大不列颠帝国，依赖其皇家海军，由复杂而昂贵的船体、发动机、装甲和火炮构成的海上力量，为世界各国所艳羡。这些力量既能在战场上发挥影响力，也能吓阻挑战者，维护霸权。罗斯福明白，战列舰是现今国际竞争的决定性元素，他打算按照最为有效的方式来打造它们。

第二年年初，也就是1905年3月3日，美国国会批准新建两艘战列舰。军舰的设计再次引发争吵。海军上将杜威和总务委员会的其他成员希望军舰的排水量达到18 000吨——这一尺寸的舰体足以装备由10门
144 12英寸炮组成的主炮组，不装二级炮组。海军建设委员会坚持采用16 000吨排水量船体，认为其性能已由"康涅狄格"级战列舰得到了证明。不过委员会同意只安装12英寸炮，数量减少到8门，以抵消战舰排水量不足带来的问题。[59]两艘战舰后来被命名为"密歇根"号（*Michigan*）和"南卡罗来纳"号（*South Carolina*）。[60]

在西奥多·罗斯福看来，这两艘全重型火炮战舰的建造是一个转折点，并诱使他在确保国会授权额外建造战列舰时，犯下战略性错误。他曾努力使海军变得现代化，并想当然地认为，当他将精力集中到别处时，惯性会继续推动海军沿着他所选择的道路发展。3月9日，国会授权新建这两艘战列舰之后不到一个星期，他给自己在古巴率领勇猛骑兵团时期的老朋友和当年的指挥官写信说：

> 三年前，当我成为总统时，我下定决心，试图建立一支至少由40艘装甲舰（armor - clad）组成的舰队。尽管实现这一愿望的难度逐年增加，我如今还是达成了自己的目标，28艘战列

> 舰和12艘装甲巡洋舰已经建成或正在建造。这支海军的力量仅仅略次于法国，与德国持平；就物质装备而言，领先于其他任何国家，当然，英国除外。经过这些年的奋斗，我们总算可以休息一阵子了，现在只需要一边培养人才，一边更换老旧过时的舰船。[61]

同年年末发生的两件事，迫使罗斯福重新审视了美国海军与其竞争者相比，所处的战略性位置。

俄国太平洋舰队全军覆没之后，沙皇决定派遣波罗的海舰队进行远征，穿越苏伊士运河，绕印度东进，通过马六甲海峡，最终驶向海参崴。[62]在这段长期航行中，波罗的海舰队的船底长满了海洋生物。1905年5月27日，舰队在对马海峡遭遇日本舰队。俄国舰队由8艘战列舰、3艘装甲巡洋舰和其他小型护航舰组成，日本舰队则拥有4艘战列舰和8艘巡洋舰。东乡平八郎上将利用日本军舰在速度上和在远程射击精度上的优势，指挥舰队穿过俄国舰队的T型编队，击沉了俄国人的4艘战列舰和其他6艘军舰。[63]日本舰队上中等口径的炮组几乎没有参与作战。英国伟大的作家和战略家朱利安·科比特爵士（Sir Julian Corbett）后来将这次战斗称为“史上最果断的海战胜利”，甚至超过了纳尔逊①在特拉法尔加海战中的胜利。[64]包括威望卓著的阿尔弗雷德·塞耶·马汉在内 145
的一些人，把日本舰队的胜利归因于日舰上中等口径炮组开火的炮弹数量。这种观点引起了罗斯福的关注，使他在建造全重型火炮战列舰的问题上更加谨慎。[65]但紧接着，海军少校威廉·西姆斯加入争论，击垮了马汉的假设。西姆斯的分析证明，日本赢得对马海战的决定性因素不是开火的炮弹数量，而是火炮的射速。他进一步指出，日本战舰上中等口径炮组得以发挥作用的原因，不是由于大口径火炮缺乏精度，而是由于大口径火炮装备不足。[66]大口径火炮至今未能发挥相称的影响力。事实

① 指英国传奇海军上将霍雷肖·纳尔逊（Horatio Nelson，1758—1805年）。指挥英国舰队在特拉法尔加海战中击败法国舰队，是纳尔逊毕生最辉煌的胜利。——译者注

上，对马海战恰恰证明了全重型火炮战列舰的理念是正确的。[67]罗斯福立即下令，让海军部部长重新审查美国船坞中在建军舰的建造日程，并要求列出一份推荐装备在军舰上的火力清单。[68]

第二件改变了罗斯福心意的事件发生在1905年10月1日。当时他在英国朴次茅斯海军基地，亲眼观看英国皇家海军“无畏”舰（*Dreadnought*）铺设龙骨。“无畏”舰的登场，让此前所有的战列舰黯然失色。[69]“无畏”舰最初是海军上将约翰·费舍尔爵士（Sir John Fisher）的构想，他或许是英国海军史上最杰出和最上进的海军首席军务大臣（First Sea Lord）。“杰基”·费舍尔（“Jackie” Fisher）① 上任后的第一件举措，就是将150多艘设计过时、年代久远、毫无用处的战舰扔进废船解体厂，或扔回船籍港，不予问津。他一下子就把人力和财力解放出来，分配到新的战略中去。大不列颠帝国不再坚持在海军战舰数量上压倒敌人的传统战略，而是减少战舰数量，转而追求在技术上胜过敌国海军。[70]为了实现技术现代化，费舍尔将动力、装甲与火炮等方面的诸多新技术集中在一艘船上，“无畏”舰由此诞生。

英国皇家海军“无畏”舰的建造过程完全保密，耗时一年多竣工。它是第一艘以涡轮发动机为动力的战舰。涡轮发动机节省空间的特点使得“无畏”舰的航速超过其他船舰。[71]西姆斯得到海军上将费舍尔的默许，参观过“无畏”舰之后，便通过一份秘密报告，向罗斯福透露了“无畏”舰的设计式样和潜在威力。[72]这种新型战列舰包裹在重装甲之内，装有10门12英寸炮，火力投射量（ballistic throw weight）相比仅次于它的战舰还要大一倍。西奥多·罗斯福评论道：“普通战舰在它面前毫无招架之力。”[73]英国的对手们，尤其是德国，均被“无畏”舰所震慑。这些国家在近一年时间中不知所措，然后纷纷建造自己的“无畏”舰。[74]罗斯福之前决定停止建造战列舰，现在却反悔了。

罗斯福想申请款项为美国海军建造“无畏”舰，可在1905年12月5日呈交国会的咨文中，他自己明明说过要缩减海军财政拨款，这让他

① 约翰·费舍尔的昵称。——译者注

头疼不已。[75]就连他最好的朋友，马萨诸塞州参议员亨利·卡伯特·洛奇，也曾警告他说，一旦允诺缩减财政规模，便将覆水难收。国会也不太倾向于赞同。罗斯福在国内实行的“大棒政策”已经招致国会山（Capitol Hill）大量官员的反对。[76]经过艰苦的努力，西奥多·罗斯福终于在1906年获得授权，按照英国划时代战舰的标准建造一艘新舰。这便是美国海军的“特拉华”号（*Delaware*），按照计划，它将拥有20 000吨排水量，航速超过20节，炮塔上装有10门12英寸炮。它将是最后一艘装有往复式发动机（reciprocating engine）的战列舰。然而罗斯福的斗争还远未结束。尽管国会已经授权新建战列舰，资金问题却悬而未决。[77]

贵为总统，罗斯福不惜屈尊，向众议院海军事务委员会（the House Naval Affairs Committee）主席，众议员乔治·福斯（George Foss）和参议院海军委员会（the Senate Naval Committee）主席，参议员尤金·黑尔（Eugene Hale）示好求助。他向这两位极具权势的委员会主席解释了自己的思路：

> 我坚定地认为，我军需要两艘一流的战列舰，舰身尺寸最大，航速最高，主炮组全部安装12英寸炮……在我看来，如果我们造出的战列舰不及其他国家造出的，我们便难辞其咎……如果造不出自己的一流战列舰，美国便会落后，而美国经不起落后……海军建造技术如今已经发展到一定高度，尤其是重型火炮的建造。未来的重炮射程将达3~4英里之远，而小型火炮（如6英寸炮）将在实战中毫无作用——在对抗装有重炮的大型战舰，后者的火炮与炮组成员均安置在装甲厚达12英寸的炮塔中时，这一点尤为明显。[78]

为了加快造舰进度，数日之后，罗斯福在主流报纸上公开了他与两位委员会主席的私人通信内容。[79]这立即引起了轩然大波，公众围绕战列舰建造问题进行争论。这一招非常管用，使罗斯福暂时重新掌控了海

事权力。国会可怜巴巴地向罗斯福低头，承认他战术上的胜利，但只批
147 准他在 1907 年再新建一艘战列舰，从而限制了他在战略上前进的步伐。由海军部副部长杜鲁门·纽贝里（Truman Newberry）所召集的特别委员会对两艘新舰的 20 份建造计划进行了审查。[80]最终，“特拉华”号的同型舰，“北达科他”号（*North Dakota*）诞生了。后者除了使用涡轮发动机（turbine engine），其他细节与前者完全一样。[81]

英、法、德三国的造舰计划，威胁到了罗斯福将美国海军打造为仅次于英国海军力量的目标，国会也没有提供他所需要的帮助。总统先生为了重振雄风，在 1907 年 12 月呈交国会的咨文中，完全抛掉了彬彬有礼的派头：“每年建造一艘最好、最先进的战列舰，只够勉强维持我国舰队现有的力量罢了。这是不够的。据我判断，我们今年应该增加四艘战舰。”[82]

20 世纪初期，这类辩论很多。其中一次辩论里，国会领袖们强烈抵制，呼吁总统和其他高官参与限制军备谈判，并要求美国公民反对总统的建设目标，从而避免在未来卷入对外战争。[83]罗斯福毫无惧色，重磅还击。1908 年 1 月，在另一封广为人知的致国会领袖们的信函中，罗斯福为他之前“每年只造一艘主力舰”的陈述中的错误进行解释。他说自己曾寄予希望，一个或多个欧亚大国会采取一些限制军备的措施——

> 但事实表明……各大国在军备限制方面不可能达成协议……与这一事实同步发生的是，各军事大国在建造军舰方面进行着激进的改变——最现代化的战舰要么已经建成，要么正在建造中，舰身大小和火力装备都有所加强，作战效力增加到过去的两倍甚至三倍。其他任何海军强国都已经拥有或正在大量建造这种类型的军舰，我们却只不过拥有两艘，力量平衡正在缓慢地朝不利于我们的方向转变……我诚恳建议国会批准建造四艘最先进型号的战舰。[84]

早在1907年，罗斯福总统曾决定派美国舰队绕过南美大陆最南端，调到美国太平洋海岸的港口，这一举动如今意外地带来好运。舰队调离了大西洋海岸，而大西洋对面的欧洲国家却开始建造比那些漆成闪闪发光的白色，驶向西海岸的美国军舰更强力、更高效的战舰，这让东海岸 148
的居民们，以及他们选出的政治代表们颇感担忧。[85]国会在一定程度上屈服于罗斯福正在取得的公关胜利，授权并拨款新建两艘战列舰，“佛罗里达”号（*Florida*）和“犹他”号（*Utah*）。

“特拉华”号与“北达科他”号在设计时引入了新兴技术，但仍存在材料不足的问题。诸如威廉·西姆斯，以及罗斯福的海军副官（naval aide），阿尔伯特·基（Albert Key）中校这样的专业人士，便毫不犹豫地指出这一问题。[86]记者亨利·鲁特达尔（Henry Reuterdahl）注意到，围绕新建战舰这一问题，海军中层军官们意见相左。他撰写了一篇故事，题名为“我们海军的需要”，发表在《麦克卢尔》杂志（*McClure's Magazine*）1908年1月号。鲁特达尔的文章详细介绍了装甲方面的缺陷，即装甲往往高于水线6英寸；弹药填装起重臂（ammunition hoists）设计粗陋，导致从炮塔处向下，到军舰内部作为弱点的弹药库之间，竟然畅通无阻。[87]用一位历史学家的话说，这篇文章“像炸弹一样丢下去，正中要害”。[88]同时西姆斯也正在进行游说，要求更好的设计。这两件事共同刺激了罗斯福，促使他召开了一次舰船设计会议，地点在海军战争学院，位于罗德岛的纽波特，开幕时间是1908年7月22日。[89]罗斯福还剩下不到一年的总统任期，他必须抓紧实现自己的想法。

海军建设委员会的高级官员们莅临纽波特参加会议，自信能在关于美军战舰未来设计式样的任何讨论中占得优势。他们是高级军官，理应由他们来设定讨论规则，由他们来决定建造何类军舰。他们原以为更高级别的美国海军官员不会参会，然而美军总司令罗斯福决定离开自己位于牡蛎湾的家，亲自前来主持开幕式。

罗斯福关于本次会议的第一个决定，便是确保年轻军官能够参加会议讨论。他信奉从德国人那里获取的观念。[90]来自第一线作战军舰上的活跃的指挥官们、副舰长们、各部门主管们，相关经验丰富，能够确保造出最为高效的军舰。[91]罗斯福的主张新近遭到海军部一名局长辞职抗议，以致他对盘根错节的高级军官团彻底失望，决定转而向第一线军官施加自己的影响。[92]

会议开幕当天早晨，罗斯福乘“五月花”号抵达纽波特。西姆斯海
149 军中校（如今获得总统海军副官的头衔）在码头迎接他。同时前来迎接的还有海军战争学院院长，海军少将约翰·P·梅里尔（John P. Merrell），他立即试图说服罗斯福赶走“多余的”年轻军官们，把决策权留给总务委员会的成员和海军战争学院的职员们。西姆斯趁梅里尔稍不留神时对总统说话，说服他将下级军官留下来参会；他还要求，本次会议上的所有决策，都应通过记名投票来作出，并报告给海军部长。[93]

对罗斯福以及他的支持者来说，会议并未圆满成功，但他确实设法获取了海军战舰的设计权，而不经过外部指导，也不受海军各局指手画脚。然而，新式战列舰的最终设计结果仍然让总统失望了。罗斯福曾希望“佛罗里达”号和“犹他”号的设计能在现有军舰的基础上展现出显著的进步。“我想让他们安装 14 英寸重炮，以及更重的装甲，尽管总体尺寸和战术性能相同，”他给一名下属写信说，“这样一来，这几艘新舰就可以与‘北达科他’号协同演习。”[94]这场会议是一次失败，因为它并没有给“特拉华”号、“北达科他”号、“犹他”号或“佛罗里达”号带来有意义的调整。会议报告建议，“犹他”号与“佛罗里达”号基本完全参照“北达科他”号的设计进行建造，仅在船尾炮塔配置方面略作改动，并重新设计弹药填装起重臂。用 14 英寸重炮武装新舰，并将装甲带（armor belt）增加到 12% 的机会已经错过了。[95]

接到海军副部长杜鲁门·纽贝里的会议报告后，罗斯福感到必须听从报告中的建议，于是下令，两艘新舰须按照报告中的细则来设计。[96]尽管如此，他对于当前局面的关注并未结束。他仔细阅读了会议备注与相关函件，读得愈多，心中忧虑愈盛。他就自己的担忧与副部长进行了沟通。

亲爱的纽贝里先生：

对于您所提交的文件，我心中茫然，实不知何所当为。我请您注意阿尔杰先生［即菲利普·R·阿尔杰（Phillip R. Alger），他是纽波特会议中反对在“犹他”号和“佛罗里达”号上安装14英寸炮那群人的领头者］在第4页末尾的表述：“现在改装大口径火炮，就等于承认我们之前的行动是错误的。”就是这句话，让我心中对阿尔杰先生充满了不信任感，怀疑他在这整件事中做出的判断。同时，因为梅森（Mason）海军上将的判断建立在阿尔杰先生判断的基础上，我也一并感到不信任。如果说 150
有一件事，是海军各局局长和技术专家们首先需要了解的，那就是他们必须懂得，不能因为惧怕承认过去的错误，就阻碍当前最应该做出的抉择……如果非要等到实践证明其优越性之后，才允许进行改变，那就意味着我们总是会落伍于时代。

除此之外，阿尔杰先生的言辞还表示，他满足于效仿其他诸国的现成范例。而我，希望美国能够领风气之先……纽波特会议建议我们继续发展14英寸炮。我们的每一次努力，都应该与这一发展相同步。[97]

与通常的情况一样，总统的热切关注立即产生了效果。

罗斯福在纽波特会议报告中察觉到了官僚政治的优势，便迅速加以利用。在3月初，也就是罗斯福离职之前不久，国会进行投票，决定授权新建两艘战列舰。此时罗斯福已经做好全副准备，推行自己所期望的设计方案。

数月之前，总统召集了一小群刚结束海上任务、从战列舰上服役归来的年轻军官，将他们部署到一起，命令他们按照自己的选择来设计战列舰。罗斯福特别要求他们“尽快准备好实验性计划，设计装备14英寸炮的新型战列舰……我希望能够做好准备，国会一召开，我们就申请拨款，按照细节明确的式样来新建几艘战列舰。我们的式样，要比国外任何已建或在建的军舰都更加优越。”[98]

从事钢铁工业和军事工业的工程师们或许会设法说服总统，美国现有条件还不足以生产安装14英寸炮，但“怀俄明”号与“阿肯色”号（*Arkansas*）战列舰在出航之时可以装备六个12英寸炮组成的炮塔。这两艘战列舰的排水量为26 000吨，航速超过21节，是同时代最为精良的战舰——罗斯福试图兴建一支能够支持其积极外交政策的海军，而这就是他努力的成果总和。[99]不过，战列舰还不是他给海军带来的全部变革。

早在1897年供职于海军部时，西奥多·罗斯福便已创下了自己作为
151 变革推动者的赫赫威名。在他的职业生涯中，他始终热切地尝试利用科技帮助美国，使美国能够匹敌乃至胜过它在国际上的竞争者们。他视自己为革新者，也致力于把他的公众形象与个人本色统一起来。[100]早在1893年，罗斯福便注意到了塞缪尔·兰利（Samuel P. Langley）尝试创造一种重于空气的飞行器。[101]到1898年，他有机会检视兰利博士的这台机器，以确认这种飞行器能否应用于军事目的。罗斯福向海军部长约翰·朗提议：“你应该指派两个既有科学素养，又有实践能力的官员去检查……这个飞行器，就其实用性进行评估，并估算一下成本。我认为这件事很有必要。”[102]美国政府在兰利博士的实验项目上投资了5万美元，结果只在1903年看到这台飞行器一头扎进波托马克河（Potomac）的泥滩里。[103]尽管遭受了失败，罗斯福的高瞻远瞩还是起到了带头作用。美国海军长期以来对于从军舰上发射和回收飞行器的强烈兴趣，在很大程度上要归功于罗斯福。

身为海军副部长时，罗斯福同样支持在造舰设计方面进行革新。他最喜欢的军事战略家之一，海军少校威廉·威尔特·金博尔，便身兼首支鱼雷艇编队指挥官一职。用小型而迅速的战船来攻击大型战舰的思路源于“青年学派（Jeune Ecole）”，它是法国的一场革新运动，致力于以新科技来挑战英国在公海上的支配权。青年学派曾预想未来战况，多支鱼雷艇小型编队可在那些庞大、沉重而迟缓的主力战舰编队之间穿行，发射鱼雷施加致命打击。[104]罗斯福曾与金博尔亲密共事，成了这项新科技与新战术的信徒，更为美国海军拥有这样一支鱼雷艇编队不无自豪。一个例子是，在寄给亨利·卡伯特·洛奇的信函中，罗斯福写道：“我

的鱼雷艇编队非常美观。当然，还有个大问题，编队里有6艘鱼雷艇，他们却只搞到（原文如此）两名称职的指挥官。不过呢，鱼雷艇编队的工作我虽然没法做到尽善尽美，也会做得相当不错啦。”[105]“我还是在这小型舰队上使用了最好的工艺，因此我也会收到最好的成效。”同时他还支持建造这类战船较大尺寸的版本，也就是所谓“驱逐舰”。与其他某些人不同的是，这样的热情，直到罗斯福贵为总统，亦未尝改变。[106]

日军用鱼雷艇成功袭击驻扎在旅顺港的俄军太平洋舰队，这使罗斯福更加坚定了“鱼雷驱逐舰”具有实用性的观点。然而，他对这些舰艇的设计并不是很满意，因为它们并非“远航型”（“sea－going and sea－keeping”）舰艇，无法“一次出海数周，必要时出海数月”。[107]美国海军所拥有的这些迅速敏捷的战船，能够在沿海区域执行短期作战任务，但 152
不具备足够的持久性和稳定性，无法出现在远离美国海岸的区域，充当“机动侦察舰”（“fast scouts”）作战。[108]罗斯福执政期间购买了基于六种实验舰型的20艘驱逐舰。[109]

潜水艇也吸引了西奥多·罗斯福的注意。1905年8月25日，在日俄休战谈判期间，他要求海军将6艘新服役潜艇中的一艘开到牡蛎湾，供他登艇参观。美军总司令罗斯福在狂风暴雨中费力划到美国海军这艘小型潜艇旁，爬上甲板，要求下潜到长岛海峡深处。他通过潜艇小小的水密窗口观察鱼类游泳，甚至亲自操控潜艇航行，指挥艇尾从某一点进行横转。[110]在返回水面的途中，他声称这趟经历“非常有趣”。[111]

在他的水下之旅中，他与潜艇上的全体水兵谈到了潜艇所具备的潜力，以及水兵们的职责。他对潜艇在战略上可能具有的潜力很感兴趣，但被水兵们糟糕的待遇所激怒。三日后，他致信海军部长说：

> 至于第二个问题，我对潜艇非常感兴趣。它们绝对无法代替水面的鱼雷艇，更不用说战列舰、巡洋舰之类。但在特定情形下，它们或许能对其他舰艇进行支援，所以我们应该发展潜艇。现在的华盛顿，有好一帮子尸位素餐的海军官员，他们就

> 是拒绝承认事实，千方百计阻挠潜艇的发展。他们有一件事做得荒谬绝伦，比他们荒谬的管理还要糟糕，殊不知，潜艇实验是一种极度危险、细致、困难，需要高度责任心的工作，执行这一工作的官兵，决不能与执行海面任务的人员等同视之。

多亏了罗斯福的努力，派到潜艇上工作的水兵们领到了危险任务津贴，在军衔晋升方面也获得了特别许可。[112]罗斯福继续支持潜艇的建造与改进，在他执政期间，海军购置了27艘潜艇。[113]

罗斯福早前对于额外购置运煤船（coaling ships）曾表现出兴趣，如今又支持海军在鱼雷驱逐舰与潜艇等方面进行革新，这两点显然说明，
153 在他的理解里，美国海军是一支“舰队”。他很清楚，每一种舰艇具备何种作战能力，在战事中应处于何种位置。他对马汉的理论也足够熟悉，懂得这些作战能力应当如何结合起来，相互提供支持。然而，从总体上看，他的文字中尚未表现出清晰的、基于舰队的海军战略。

临近总统任期结束时，罗斯福对于飞行器在军事上的潜力，恢复了最初的激情。在他任职期间，他一直等待着，海陆两军官兵能够发现莱特兄弟①研制的新机器在军事上的用途，如今他不能再等了。最后，他从一项国会拨发的国防自主资金里取出款项，迫使战争部（the War Department）购买几架飞机用于测试。战争部登报求购三种不同的样机进行测试，结果只有莱特兄弟报名，于1908年9月，在弗吉尼亚州，阿林顿（Arlington）的迈尔斯堡（Fort Myers）参加了试飞，样机飞越波托马克河。试飞开始很顺利，奥维尔·莱特还创造了新的滑翔时间记录，但几天之后，灾难发生了。奥维尔驾驶的样机坠毁，搭乘飞机的一名陆军中尉丧生。[114]数年后，第一次世界大战期间，罗斯福又一次推动了飞机制造业的发展。他写信给奥古斯都·波斯特（Augustus Post）说，飞机“应当成为我军第五类武装。我们应当立即开始在最大程度上为空中作战进行准备，因为未来战事最大的特征之一便是空战。”[115]最终，罗斯

---

① 即威尔伯·莱特与奥维尔·莱特两兄弟，飞机的发明者。——译者注

福为支持美国空军发展，付出了他可能付出的最高代价。他的小儿子昆汀·罗斯福驾驶一架美国陆军航空队（Army Air Corps）的飞机，穿过法国上空时被击落。[116]

编队与性能

如果一项政策缺乏相应的组织形式，它便毫无意义，不可能执行下去。1880 年西奥多·罗斯福当选总统时，正值海军低迷时期，他看上去无法再奉行积极的外交政策，因为支持这种政策的条件并不存在，也无法在一夜之间创造出来。西奥多·罗斯福和其他许多人 20 年来不懈努力工作，终于创造出了足够的条件，使他有能力在总统任期内推行"温言在口，大棒在手"的外交政策。然而，他并不仅仅满足于他手头现有的成果，甚至也不愿意让美国军事只是按部就班地发展。罗斯福对于技术领域的掌控，使他成为改变美国海军的催化剂。他对美国海军带来的改变之深，其他任何国家的领导人，在任何领域带来的改变，都无法与之 154
匹敌。

现代的军用机群、潜艇和驱逐舰编队，追根究底，都是在罗斯福的支持下起源。他通过一种标准的方式，为这些军事装备的发展提供了支持。他发现了海军一系列的能力缺陷，并采取行动予以弥补。而罗斯福真正与众不同之处在于，他对于这些军事装备的技术发展给予了特殊的关注，并付诸行动，接着还就未来几代军事装备如何发展改进，提出了具体建议。海军上将西姆斯在评论他和罗斯福漫长的共事经历时，说他很难想象，"其他任何总统在询问有关技术方面的问题时"，会像罗斯福在谈话中问得那样仔细。[117]

西奥多·罗斯福关于海军战舰具体发展计划的决定，并非不曾面临风险。举例来说，他起先寻求支持，后来下令建造全重型火炮战列舰，这样的决定却建立在对未来海战性质进行假设的基础上。在他做出决定之时，切实可靠的相关信息极为稀少。[118]来自美西战争和日俄战争诸次海战的数据自相矛盾，军事科技和作战技术每个月都在变化。罗斯福纠结于他的决定，摇摆不定，但最后还是决定坚持不懈地推进行动方针。[119]

到任期结束之际，罗斯福已经克服了教条主义和官僚主义的阻力，围绕着全重型火炮战列舰这一战略核心，打造出来一支现代海军。[120]“怀俄明”级战列舰的式样，即在军舰的中心线上安装12门同样口径，刻有膛线的大型火炮，同时为军舰安装1.5英尺厚的侧线装甲（belt armor）和蒸汽涡轮发动机将会原封不动地保持近80年之久。火炮口径会有所增加，涡轮发动机的效率会有所提高，战舰航速将会加快，但基本设计式样不会改变。罗斯福追求一种力量，能够让美国成为国际政治舞台上的决定性因素。他坚信，美国海军舰队就是这种力量的表现形式。因此，他致力于建造最精良、最高效、最强有力的战舰，以此作为他整体作战战略的支撑。[121]他殚精竭虑，所付出的不懈努力，终于化作一支规模更大、威力更强的美国舰队。

注释：

引文出自 Roosevelt to Sims, 5 October 1904, *TLTR*, 4: 973.

[1] Matthew M. Oyos, "Theodore Roosevelt and the Implements of War," *Journal of Military History* 60, no. 4 (1996): 633.

[2] William H. Thiesen, *Industrializing American Shipbuilding: The Transformation of Ship Design and Construction*, 1820—1920 (Gainesville: University Press of Florida, 2006), 26-43.

[3] Zimmermann, *First Great Triumph*, 85-122, 171-184, 215-229.

[4] Wimmel, *Theodore Roosevelt and the Great White Fleet*, 4-5.

[5] Beach, *The United States Navy*, 321-322; Thiesen, *Industrializing American Shipbuilding*, 153-156.

[6] Zimmermann, *First Great Triumph*, 94.

[7] Norman Friedman, *U. S. Battleships: An Illustrated Design History* (Annapolis: Naval Institute Press, 1985), 418.

[8] Sprout and Sprout, *The Rise of American Naval Power*, 190.

[9] George W. Baer, *The U. S. Navy*, 1890—1990: *One Hundred Years of Sea Power* (Stanford: Stanford University Press, 1993), 18 - 19.

[10] Walter LaFeber, *The New Empire*: *An Interpretation of American Expansion*, 1860—1898 (Ithaca, N. Y.: Cornell University Press, 1963), 124 - 126.

[11] Friedman, *U. S. Battleships*, 425.

[12] 同上, 24 - 26.

[13] Baer, *The U. S. Navy*, 1890—1990, 21 - 22.

[14] Wimmel, *Theodore Roosevelt and the Great White Fleet*, 77.

[15] William S. Sims, "Roosevelt and the Navy, part 2," *McClure's Magazine*, 54, no. 10 (1922): 56.

[16] William S. Sims, "Roosevelt and the Navy, part 1," *McClure's Magazine*, 54, no. 9 (1922): 41. Sims cited his earlier correspondence with Roosevelt throughout these postmortem salutes to his former commander in chief.

[17] Gordon Carpenter O'Gara, *Theodore Roosevelt and the Rise of the Modern Navy* (Princeton: Princeton University Press, 1943), 41.

[18] Roosevelt to Capt. Hendry McCalla, 19 April 1897, *TLTR*, 1: 599.

[19] Roosevelt to McKinley, 26 April 1897, *TLTR*, 1: 602 - 603.

[20] Roosevelt to Mahan, 3 May 1897, *TLTR*, 1: 608.

[21] *Messages and Papers of the Presidents*, 13: 6 268 - 6 269.

[22] Roosevelt to Richard Henry Dana, 8 May 1897, *TLTR*, 1: 609 - 610.

[23] 同上, 21 May 1897, *TLTR*, 1: 616 - 617.

[24] Roosevelt to Lodge, 11 September 1897, *TLTR*, 1: 672 - 673.

[25] Roosevelt to William Bigelow, 29 October 1897, *TLTR*, 1: 702.

[26] Morison, *Admiral Sims and the Modern American Navy*.

[27] Friedman, *U. S. Battleships*, 44.

[28] Morison, *Admiral Sims and the Modern American Navy*, 84 - 85.

[29] Roosevelt to Cowles, 12 December 1901, *TLTR*, 3: 206 - 207.

[30] Brayton Harris, *The Age of the Battleship* (New York: Franklin Watts, 1965), 122 - 123.

[31] Roosevelt to Sims, 27 December 1901, *TLTR*, 3: 212.

[32] Roosevelt to Rear Adm. Henry Taylor, 18 December 1901, *TLTR*, 3: 212.

[33] 同上, 22 April 1902, *TLTR*, 3: 253 – 254.

[34] Harris, *The Age of the Battleship*, 122 – 123.

[35] Roosevelt to William H. Moody, 4 August 1902, *TLTR*, 3: 308.

[36] 同上, 13 May 1903, *TLTR*, 3: 475.

[37] Roosevelt to Albert Gleaves, 7 August 1902, *TLTR*, 3: 310 – 311.

[38] Roosevelt to Charles Darling, 14 March 1903, *TLTR*, 3: 446.

[39] Roosevelt to Taylor, 15 September 1903, *TLTR*, 3: 601.

[40] 同上, 2 October 1903, *TLTR*, 3: 609.

[41] Roosevelt to Lawrence Abbott, 14 March 1904; Roosevelt to Moody, 1 April 1904, *TLTR*, 4: 751 – 752, 766.

[42] Roosevelt to Moody, 10 May 1904, *TLTR*, 4: 793.

[43] Friedman, *U. S. Battleships*, 52.

[44] Wimmel, *Theodore Roosevelt and the Great White Fleet*, 180.

[45] Homer C. Poundstone, "Size of Battleships for U. S. Navy," *U. S. Naval Institute Proceedings* 29, no. 1 (1903): 169 – 174.

[46] Homer C. Poundstone, "Proposed Armament for Type Battleship of U. S. Navy, with-Some Suggestions Relative to Armor Protection," *U. S. Naval Institute Proceedings* 29, no. 2 (1903): 404 – 407.

[47] O'Gara, *Theodore Roosevelt and the Rise of the Modern Navy*, 65.

[48] George T. Davis, *A Navy Second to None* (New York: Harcourt, Brace, 1940), 165 – 166.

[49] Wimmel, *Theodore Roosevelt and the Great White Fleet*, 176.

[50] Beach, *The United States Navy*, 405; Puleston, *Mahan*, 273 – 274.

[51] Wimmel, *Theodore Roosevelt and the Great White Fleet*, 191.

[52] Sims to Roosevelt, 6 October 1904, NARA, RG 80, file 18 711.

[53] Roosevelt to Secretary of the Navy Paul Morton, 6 October 1904, *TLTR*, 4: 974.

[54] Note, *TLTR*, 4: 973.

[55] Friedman, *U. S. Battleships*, 52 – 55.

[56] Wimmel, *Theodore Roosevelt and the Great White Fleet*, 181 – 182.

[57] Note, *TLTR*, 3: 441.

[58] *Messages and Papers of the Presidents*, 15: 692.

[59] Wimmel, *Theodore Roosevelt and the Great White Fleet*, 188 - 189.

[60] Friedman, *U. S. Battleships*, 55 - 63.

[61] Roosevelt to Maj. Gen. Leonard Wood, 9 March 1905, *TLTR*, 4: 1 136.

[62] E. B. Potter and Chester Nimitz, eds., *Sea Power: A Naval History* (Englewood Cliffs, N. J.: Prentice - Hall, 1960), 356 - 360.

[63] S. S. Robison and Mary Robison, *A History of Naval Tactics from* 1530 *to* 1930 (Annapolis: Naval Institute Press, 1942), 788 - 794.

[64] Julian S. Corbett, *Some Principles of Maritime Strategy* (Annapolis: Naval Institute Press, 1988), 38.

[65] Roosevelt to George Converse, 10 September 1906, *TLTR*, 5: 403.

[66] Roosevelt to Sims, 27 September 1906, *TLTR*, 5: 427.

[67] Stephen Howarth, *To Shining Sea: A History of the United States Navy* 1775—1998 (Norman: University of Oklahoma Press, 1991), 284.

[68] Roosevelt to Paul Morton, 20 February 1905, *TLTR*, 4: 1 123.

[69] Wimmel, *Theodore Roosevelt and the Great White Fleet*, 186.

[70] Jon T. Sumida, *In Defence of Naval Supremacy: Finance, Technology, and British Naval Policy*, 1889—1914 (Boston: Unwin Hyman, 1989), 26 - 27; Nicolas Lambert, *Sir John Fisher's Naval Revolution* (Columbia: University of South Carolina Press, 1999), 7 - 10.

[71] Sumida, *In Defence of Naval Supremacy*, 37 - 42.

[72] Sims, "Roosevelt and the Navy, part 1," 62.

[73] Roosevelt to Sims, 13 October 1906, *TLTR*, 5: 455.

[74] Robert K. Massie, *Dreadnought* (New York: Random House, 1991), 485 - 486.

[75] *Messages and Papers of the Presidents*, 15: 7 001 - 7 002.

[76] Sprout, and Sprout, *The Rise of American Naval Power*, 262.

[77] O'Gara, *Theodore Roosevelt and the Rise of the Modern Navy*, 67.

[78] Roosevelt to George Edmund Foss, 11 January 1907, *TLTR*, 5: 545 - 549.

[79] Sims, "Theodore Roosevelt at Work," 66.

[80] Morison, *Admiral Sims and the Modern American Navy*, 201.

[81] Friedman, *U. S. Battleships*, 69.

[82] *Messages and Papers of the Presidents*, 15: 7 114.

[83] Sprout and Sprout, *The Rise of American Naval Power*, 265.

[84] *Messages and Papers of the Presidents*, 15: 7 147 - 7 148.

[85] William R. Braisted, *United States Navy in the Pacific*, 1909—1922 (Annapolis: U. S. Naval Institute, 1971), 212 - 213.

[86] O'Gara, *Theodore Roosevelt and the Rise of the Modern Navy*, 68.

[87] Henry Reuterdahl, "The Needs of Our Navy," *McClure's Magazine*, 30, no. 3 (1908): 251 - 263.

[88] Morison, *Admiral Sims and the Modern American Navy*, 183.

[89] Sims, "Roosevelt at Work," 97.

[90] Morison, *Admiral Sims and the Modern American Navy*, 203.

[91] Oyos, "Theodore Roosevelt and the Implements of War," 651.

[92] Roosevelt to Secretary of the Navy Metcalf, 2 January 1908, *TLTR*, 6: 891.

[93] James R. Reckner, *Teddy Roosevelt's Great White Fleet* (Annapolis: Naval Institute Press, 1988), 128 - 129.

[94] Roosevelt to Truman Newberry, 10 August 1908, *TLTR*, 6: 1 165 - 1 166.

[95] Sims, "Theodore Roosevelt at Work," 99 - 100.

[96] Roosevelt to Newberry, 28 August 1908, *TLTR*, 6: 1 199.

[97] 同上, 25 November 1908, *TLTR*, 6: 1 379 - 130①. Phillip R. Alger, ballistics expert and member of the Board of Naval Ordnance, had led those at the Newport conference opposed to placing 14 - inch guns on the *Utah* and *Florida*.

[98] Roosevelt to Newberry, 15 September 1908, *TLTR*, 6: 1 237.

[99] Roosevelt to Cdr. Albert Key, 8 January 1909, *TLTR*, 6: 1 469 - 1 470; Friedman, *U. S. Battleships*, 435 - 436.

[100] Oyos, "Theodore Roosevelt and the Implements of War," 634.

[101] Roosevelt to Anna Roosevelt, 31 December 1893, *TLTR*, 1: 344.

[102] Roosevelt to Long, 25 March 1898, *TLTR*, 1: 799.

[103] Oyos, "Theodore Roosevelt and the Implements of War," 640.

[104] Erik J. Dahl, "Net - centric before ItsTime: The Jeune Ecole and Its Lessons for To-

① 原书如此，应为页码错误。——编者注

day," *Naval War College Review* 58 (2005): 109 – 135; Roosevelt to Long, 9 August 1897, 13 August 1897, *TLTR*, 1: 642 – 643, 649 – 650.

[105] Roosevelt to Lodge, 17 August 1897, *TLTR*, 1: 654.

[106] Oyos, "Theodore Roosevelt and the Implements of War," 634.

[107] *Messages and Papers of the Presidents*, 15: 692; Roosevelt to Secretary of the Navy Charles Bonaparte, 20 December 1905, *TLTR*, 5: 120.

[108] Roosevelt to George E. Foss, 11 January 1907, *TLTR*, 5: 545 – 549.

[109] Norman Friedman, *U. S. Destroyers*, rev. ed. (Annapolis: Naval Institute Press, 2004), 14 – 25, 488 – 489.

[110] Morris, *Theodore Rex*, 413.

[111] Roosevelt to Kermit Roosevelt, 25 August 1905, *TLTR*, 4: 1 316.

[112] Roosevelt to Bonaparte, 28 August 1905, *TLTR*, 4: 1 323 – 1 325.

[113] Roosevelt to George Ross, 11 January 1907, *TLTR*, 5: 545 – 549; Harris, *The Age of the Battleship*, 114.

[114] Oyos, "Theodore Roosevelt and the Implements of War," 640 – 641.

[115] Roosevelt to Augustus Post, 27 July 1917, *TLTR*, 8: 1 213 – 1 214.

[116] *TLTR*, 8: 1 495.

[117] William S. Sims, notation on correspondence file, 1905, Sims Papers, box 96, folder 4, Library of Congress.

[118] Oyos, "Theodore Roosevelt and the Implements of War," 645.

[119] Roosevelt to Bonaparte, 20 December 1905, *TLTR*, 5: 120.

[120] Oyos, "Theodore Roosevelt and the Implements of War," 634.

[121] Arthur M. Johnson, "Theodore Roosevelt and the Navy," *U. S. Naval Institute Proceedings* 84, no. 10 (1958): 76; Oyos, "Theodore Roosevelt and the Implements of War," 635.

第七章 大白舰队与美国世纪的诞生

155

亲爱的威尔：听我临别一言。在巴拿马运河竣工之前，决不能将战列舰舰队分隔在大西洋与太平洋两边。

——西奥多·罗斯福致威廉·塔夫特①

于1909年3月3日，罗斯福总统任期的最后一日

1907年12月16日，白色的战列舰舰队排成长列，闪闪发光，喷着蒸汽，从总统游艇“五月花”号前驶过。此时此刻，西奥多·罗斯福再也无法抑制自己的激情。“大白舰队”（Great White Fleet）得名于白色油漆自然冷却的特性，有赖于这种特性，战舰在热带地区行动时，内部温度得以降低。[1]按照当天的计划，舰队驶过时，“五月花”号应当抛锚停泊在一旁，好让总统接受舰队官兵的致敬并回礼。但是总统却兴致勃勃地改变了计划，命令游艇上的船员们收起锚来，跟在舰队后面行驶。16艘战列舰排成一列，美军总司令罗斯福的旗舰跟在一旁，恰似一位家长跟在第一天上学的孩子身边。这一个队形持续了好一阵子，最后罗斯福才很不情愿地同意“五月花”号船员们将游艇掉头，开回切萨皮克湾[2]。此时他在白宫的任期还剩一年多一点，要做的事情却还很多。

舰队航行到看不见陆地的海域之后，便很快改变了队形，分为齐头并进的四列，每列4艘战列舰。舰队指挥官打算使用密集队形来对舰队进行连续训练，一来借此建立军官们的能力和信心，同时战列舰之间保

① 指威廉·霍华德·塔夫特（William Howard Taft，1857—1930年）。他继任西奥多·罗斯福，成为美国第27任总统。——译者注

持近距离，也使其能够有效地通过旗语进行沟通。海军少将罗布利·埃文斯也有良好的沟通能力，方式却更加现代化。12 月 16 日晚上，埃文斯使用无线电报，将罗斯福总统在舰队出发前透露给他的秘密，通报给各舰：他们将通过苏伊士运河，回到东海岸。不幸的是，他发送这个信
156 息时未经过加密，岸上的天线捕捉到了他的信号。于是他的说法很快就遭到了白宫的否认。[3]

坚持门罗主义

按照计划，舰队会在沿途的几个港口补充食物、煤炭和其他物资。每到一个港口，舰队高级军官跟当地官员进行照会后，水兵们便可以进城自由活动。第一个停泊的港口，是英属特立尼达岛（Trinidad），舰队从签约的商业船队手里购得煤炭。英国人无精打采地迎接到访的美国舰队。这种缺乏热情的态度，或许是因为不满于美国不断增长的海军实力，但更可能是美国海军对 1907 年 1 月发生在牙买加附近的大地震所采取的反应引发了紧张。在那次事件中，美军战列舰分舰队司令既未先向英国国旗敬礼，也没有礼节性地登门拜访，便径直派美国水兵登陆协助救灾，从而惹恼了英国总督。[4]大白舰队在特立尼达岛度过了圣诞节，到 12 月 29 日就启程出发，前往巴西里约热内卢。[5]

舰队顺随着潮汐流向，穿越赤道，进入南大西洋。美国舰队预计将在下午 3 点左右到达，而早在上午 10 点，街上便已聚集了成千上万的人，远眺着里约热内卢的港口，准备迎接舰队。私人和商用船只蜂拥而至，到达舰队将要停泊的海港。城里的执政官员们已策划好活动方案，预备在舰队停泊期间，为美国水兵们提供丰富多彩的娱乐消遣。这次访问大大改善了美国和巴西的关系。[6]几天后，舰队的煤舱已最大限度装满，便离开里约热内卢，原打算穿过麦哲伦海峡，停靠于智利和秘鲁的港口，但一场外交争端迫使行程改变。行程安排中漏掉了骄傲的阿根廷，这可不行。

驻布宜诺斯艾利斯的美国外交官向华盛顿特区的上司报告说，阿根廷外交部长召见了他，要求他解释美国对巴西的偏袒和对阿根廷的轻视。该外交官强调，大白舰队“必须”访问阿根廷。去他的后勤工作，去他的时间安排，大白舰队的出现正在迅速成为一种现象，一种他人引以为 157
傲的资本。在整个西半球，每个国家都期待大白舰队访问自己的港口，好让国家领导人沐浴在白色军舰反射出的光芒中。因为布宜诺斯艾利斯港的航道太浅，战列舰无法通过，大白舰队只好奉命与四艘阿根廷军舰在科连特斯海角（Cape Corrientos）象征性地互致敬礼。舰队下属的鱼雷艇驱逐舰分队可在较浅的水域行驶，因此能够进港访问。分队指挥官，那位年轻的海军上尉，得到了海军上将级别的盛情款待，庆典与里约热内卢同样隆重。[7]受伤的情感得到安抚，美国和阿根廷的关系总算未受损害。

海军上将埃文斯的舰队继续前行，抵达南美洲最南端，智利的蓬塔阿雷纳斯（Puntas Arenas）。在那里，舰队补给了下一段征程所需的煤炭和其他物资。智利总统急于获得巴西和阿根廷那样的外交成就，请求舰队能在瓦尔帕莱索（Valparaiso）① 稍作停驻，但是舰队煤舱已经填满，不需要再在港口停泊。由于美国国务卿伊莱休·鲁特私下敦促，埃文斯同意舰队在前往南美洲西海岸之前，巡游瓦尔帕莱索海港。对于人称“好斗的鲍勃”的埃文斯来说，绕道逗留瓦尔帕莱索之旅，必是一段尤其心满意足的回忆。1891 年，身为美国海军“约克城”号（*Yorktown*）舰长的他，因为两名美国水兵在瓦尔帕莱索的酒吧里被害，做出强硬反应，险些引发了一场战争。当时他拒绝让步的态度，为美国海军赢得了声望和荣誉。然而到最后，本杰明·哈里森（Benjamin Harrison）② 政府选择从外交途径平息争端，这很大程度上是智利海军相对具有优势之故。18 年后，当埃文斯隔着海面，凝视着智利总统站在对面一艘老旧的智利巡洋舰甲板上，聆听美军 16 艘现代化战舰的 21 响礼炮时，他的心中一

① 智利中西部港口城市。——译者注
② 美国第 23 任总统。——译者注

定感到了极大的满足。[8]对于智利，这样的致敬已经足够了。美国军力的展示，在外交函件中得到了记载。[9]

随着大白舰队继续航行，作为东道主的国家一个个争着把别人比下去。欢迎仪式越来越隆重，参加的人群越来越庞大，大西洋舰队的环球远航逐渐变成所谓“大白舰队现象”。当舰队继续环绕南美大陆航行，前往加利福尼亚的港口城市时，一点事实越来越清楚：人们对于舰队的反应，并不仅仅是因为看到大型战舰明亮的白色油漆、金光闪闪的船首和巨大的火炮。这就是西奥多·罗斯福外交政策的巅峰时刻。

158 罗斯福禁止欧洲干预美洲大陆上自由国家的内部事务，用实际行动对门罗主义进行了强有力的阐释，开启了新的国际关系格局。到1904年，他又对门罗主义进行了修订和扩展，宣称美国已承担起“维护西半球安全”的职责。事后看来，新版门罗主义充满了争议，又带着帝国主义色彩；而在当时，它立即引起了欧洲大国的注意，因为这意味着，他们再也不能利用军事力量追回被违约的贷款，或是替国民声索其他权利。拉丁美洲各国则愈发担忧，代替帝国主义欧洲的，不过是一个同样帝国主义的美国。罗斯福意识到了这种担忧，立即采取行动。1906年，他派遣国务卿伊莱休·鲁特对拉丁美洲进行“友好访问”，声明美国的意愿仅仅是保证拉美国家的独立与主权。[10]在罗斯福的眼中，美国是一名保护者，是南方弱小邻国和欧洲强国之间的调停者。美国拥有能够履行这种责任的强大舰队，使南美诸国领导人不再害怕他们会重新沦为欧洲帝国的殖民地。

随着舰队起航离开南美洲，渐渐驶近美国，海军上将埃文斯开始安排炮击演习，作为舰队驶入太平洋之前的例行公事。3月12日，舰队抵达墨西哥的马格达莱纳湾（Magdalena Bay），在那里遇到了两艘来自加利福尼亚的运煤船。舰队此时到访，处于一种异常尴尬的外交环境之下。墨西哥政府极度渴望能够分享大白舰队的荣耀，还曾请求美国驻墨大使提供一份舰队的行程表，以便准备欢迎仪式。根据大使给出的信息，舰队将在3月17日到达马格达莱纳湾，但出乎意料，它们提前五天就到达了。墨西哥政府手忙脚乱地履行外交礼仪，派出一名地方长官到海上迎接舰队。此事无法归咎于海军上将埃文斯，因为他已提前将舰队更改后的行程告知美国国务院①，但不知何故，国务院并未将此信息传达给墨西哥政府。原因或许在于，美国海军和国务院计划把此次航程中的这一段时期用于舰队演习，而非外交活动。无论如何，墨西哥人的感情受到了伤害。几乎就在舰队抵达墨西哥的同时，美国海军部长维克多·麦特卡夫（Victor Metcalf）发表了官方声明，称该舰队将会经由澳大利亚和菲 159
律宾回到大西洋海岸。这也就是说，大西洋舰队将会完整地绕地球一周。[11]

舰队的炮击演习持续到下一个月底。刚开始的几天里，军舰补充燃料，并准备足以被舰上大型火炮彻底击毁的靶舰。接下来，“伊利诺伊”号首先起锚，其他各舰紧随其后，来回巡游，仔细地瞄准和开火，这在当时被称为“记录实训”（record practice）。各舰之间，甚至是同一舰船的炮手之间，都进行着激烈的竞争。表现优异者获得了额外的奖金和声望。

所有战舰完成炮击演习后，紧接着开始布雷演习。停留在马格达莱纳湾的最后一段时间，则用于海军步兵（naval infantry）的队列训练。最后这种训练是为迎接检阅和庆典而准备的，因为一回到美国西海岸各港口，检阅和庆典将占据大部分时间。[12]海军上将埃文斯自去年 12 月以来就一直身体抱恙，此时被逼着到圣巴巴拉市（Santa Barbara）② 附近的一家医院求医。生老病死终究无人可免，埃文斯也只能向自然规律低头，提出了退役的请求。作为对他长期以来优秀服务的回报，埃文斯受邀前往旧金山，当舰队抵达那里时，便为他举办了一个正式的退役典礼。他是最后一名从海军退役的内战老兵。[13]

---

① 美国国务院（the State Department）在行政职能上与我国国务院不同。它是美国国家外事机构，相当于我国外交部。——译者注

② 美国加利福尼亚州西南部的一个海港城市。——译者注

游说拉票

大西洋舰队抵达西海岸并非偶然，正如美国参众两院接受海军的年度预算案并非偶然。如第六章所述，西奥多·罗斯福运用了自己的一切力量，来说服国会批准新建四艘战列舰。派大白舰队进行远航，一定程度上正是为了实现这一目标而采取的国内政治战略。罗斯福希望，在本国向来对海军缺乏热情的地区，这些闪闪发光的白色战列舰能够赢得人们更为广泛的支持。罗斯福尽一切努力暗示美国西部的众议员们，如果全部四艘主力舰的建造资金都能获批，那么有一艘新舰将冠以他们家乡的州名！[14]舰队每到一座城市，便尽最大努力去激发当地居民的热情。从加利福尼亚州南部的圣迭戈到华盛顿州的安吉利斯港，海员和海军陆战队员排成队列行进，并和当地市民互动，告诉
164 他们美国海军在世界上的任务有多么重要。在旧金山举办的最大一次庆典共有8 000多名海员参加，他们在50万名观众面前，与士兵和海军陆战队员并排行进。这是里程碑式的一刻，预示着海军的发展方向转向了太平洋。

进入太平洋

在20世纪初，大英帝国的两个自治领，新西兰和澳大利亚，都是依靠英国皇家海军来保卫它们的海岸。当英国海军大臣（the First Lord of the Admiralty）约翰·费舍尔爵士决定把英国海军力量集中到英伦三岛周边海域，以应对德国海军不断增长的威胁时，英国的太平洋殖民地顿时感到自己全不设防，任人宰割。[15]英国领导人指望英国与日本新签的同盟条约能够缓解他们的焦虑，却并不奏效，因为日军才在不久前击败了中国、朝鲜与俄国，这意味着对其他太平洋国家而言，日

本同样是一个不可否认的威胁。[16]

对于很多人来说，听到美国大西洋舰队即将到访的消息，就像是溺水的人抓到救命稻草一般。澳大利亚和新西兰这两个英国的自治领得知舰队驶入太平洋，便争相发出邀请。然而，在发出邀请前，它们却并没有同英国殖民当局或外交部商议，令英王的大臣们十分难堪。在新西兰奥克兰市，近10万当地居民怀着对美国战列舰的兴趣聚集起来。而10天之后，舰队驶入澳大利亚悉尼市时，美国水兵们看到50~65万人围绕在港口周围。[17]纽约时报推测，美国或许正在考虑与英国这两个殖民地建立某种形式的同盟关系。[18]在舰队离开后，澳大利亚方面立即做出决定，力主建立一支属于自己的独立海军。[19]舰队到访各个港口所建立起的关系，为设立于二战初期太平洋地区的澳－新－美安全框架（Australia - New Zealand - United States security arrangement）奠定了基础，而这一框架也延续至今。

舰队接着北上，在前往日本的途中，于菲律宾短暂停留。西奥多·罗斯福下令让舰队环球航行，日本是表面上的目的地。早在4月，日本便展开了迎接美国舰队的准备工作，要求当地的公民组织，以及耶鲁和哈佛校友会，都为即将来临的盛会贡献力量。日本政府希望，在此次访问活动中，美军官兵能够在方方面面都感受到热情周到。[20] 161
准备工作并不十分顺利，日本外交官大隈重信伯爵引起了些许难堪。他暗示，罗斯福的海军建设系针对日本而进行，因为日本迅速跃居世界强国之列，引起了西方世界的警惕。[21]尽管存在这样的争辩，日本还是继续为16艘美国军舰以及全体船员制定了一份详细的接待日程，其中包括由天皇本人亲自主持的为美国舰队司令和高级军官们举办的午宴。[22]

1908年10月16日上午，由日本16艘军舰护航的美国舰队出现在横滨港的入口。头一天晚上，日本民众彻夜乘坐火车从乡下涌入横滨城里，到此时，每一个俯瞰海湾的有利位置，都挤满了人。[23]许多载满日本孩童的小船航行在白色的战舰旁边，孩子们演唱着与美国国歌《星条旗之歌》大意相同的译文。[24]明治天皇向参加晚宴的美国宾客谈到，他期盼这次访问能够巩固美、日两国关系。[25]日本人是完美的东道主，这次“大白舰队”到访所带来的外交成果很快便显现了出来。在美国舰队离开日本海域两天以后，驻华盛顿的日本大使便建议，出于对两国在远东地区共同利益的考虑，美国和日本这两支太平洋地区的重要海军力量，应达成一致协定。随后美日展开对话，鲁特－高平小五郎协定（the Root－Takahira agreement）得以签订，该协定保证日本在中国和韩国获取优先利益，作为回报，日本承诺不侵略菲律宾。[26]这一协定将两国置于公平竞争环境，或许还将两国间终将发生的冲突推后了20年。

“大白舰队”继续航行，先后来到中国厦门（中国人感到耻辱，因为只有一半的战列舰到访厦门，而在日本，整个舰队都入港停泊），以及斯里兰卡。[27]在穿过苏伊士运河，进入地中海的途中，大西洋舰队展现了机动与灵活的独特优势。由于地中海沿岸几乎所有国家都发出了邀请，舰队不得不分成多支小队，前往各港口访问。舰队指挥官希望将这些访问定性为“非正式访问”，这样他们疲劳的船员就能够得到更充分的休息和娱乐消遣，但这遭到了各个美国大使馆和公使馆外交官们的反对。这些美国国务院的代表们迅速指出，“正式”访问将会为美国带来多方面的利益，同时，采取这种国际交流形式，大量的招待会和舞会也会随之而来。[28]

162 一场发生在西西里岛墨西拿市附近的大地震，为舰队提供了一次展现美国海军富有人道主义一面的机会。所有的舰船都为救灾工作提供了食物、水和医用物品。[29]这些物资连同六名外科医生以及其他医疗人员被集中转移到两艘战舰上，全速驶向灾害现场。工作小组卸下物资，帮助寻找幸存者，寻回遇难者遗体，包括美国领事夫妇的遗体。其他战舰则帮助从周边国家运来物资设备和人员。[30]在这次行动之后，航行日程上只剩下最后一项了：启程返回美国。

舰队凯旋

“五月花”号见证了罗斯福执政期间的诸多重要时刻。1909 年 2 月 21 日中午，“五月花”号从华盛顿海军船厂（Washington Navy Yard）出发，载着美军总司令罗斯福，开始了他任期中的最后一段航程。3 月 4 日，他将把职权转交给他亲自挑选的继任者，威廉·塔夫特。心爱舰队的回归让罗斯福满心欢喜，然而这份喜悦却被斯图尔特（Stewart）的死讯冲得一干二净。斯图尔特是他的爱侄，他姐姐科琳（Corinne）的儿子，前一天从哈佛大学宿舍楼六层意外坠下身亡。他想陪伴在姐姐身边，可是他一手打造的大白舰队即将结束环球航行归来，而对于这一成就，一场最终的欢迎庆典刻不容缓。[31]

“五月花”号驶达汉普敦水道，也就是切萨皮克湾与大西洋的交汇处时，罗斯福张望寻找着他心爱舰队标志性的白色。舰队圆满地完成了使命，在环球旅行的过程中展示了普遍的善意，大大提升了与拉丁美洲、澳洲以及日本的关系。其中与日本的关系也许是最重要的。本次航行还代表了现代海军史上空前的科技成就。整个航程中没有出现一次大的安全事故，没有船只搁浅，也没有用纤绳拖行过。[32] 11 点刚过，各艘战舰的桅杆顶端透过晨雾出现在视野中，人们爆发出一阵欢呼。

旗舰“康涅狄格”号升起信号旗后，大白舰队的 16 艘战列舰以及紧随其后的 10 艘掩护舰（attendant screening ships）同时击发 21 响礼炮，向他们的领袖致敬。巨大的战旗纷纷飘扬在风中，各舰从“五月花”号旁驶过，分别单独击发第二遍 21 响礼炮，并接受罗斯福总统的挥手致意。对于将职业生涯奉献给美国海军建设的罗斯福来说，这便是最后的 163
辉煌一刻。[33]

舰队下锚后，罗斯福命令“五月花”号把他送到每一支分舰队的旗舰上。他登上甲板，迅速爬上内置两门大炮的炮塔外壳上，站在上面。从这个“凶神恶煞”一般的“讲台”上，他向蜂拥而至的仰慕他的水兵们进行了演讲。他向欢呼的人群宣称：“其他国家或许会做你们已经做过的事，但他们必须跟在你们后面。”这便是结局。他回到“五月花”号，然后回到白宫，去做完剩下的事情。仅在几天前，他下令让海军中校威廉·西姆斯去指挥新建战列舰“明尼苏达”号（*Minnesota*），保护年轻的西姆斯不被担任总统海军副官时招惹的敌人所报复。[34]西姆斯是有史以来指挥美国主力战舰的最年轻的军官，很快晋升为海军上校，并最终成为最高级别的四星上将①。[35]总统还签署了一项指令，就是把军舰的白色油漆外面再涂上灰色，以从战术上产生迷惑性。[36]舰队军官们在日本时注意到，日本舰队都漆成暗淡的色彩，他们对此印象深刻。还有人意识到，假如在未来发生危机时，再突然改变舰队喷漆方案，必会显著地暴露美国的意图。[37]船头的镀金装饰也被拆除了。大白舰队现在已经是一支实战的舰队了。[38]

不到两个星期之后，罗斯福在办公室度过他最后一个完整的工作日。他坐下来，以国家总统的身份写了最后一封信。这封信写给他的接班人，包括了他最后的想法、建议，以及最后一个要求：要求威廉·塔夫特在巴拿马运河建成之前，不要将战列舰舰队分隔开。[39]几个星期后，他离开美国，开始了非洲狩猎之旅，因为亨利·卡伯特·洛奇等朋友都劝他说，只要他还待在北美大陆，塔夫特便无法摆脱他的阴影。与他曾在总统任期内承担的任务相比，狩猎狮子实在轻松多了。在后来于1912年出版的自传中，他写道：“依我看来，我为和平事业所做的最重要的贡献，就是促成舰队的环球航行。”西奥多·罗斯福于卸任总统11年后去世。②赞扬他的人谈论他作为历史学家、立法者、牧场主、民事服务专员（civil service commissioner）、警察局局长、海军部副部长、陆军上校、州长、副总统，以及总统所取得的成就。从任何客观的历史标准来看，造物主派他来到人世的这60年，都是一段无比充实的人生。

---

① 当时美国海军最高军衔为四星上将，到“二战”时期，才开始在海军中设五星上将。——译者注

② 西奥多·罗斯福于1909年卸任总统，1919年1月6日去世，应为卸任10年后去世。此处疑为原作者之误。——译者注

美国世纪的诞生 164

在 20 世纪之初，英国皇家海军仍然保持着原有政策，即英国皇家海军的战舰数量，要比最接近它的两个竞争者的总和更多。但大不列颠很清楚，自己占据统治地位的日子即将结束。1902 年 11 月 21 日，英国殖民地办公室（the British Colonial Office）向英国战争办公室（British War Office）和海军部（Admiralty）转发了一份关于保护英国在加勒比海和大西洋西部的财产的备忘录，并征求意见。战争办公室的回函标题是“英美一旦爆发战争时的战略环境”，该文分析周密，结论惊人。

这份机密备忘录开篇便对英国在加勒比海和西太平洋占有“足以保持制海权的海军力量”提出质疑，继而详述了在当地海域里集结起力量的美国海军，将会如何切断英国的粮食补给。英国的粮食补给大部分来源于加拿大、阿根廷，以及美国本土。备忘录继续指出，一旦与美国爆发战事，大英帝国位于西半球的大部分殖民地都毫无抵抗之力。备忘录的结尾强调了“与美国维持良好关系的必要性”，并做出总结：“一旦我们发现自己处于被美国及其强大海军实力威胁的尴尬境地，使用外交手段解除困境……将会是较好的选择。”[40]

这份报告并不意味着英国的决策层认为美国即将发动攻击。说到底，美国自己也一直在设想，与目前尚不构成威胁的不同国家在各种情形下作战的境况。所有的国家都会作如此设想。不过，这份报告反映出一点，即在大英帝国眼中，美国即便不是敌人，也是值得平等看待的对象。在 20 世纪接下来的时间里，美国将会在世界上占据领导地位，而这正是由于西奥多·罗斯福一步步的努力，将这个国家建成了国际舞台上的强国。

联合外交政策

19 世纪美国的外交政策大体上是国内政治的产物，而非这个年轻共和国之永恒利益的整体结合。这与帕默斯顿爵士的著名法则[1]相抵牾，至少在当时是如此。在美国立宪政府执政的第一个百年期间，
165 联邦党人（Federalists）、民主共和党人（Democratic - Republicans）、辉格党人（Whigs）和共和党人（Republicans）轮番勾结当时国内的政治利益团体，同时在选民面前，将欧洲大国和其他西半球的国家便捷地描绘为可怕的妖魔，借此赢得选票。在 20 世纪初，美国善变的外交政策导致大多数外国以蔑视的眼光看待这个暴发户般的民主国家，并对其大部分声明不屑一顾。西奥多·罗斯福永久地改变了美国外交政策中这一惹人生厌的特征。

远在成为白宫的“意外总统”之前，罗斯福就坚信美国会成为且必定成为与欧洲列强并驾齐驱的强国。他还持有一种老练的观点：大国地位源于军事力量、外交拓展与经济利益之间的微妙平衡。他对于美国力量的重新定位，在思想上的武器便是门罗主义。在国际版图上，门罗主义从未真正消逝，但它的影响力却随着美国施政者的更迭而起起落落。到了罗斯福这里，他在政坛生涯的初期便将门罗主义视为美国在北美与南美于经济、外交和军事方面占据主导地位的完美理由，坚定地将门罗主义逐步采纳为美国外交政策的核心思想。1901 年，当他成为总统时，他清晰地展望了美国在世界上的地位，但同时也面对着一套美国在其中缺乏话语权的国际体系。在 1902—1903 年的委内瑞拉危机[2]中，罗斯福

---

① 指英国政治家帕默斯顿（Henry John Temple, Lord Palmerston, 1784—1865 年），其著名观点为，国家之间没有永恒的盟友，也没有永恒的仇敌，只有永恒的利益。（原话是：“We have no eternal allies, and we have no perpetual enemies. Our interests are eternal and perpetual, and those interests it is our duty to follow.”）——译者注

② 指委内瑞拉债务危机。当时英、德、意三国向委内瑞拉内战之后新成立的政府使用武力逼债，而美国秉承门罗主义信条进行干预，最终调停此次危机。——译者注

就门罗主义进行了激烈和清楚的声明，同时采取灵活的行动，从而使欧洲诸国领导人完全了解了美国的外交政策。此外，罗斯福努力将美国海军扩充补强，又努力为美国产品打开外国市场，为世界提供了一种平衡的态势，从而使美国在接下来的整个20世纪，都牢牢占据世界一流强国的位置。

今时今日，美国在国际体系中占据着独一无二的地位，即唯一的超级大国，但国内争论不断，导致了一种矛盾且混乱的外交政策。有人认为，美国必须继续在其二战后帮助建立的国际统一体中，以及在接下来40年冷战中形成的各个机构中运作。也有人持反对意见，认为美国必须带头建立一种新秩序——一种以美国的永久领导权为中心，以美国的政 166
治、经济、军事利益为中心的秩序。这派人并不追求像巅峰时期的罗马帝国或大英帝国那样，从占有领土的意义上建立一个美帝国，而是回归到杰斐逊式的“自由帝国”理念。在这样的自由帝国里，美国独立战争的思想价值观将成为国际体系中的文化准则。虽然我们不能把话语强加给一位已经去世的人，但是我们可以说，西奥多·罗斯福的一生阐明了一种外交政策，促使美国在保障自身利益的基础上，在弱肉强食的国际体系之内，占据一个强大的地位。

始终如一的美国利益

美国国家利益同美国价值观之间一直存在激烈冲突，恰是这种冲突塑造了共和国的历史。美国独立战争在很大程度上是关于自由、代议民主制、个人自由和人权的价值观之战。整个19世纪，国家被悬而未决的南方奴隶制问题所困扰，上述价值观则出现在美国主流政治家的言论中。不管怎样，随着美利坚合众国从杰斐逊治下实施土地法的农业时代过渡到工业时代，随着此后对于海外市场的探索，一批新的领导人应运而生，在他们心中，国家利益要高于国家价值观。这些利益包括美国制造商进入国外市场的权利，而这些权利的实现有一个前提：承载了绝大多数国际商贸的海上航线必须畅通无阻。

纵观18世纪和19世纪，大不列颠帝国主义霸权正是建立在早期的自由贸易理念以及随后的进入海外市场、保护海上航线的理念基础上。殖民地为英国提供了财富，皇家海军则为此保驾护航。19世纪80年代，美国领土扩张告一段落之后，这个国家广泛存在的扩张主义者开始将目光投向海外，并与商业界一拍即合，后者正急于为快速扩张后的工业基地生产的产品寻找海外市场。在这段时期，关于国家利益，无论国内还是国外，都始终存在这样一种声音，所谓“只要有利于美国经济的东西，就是有利于美国的东西。”在19世纪最后的20年间，人们对此给予了充分的理解，认为对美国经济有利的东西，就是那些装载着货物，穿梭于国际海上商贸航线的船只。

167 西奥多·罗斯福知道，经济力量对于大国地位至关重要，同时他更清楚，美国无需殖民地来为它的磨坊、铸造厂和工厂提供原材料。相对未经开发的北美大陆已经可以满足原材料上的需求。但他确实渴望同欧洲国家一样，享有进入海外市场的同等权利。今天的观察家也许会认为，西奥多·罗斯福是单纯迷恋于海军力量本身，但若细读他的信件和书籍便会发现，他着实具有深入洞见，认为海军力量的作用，是为当时的国际竞争提供支持。

在西奥多·罗斯福的总统任期之内，上述国际竞争还驱使着他身边的政界高层去创立各种国际机构。在这个美国陆军和海军力量崛起的时期，一场运动爆发了，它试图在世界各国之间进行平衡，建立公平竞争规则。包括海牙国际仲裁法庭在内的国际机构应运而生。创立海牙法庭的原意，是要为当时占据主流的小打小闹的殖民地征服与掠夺战争提供一种和平的解决方式，但它却为未来20世纪的主流外交图景开辟了先河。美国全国都一贯大力支持这些国际机构，西奥多·罗斯福尤甚，因为在他们看来，这些机构一来可以推广法治原则，从而在价值观上为当时具有革命意义的美国政治体制提供保障；二来可以制衡在军事力量上具有压倒性优势的国家，比如德国、法国和英国。尽管如此，罗斯福比任何人都更清楚，一个国家在设定全盘外交政策时，决不能寄希望于尚处萌芽阶段的国际体系，或幻想武装精良的竞争对手对自己抱有善意。

在总统任期内，乃至卸任之后，西奥多·罗斯福都赞成这样一种观点：定期召开由多国参加的国际大会。然而，当他政治上的主要竞争对手，伍德罗·威尔逊[①]宣布一项类似的提案时，罗斯福迅速调转了枪口。不管怎么说，罗斯福早期对国际仲裁的支持，后来正是因威尔逊创建了命运多舛的国际联盟（League of Nations）而初见成果，并最终因联合国（the United Nations）和国际法庭（the World Court）等机构的建立而得偿夙愿。面临20世纪各种各样的挑战，世界银行（the World Bank）和国际货币基金组织（the International Monetary Fund）等其他经济组织也纷纷涌现。更晚些时候，具有全球视野的非政府组织向环境与能源可持续性问题发起了挑战。在此期间，美国有所改变，摒弃了“胜者为王”的观念，转而支持基于国际舆论的民主政治形式。罗斯福假如能够看到这 168
一切，他应该会很欣慰，但他也应该会希望，美国人能够参与这些论坛，发挥美国力量——无论经济力量、外交力量或军事力量——的作用，来维护美国的国家利益。

美国强制外交政策的崛起

西奥多·罗斯福离任将近70年之后，著名学者亚历山大·L·乔治（Alexander L. George）才将“强制外交政策（coercive diplomacy）”这一术语写进现代国际关系词典中。按照乔治的定义，强制外交政策是一种迫使对手“停止行动或反向行动”的防御性战略。乔治为成功的强制外交政策列出一系列要素，其中包括：精心为对手创造出需求；创造出必须顺从自己的紧迫感；以及最终的一点，使上述需求有效和可靠。现代国际关系中的强制外交政策，意味着为困难重重的民族国家关系提供一

① 托马斯·伍德罗·威尔逊（Thomas Woodrow Wilson，1856—1924年），于西奥多·罗斯福和威廉·塔夫特之后，成为美国第28任总统。——译者注

条先进的光明坦途，因为它“试图将武力用作一种更加灵活精确的、作为外交政策辅助的心理威慑手段，这与粗暴地使用武力的‘迅速决断’的军事战略，形成了鲜明对比。”[41] 粗暴地使用武力，正是传统帝国主义外交政策的典型做法，英、德两国对委内瑞拉的所作所为恰属此例。而罗斯福在整个委内瑞拉危机期间的举措——事实上，也是他在整个余下任期之中的举措——则清晰地预示了乔治的战略构想。

以他在海军战争学院的名为“华盛顿被忘却之格言”（“Washington's Forgotten Maxim”）的演讲为开端，西奥多·罗斯福一直大力发展海军力量，不是作为战争的工具，而是作为和平最有力的保障。人们把他看做是美国历史上最为好战的总统之一，但若稍加思考，我们便会发现他竟然在整个任期之内，都未曾大动肝火，妄开一枪一炮。而且他并非没有机会。前文谈到的种种危机，任何一次都可以引发一场局部战争，甚至全球战争。考虑到国家的力量与尊严，英、德两国联合对委内瑞拉施加的海上封锁，完全可能招致适得其反的结果①；罗斯福冒失地承认巴拿马独立②，本来可能引发欧洲各个殖民国家的愤怒；而发生在丹吉尔市的伊恩·帕迪卡利斯绑架案③，在很多方面，都可能造成非常严重的后果。

以上事件并未造成严重后果，是因为罗斯福迅速并清晰地阐明了他
169 的外交原则，然后将美国海军配置到加勒比海，以展示美国的决心和用武力维护这一原则。这个原则就是，秉承门罗主义话语，在西半球建立并维持美国的势力范围，欧洲列强很快就理解到，罗斯福的外交政策并非在国内民众面前进行政治作秀，而是基于美国国家利益的简洁了当的

---

① 委内瑞拉危机详见本书第二章。——译者注

② 巴拿马原属哥伦比亚，美国政府一直试图取得建造巴拿马运河的特权，但被哥伦比亚政府否决，于是暗中支持巴拿马分离主义分子。1903 年 11 月，巴拿马在美国支持下独立，并与美国签订条约，给予美国建造与经营巴拿马运河的特权。详见本书第三章。——译者注

③ 该事件发生于 1904 年，美籍希腊裔富人伊恩·帕迪卡利斯在摩洛哥丹吉尔市被阿拉伯首长拉苏里（Mulai Ahmed er Raisuni）绑架并索要赎金。西奥多·罗斯福总统被激怒，派遣美国舰队驶向摩洛哥，实行武装干涉以试图解救帕迪卡利斯。英、法两国对美国的行动感到不满和警惕，法国甚至加强防卫以备美军袭击。最终在英法秘密施加的压力下，摩洛哥苏丹向拉苏里支付了赎金，帕迪卡利斯获救。围绕罗斯福的军事行动一直存在争议。详见本书第四章。——译者注

表述。当罗斯福把美国海军各支分舰队重组为一支高效的战斗舰队，并推行富有侵略性的海军建设计划时，这种表述在国际社会看来，就更加切实可信了。军事行动记录显示，西奥多·罗斯福的“大棒”并非吹嘘之言，而误认为他在吹牛的人，很快便将认识到自己的错误。

以上前期准备工作——清晰地阐明外交政策；建立一支更新、更庞大的海军；将海军重组，使之更为高效；以及进一步将海军配置为一支进攻性武力——都为西奥多·罗斯福提供了执行外交政策的基础，使他有底气做出微妙而确定的宣告：一旦有人侮辱了美国的声誉，损害了美国的利益，他便将付出代价，而且是惨重的代价。在罗斯福强制外交政策的影响下，德国打消了扩张至加勒比海和南美洲的念头，日本尝试扩张进入太平洋的计划则中止了一段时间。西奥多·罗斯福非常喜欢发源于美国蛮荒西部的一句精辟的老话，这话用来形容他自己正好合适：罗斯福是一个手里拿着枪，并且不惧怕使用它的人。

罗斯福手里主要的“一把枪”就是美国海军（包括海军和海军陆战队），这把“枪”的一大优势是它可以被迅速配置到美国利益遭受威胁的地区。美国海军所拥有的机动性、多用途性和杀伤力，使它能够在任何需要的时间和地点出现，同时施加压力。从委内瑞拉危机开始，纵观整个20世纪，美国海军与海军陆战队全球游弋，奉总统之命保卫美国国家利益。强制外交政策并非总是成功，越南战争便是个失败的例子。当时北越的民族主义愿望过于强大，美军力量的使用又过于笨拙，以致未能成功维护美国利益。由于政治上的短视，军队（包括海军）有时未能得到充足的资金，导致军队吓阻他国夺取美国利益的能力，以及用罗斯福的话说，“确切保障和平”的能力，均有所下降。不过总的来说，在20世纪的历史中，尽管意外事故不断，但由于正确地使用武力，并未爆发多少真正的冲突。有些事故，比如古巴导弹危机[①]，是人所共知的，但大多数事故并不为公众所注意，只有好奇的历史学家才予以关注。有一 170

① 1962年，由于苏联在古巴部署导弹，而美国强硬地要求撤除导弹，从而引发的一次危机。这次危机以双方妥协而告终，被认为是人类最接近核战争的一次危机。——译者注

点很清楚，就是罗斯福用海军推行强制外交政策的做法，直到“9·11”事件[①]以后，仍然是美国在执行外交政策时的惯用方式之一。

灵活反应能力

海军所具备的最明显的优势，也许是它的灵活反应能力（scalability)。所谓灵活反应能力，是指海军被派遣执行任务时，能够根据所面对的局势，将自身调节至“合适的规模”。罗斯福在整个任期之内的行动，表明他本能地领会了海军的这一特性，这也标志着，他是现代政治家中最早理解后工业时代海军力量所隐含微妙意义的人之一。温斯顿·丘吉尔（Winston Churchill）在“杰基”·费舍尔海军上将的指导下，很快也将理解此种意义。很多人会认为，在委内瑞拉危机中，罗斯福将几乎全部美国海军派往加勒比海海域，对抗相对规模较小的英国和德国舰队，这违背了海军的灵活反应原则。孤立地看待这一事件，他们或许是对的，但如果我们将视野拓宽，把罗斯福在巴拿马事件中的反应也纳入考虑，我们的评价就会完全不同了。

委内瑞拉危机爆发时，罗斯福才刚刚走马上任，是一名非常年轻的总统。欧洲没有哪个国家把美国宣告并坚持其外交政策的事放在心上，更加不把罗斯福放在眼里。不仅如此，罗斯福计划采取的行动，即迫使英、德两国不再要求委内瑞拉赔款（也许还有割地），对于美国来说是非常危险的。英、德两国都位居全球最强大国家之列，随便单挑一个出来，也足够在海军方面压倒美国了。两国合到一起，更是令人望而生畏。罗斯福针对两国设定的战略，依赖于两个可变因素：规模与时机。他将大西洋舰队几乎所有战舰派到一起，从而在局部战场空间——即加勒比海——之内集结起压倒性的力量，然后便摊开底牌，向英、德两国公布

---

① “9·11”事件，即2001年9月11日，“基地组织”恐怖分子劫持数架民航客机后，以飞机撞击美国纽约世界贸易中心和华盛顿五角大楼的历史事件。——译者注

设定好的最后期限，只给两国本土政府留下非常有限的考虑时间。罗斯福的赌博行动只会带来两个结果：仲裁调停，抑或是开战。一旦开战，集结好的大西洋舰队将会在英、德本土舰队驰援之前，便摧毁规模较小的两国分舰队。在这个时候，德国，更主要的是英国，便不得不做出决定：是进行一场武装冲突，从而使自己在西半球的利益（英国方面是加 171
拿大）陷入危险呢，还是通过仲裁调停，维持和平呢？他们当然选择了后者。罗斯福在最大限度下成功运用海军力量，赢得了这场赌局，也帮助自己在国际社会中建立起了信誉。

一年之后，当巴拿马事件发生之时，罗斯福本可以故技重施，却并未如此行事。恰恰相反，他这次向敏感的欧洲诸国政府表达了敬意。欧洲列强尽管不甚高兴，却愿意看到美国对计划建造中的巴拿马运河享有宗主权；罗斯福却选择最小限度地使用必要的武力，以达成将巴拿马建成独立共和国的目标。巴拿马爆发革命时，他也只往巴拿马临近太平洋和加勒比海的两个港口部署了几艘小型辅助巡洋舰（auxiliary cruisers）去维持秩序，并维护这个小国的独立。当这几艘舰艇未能吓阻哥伦比亚，后者仍然向巴拿马派出登陆部队，试图收复这个分裂出去的省份时，一艘载着500名海军陆战队员的美国运兵船出现在海平面上，成功地吓阻了哥国军队。就算这步行动仍然失败，其实在海平面的下方，还有整整一列美国战列舰保持着战略间隔，随时准备作为增派军力出现，直到得到想要的结果。海军陆战队也很好地扮演了自己的角色，在指挥官率领下抵达巴拿马。按照计划，如有必要时，他们便会入侵哥伦比亚本土，以此行动发出新的外交辞令。

入侵哥伦比亚本土并不必要，但西奥多·罗斯福展示出了他对于海军固有能力的理解。这种能力就是，无论海军规模大小，它都可以打散再重组，以应对临时发生的紧急情况。在整个20世纪，这种能力越来越稳定，并成为美国参与全球事务时的一个标志。从1908年在西西里岛墨西拿市参与大地震后救灾，到2001年第58特混编队（Task Force 58）进入美国驻阿富汗基地瑞诺营（Camp Rhino），都是这种标志的体现。美国海军和海军陆战队都保持着将武装力量迅速组合成远程打击编队

（Expeditionary Strike Group；ESG）的能力，将两栖舰艇的沿海作战能力，以及海军陆战队远征队（Marine expeditionary unit；MEU）所固有的面对各种状况做出反应的能力，与战斧巡航导弹——装备在“提康德罗加”级（*Ticonderog*）巡洋舰和“阿利·伯克”级（*Arleigh Burke*）驱逐舰上——的战略打击能力结合起来。上述武装力量使美国具备了在紧急危机状态下——无论是2005—2006年间为大海啸的受灾者提供人道主义援助，还是在中东进行全面作战行动——做出反应的能力，以精确的程
172 度使用武力。倘若西奥多·罗斯福能够见到今天的美国海军，他应该会予以赞美，并会认为，他那个年代的美国海军存在的技术缺陷已经被今日美国海军的革命性发展所克服。

覆盖全球的军事力量

当西奥多·罗斯福着手对1812年战争期间的海军战略开展研究时，他迅速认识到，美国在护卫舰（frigate）的设计与建造上都优于英国，因此对英国享有技术优势。这44艘坚固而又灵活的护卫舰在火力上胜过任何同级别的舰艇，相比火力强于自己的舰艇，又在速度上胜出。因此，它们有能力谨慎地选择是战是逃，迅速取得了一系列的胜利。但同时罗斯福也发现，当时的美国海军被局限在一定的作战范围之内。当战斗超过了护卫舰的级别，早期美国海军并无第一线作战军舰（ships of the line）来应对分舰队之间发生的战斗；用巡洋舰来保护本国远洋贸易的能力也有所不足，甚至可说是一片空白。除此之外，用于保卫河道与海岸的舰艇，也是式样老旧，作战能力低下。

此后罗斯福的经验逐渐丰富，眼界也随之拓宽，开始重点关注当代的海军。他发现，尽管美国海军的影响力范围已经扩大，鞭长莫及之处仍然比比皆是。他对于新兴技术，如塞缪尔·兰利的飞行实验、约翰·霍兰德（John Holland）的潜艇以及鱼雷驱逐舰等，都给予了支持和关注。这反映出，他意识到存在缺陷，并且寻找办法来弥补。与此同时，

他也在海军内部推行改革，以求将现有作战能力最大化。可以证明此点的例子是，正是他引领了全重型火炮战列舰的发展。在罗斯福的总统任期之内，美国海军在现有的军力构架之内，获得了更为强大的能力，更为丰富的经验，产生了比较能够接受技术革新的风气。之所以说“比较能够接受”，是因为在这个时期，墨守旧有技术和战术的保守力量也仍然活跃。尽管如此，面对技战术革新时，有一股潜在的认为美国事事要争第一的倾向，在保守力量的夹缝之间幸存下来，并锐意进取，不断变革。

20 世纪的历史向前推进，这种对于变革的开放态度带来了新兴技术，永久性地改变了美国海军的面貌。航空母舰、空中纵深打击（deep – strike aviation）、核力量、装备核弹头的弹道导弹，每一项技术都
扩大了海军的影响力范围，正如海军陆战队迅速发展两栖作战能力，加 173
强了对于海岸区域的控制力一样。而像弹道导弹核潜艇这样的新兴技术装备，具备了在第一波核打击中幸存下来的能力。于是，旧一代的条约和防御协定统统被废除，新的协议得以签订。

技术发展中也存在失衡现象。一方面，美国海军的作战半径的确有所提升，几乎覆盖全球；但随着国防预算的缩水和军工企业的崛起，高预算项目受到了过分的强调，比如核动力航母及其辅助舰艇，“宙斯盾”级（aegis class）巡洋舰与驱逐舰，它们代表着作战规模的上限。航母战斗群原本的设计目的，是要应对 20 世纪存在的各种威胁，与之进行大规模海战——起先是日本皇家海军，接着是苏联的庞大海军。现在到了 21 世纪，面对恐怖主义和海盗的挑战，更好的应对方式是大量增加海军舰艇，从数量上（而无须从质量上）压倒对手，并有能力同时地、连续地应对各种事故。而美国海军现有的 11 个航母战斗群，现有的军力部署计划，则与之南辕北辙。美国海军应对现有威胁的方式，仅仅是追求过度的杀伤力而不懂得变通。然而，要在当今和未来的国际环境中保持军事影响力，就必须审时度势，对于能在最大程度上保障美国利益的技术进行投资。如果未能保持恰当的平衡发展，美国海军便将很快面对自己的局限性。

海军力量的局限性

当西奥多·罗斯福向丹吉尔市派出两支巡洋舰分舰队，试图施加压力，从绑架者手里救回伊恩·帕迪卡利斯时，他并未意识到自己在外交上进入了极其危险的境况。摩洛哥政府贪腐丛生，软弱无力，以至于美国海军力量的展示，尽管吓唬到了他们，却无法使他们在现有行动的基础上取得更多进展。而就美国海军自身而言，则头重脚轻，极度缺乏当地情报资源，根本无法承担小规模搜救任务，靠自己的力量找到帕迪卡利斯。但在这件事上，罗斯福已经押上了美国的声誉。如果还没找到被绑架的帕迪卡利斯就撤回舰队，将使美国蒙受重大羞耻。这一事件也打乱了相关军舰的夏季巡航计划，影响了它们将在欧、亚、非三洲开展的外交活动。

174

美国海军花费了20世纪的大部分时间来发展一系列能力，要执行与帕迪卡利斯事件类似的救援行动，这类能力是必需的。在海军执行救援行动的同时，政府也会进行外交方面的努力，通过加强国家行为和国际协定，来降低海军行动的难度。然而，有一点不会改变，就是距离的障碍。在远海海域、沿海区域、河流水域等环境，美国海军均可任意建立并保持水上优势；在离海岸数十英里的内陆，海军陆战队可以建立并保持陆上优势，直到规模更大、持续行动能力更强的援军到来。但补给线最长也就到此为止了，这便是海军硬实力（hard naval power）的局限性。关于这一问题，西奥多·罗斯福很容易理解，但他缺乏相应手段来解决它。

“9·11”事件之后的世界中，又产生了另一系列新的局限性。这类局限性与“软实力”和“观念战争（war of ideas）”之类的概念相关。比如，美国海军已经完成恰当的部署，准备迎战一支正在通过格陵兰、冰岛和英国之间海峡的苏联水面舰队（Soviet Surface Action Group）。从20世纪70年代初开始，美国海军就针对这一类策略进行着训练。基地组织发起于2001年9月11日的袭击，从根本上改变了战略图景，从那时起，美国海军便拼命调整自己的作战指南。海军陆战队倒不用这么纠结，因为它早在“9·11”事件之前便提出的“四区战争（Four Block War）[①]”的概念已经非常适应现代战略环境。

基地组织没有航母战斗群，甚至没有自己的国家。它只是一个国际组织，凡是因为无知、经济纠纷和疾病而产生了裂隙的地方，它便兴风作浪。在政府无法有效进行管理之处，基地组织和与它类似的组织，如哈马斯（Hamas）、黎巴嫩真主党（Hezbollah）等，便扎根下来，建立秩序，开办学校，提供服务，不断宣传煽动反西方思想。仅仅靠航空母舰的军事打击，无法抹消基地组织的存在；仅仅靠宙斯盾巡洋舰，也无法“屏蔽”哈马斯煽动仇恨的演讲，保证本地居民不受蛊惑。这也是海军硬实力的局限性。

然而，在战争开始之前便予以阻止是有可能的。这需要改变滋生恐怖主义者的土壤，阻止他们煽动不满，种下激进伊斯兰主义的种子。由轻型两栖航母（light amphibious aircraft carriers）、重型运输直升机 175
（heavy - lift helicopters）和为数众多的海军陆战队员所组成的远程打击编队已经就绪，投入到恐怖主义为害最烈的地方——位于太平洋、东非、南亚的各个回水区域（backwater regions）。在这些地方，美国政府机构与非政府组织可以创办学校和医院，可以凿井保证清洁的水源。这类低烈度军事行动的能力恰为今日之所需。有了这样的能力，美国海军才能够打响这场既最现代、也最原始的战争。

结　论

西奥多·罗斯福逝世已逾90年，他的声音却不曾消隐，反而愈加响

① 关于在现代复杂多变的战斗环境，包括非常规和虚拟环境中进行复合作战的一种军事理念，由美国军方于20世纪90年代提出。——译者注

亮。当美国作为超级大国所承受的压力达到更高层次时，这声音便愈加尖锐刺耳。20 世纪是“美国的世纪”，而正是罗斯福为这个美国的世纪奠定了核心的政策、框架与先例。如今，在 21 世纪之初，面对“文明的冲突”、国内民意的分裂以及国际体制的衰落所带来的挑战，美国需要重新进行自我“校准”，直面一些现实。首先，美国人必须停止一厢情愿的理想主义，不能认为军事干涉已经不合时宜；我们必须接受一个事实，即外交手段与军事力量（包括永远具有灵活性的海军力量），是连续施加全球影响所必需的两个方面，缺一不可。其次，美国公民必须抛弃国内政治立场上的分歧，制定一套基于美国利益的强制外交政策，来保证在世界上具有经济、外交与军事三方面的混合影响力。美国军事战略应当将军队进行全球部署，同时保持灵活反应能力，以应对紧急危机状况。最后，美国应当理解，一切力量都有其局限；应当避免由于狂妄自大而陷入危险。

有人可能会说，西奥多·罗斯福是个帝国主义者，这种说法也许不无道理。但是，罗斯福的帝国主义与欧洲版帝国主义大相径庭，因为它并不以肤色差异为核心理念。罗斯福把美国版帝国主义视为一种向善的力量，用它来解放它所遇到的个人与国家，用它来追求美国所独有的、“一生奋斗”的梦想。在这个美国梦里，人们将会摆脱人种与社会阶级
176 的桎梏，朝着自身潜能的极致奋进。西奥多·罗斯福与自己的儿女们玩过一个叫做“上、中、下”的越野远足游戏，参加游戏的人只准从上面跳过、从下面爬过、从中间钻过障碍物，而不能绕开它们。对于无论是他自己身上、孩子身上、还是美国身上所存在的弱点，罗斯福都憎恨不已。他认为，美国既然与世界诸国所并存，便必定会经常遭遇迎面而来的阻碍；美国必须直面这些阻碍不但要与同时代诸国竞争，也要与历史上那些伟大的国度竞争。他引用门罗主义来证明，自己率领美国进入国际竞争之风暴中心是具有充分理由的。他将美国海军和海军陆战队用作保护贸易的工具。他将整个 20 世纪作为遗产留给了美国。他的声音并未消逝。忠言犹在耳，吾辈盍从之？

注释：

引文出自 Roosevelt to William H. Taft, 3 March 1909, *TLTR*, 6: 1 543.

[1] Frank Uhlig Jr., "The Great White Fleet," *American Heritage* 15, no. 2 (1964): 30 - 43, 103 - 106.

[2] Reckner, *Teddy Roosevelt's Great White Fleet*, 24.

[3] 同上, 26 - 27.

[4] Tilchin, *Theodore Roosevelt and the British Empire*, 117 - 127.

[5] Wimmel, *Theodore Roosevelt and the Great White Fleet*, 225.

[6] "The Voyage of the Fleet," *Army and Navy Register*, 25 January 1908.

[7] *Annual Reports of the Navy Department*, 1908, 331.

[8] Zimmermann, *First Great Triumph*, 5.

[9] *Papers Relating to the Foreign Relations of the United States*, 1908, 58 - 59.

[10] James R. Holmes, *Theodore Roosevelt and World Order* (Washington, D. C.: Potomac Books, 2007), 190 - 191.

[11] Braisted, *U. S. Navy in the Pacific*, 228.

[12] Reckner, *Teddy Roosevelt's Great White Fleet*, 51 - 52.

[13] Wimmel, *Theodore Roosevelt and the Great White Fleet*, 230.

[14] Roosevelt to Senator Frances Warren, 18 April 1908, *TLTR*, 6: 1 011.

[15] "Big Stick Afloat," *New York Times*, 21 August 1908.

[16] "The British Race Issue," *New York Times*, 23 September 1908; "London, August 22, the Daily Telegraph," reported in *New York Times*, 22 August 1908.

[17] "American Fleet Reaches Auckland," *New York Times*, 9 August 1908; "500 000 Welcome Fleet at Sydney," *New York Times*, 20 August 1908.

[18] "Talk of an Alliance," *New York Times*, 16 August 1908.

[19] "Flotilla for Australia," *New York Times*, 25 September 1908.

[20] "Japan Prepares Welcome for Fleet," *New York Times*, 5 April 1908.

[21] "Count Okuma Stirs Americans in Japan," *New York Times*, 15 August 1908.

[22] "Japan's Reception Plans," *New York Times*, 5 September 1908.

[23] "Yokohama Greets America's Fleet," *New York Times*, 18 October 1908.

[24] Arthur Dudden, "Japan," in *Encyclopedia of U. S. Foreign Relations*, ed. Bruce

Jentleson and Thomas Paterson (New York: Oxford University Press, 1997), 450 – 451.

[25] Braisted, *U. S. Navy in the Pacific*, 231.

[26] Ruhl J. Bartlett, *The Record of American Diplomacy* (New York: Alfred A. Knopf, 1964), 414.

[27] "China Humiliated; Only Half a Fleet," *New York Times*, 5 November 1908.

[28] Reckner, *Teddy Roosevelt's Great White Fleet*, 144 – 145.

[29] "Atlantic Fleet Is Now at Suez," *New York Times*, 4 January 1909.

[30] "Yankton Off for Messina," *New York Times*, 6 January 1909.

[31] Roosevelt to Douglass and Corinne Robinson, 21 February 1909, *TLTR*, 6: 1 533.

[32] Wimmel, *Theodore Roosevelt and the Great White Fleet*, 243.

[33] Reckner, *Teddy Roosevelt's Great White Fleet*, 154 – 155.

[34] Roosevelt to Secretary of the Navy Newberry, 16 February 1909, *TLTR*, 6: 1 524.

[35] Roosevelt to Capt. Cameron Winslow, 16 February 1909, *TLTR*, 6: 1 523.

[36] Roosevelt to Rear Adm. Charles Sperry, 5 December 1908, *TLTR*, 6: 1 411.

[37] Uhlig, "The Great White Fleet."

[38] Wimmel, *Theodore Roosevelt and the Great White Fleet*, 243 – 244.

[39] Roosevelt to William H. Taft, 3 March 1909, *TLTR*, 6: 1 543.

[40] "Caribbean Sea and Western Atlantic: Strategic Conditions in Event of War with the United States."

[41] Alexander George and William Simons, *The Limits of Coercive Diplomacy* (San Francisco: Westview Press, 1994), 7 – 16. For a description of the use of naval forces to influence foreign policy, see Ken Booth, *Navies and Foreign Policy* (New York: Holmes and Miers, 1979), 85 – 109.

参考文献

初级文献

档案资料

British National Archives, Kew Gardens, U. K.

Admiralty Group

Folder 1, series 8 875. Caribbean Sea and Western Atlantic: Strategic Conditions in Event of War with the United States.

Foreign Office Group

Folder 99, series 415. General Correspondance, Morocco.

Folder 115, series 1 241 and 1 353. From Foreign Office.

Folder 115, series 1 244. To Foreign Office.

Folder 115, series 1 359 and 1 360. Washington, D. C., Embassy to Foreign Office.

Folder 174, series 265. From Fez Consulate.

U. S. National Archives

Record Group 45, Naval Records Collection

Bureau of Navigation, 1813—1911. Cruising Reports of Vessels of the United States Navy, January 1895 – June 1910. vol. 8 of 14.

Office of the Secretary of the Navy. General Records. Translations of Messages Received in Cipher May 1899 – 25 December 1904. vol. 2 of 6.

Office of the Secretary of the Navy. General Records 1798—1910. Confidential Letters

Sent September 1893 – October 1908. Vols. 3 and 4 of 6.

Office of theSecretary of the Navy. General Records. Translations of Messages Sent in Cipher, 1 June 1898 – 16 September 1906. vol. 4 of 10.

U. S. Navy Subject Files, 1775—1910. Box 473, Operations North Atlantic Squadron, Microfiche section M625, roll 264. Box 671, folder Ⅵ, Venezuela Situation.

U. S. Navy Subject File Ⅵ. International Relations and Politics. Box 666, folder 4, Correspondence related to Morocco.

Area Files of the Naval Records Collection. Geographical Area 4, 1903—1905.

Record Group 59. General Records of the Department of State. Dispatches from U. S. Consuls in Tangier, 1 797 – 1 906.

Record Group 127. U. S. Marines Overseas Brigades, Battalions, Regiments, Panama. Box 4.

Record Group 181. National Archives Annex, Waltham, Massachusetts.

Folder 55. Portsmouth Navy Yard to the Secretary of the Navy.

Folder 93. Special Orders.

Folder 127. Portsmouth Navy Yard General Correspondence, 1900—1911.

Commandants' Letter Books (1891—1909). vol. 2.

Letters Sent (Press Copies) (1899—1907). vol. 17.

Orders, Memoranda, and Circulars Issued by Commandant, 1898—1911.

Letters and Endorsements Sent to the Commandant, USMC (1902—1911). vol. 1.

Letters Sent to Bureau of Equipment and Recruiting 1862—1910. vol. 12.

Portsmouth Navy Yard. Telegrams Sent, 1901—1911. vol. 7.

Area File of Naval Collections, 1775—1910. Microfiche M625. Roll 261, Area 8, December 1902 – January 1903. Roll 264, Area 8, December 1904 – January 1905.

私人信件、日记和备忘录

Manuscripts Division, Library of Congress, Washington, D. C.

George Dewey Collection.

Edward J. Dorn Collection.

John Hay Collection.

Stephen Luce Collection.

William H. Moody Collection.

Theodore Roosevelt Collection.

William S. Sims Collection.

Leonard Wood Collection.

Operational Archives, Naval Historical Center, Washington Navy Yard, Washington, D. C.

Admiral French E. Chadwick Papers.

Admiral of the Navy George Dewey Papers.

U. S. Marine Corps Historical Center, Washington Navy Yard, Washington, D. C.

Biographical Files

Biography of Major General Commandant George F. Elliot, USMC (deceased).

Biography of Lieutenant General John T. Myers, USMC (deceased).

Biography of Colonel Percival Clarence Pope, USMC (deceased).

Geographical Files, Morocco Folder

Muster Roll of Officers, Noncommissioned Officers, Drummers, Trumpeters, and Privates of the U. S. Marine Corps stationed onboard USS *Brooklyn* from the first to the thirty – first day of May 1904 inclusive.

Muster Roll of the U. S. Marines stationed onboard the USS *Brooklyn* from the first to the 13th day of June 1904.

Geographical Files, Panama Folder

American Intervention Folder.

Geographical Files, PuertoRico Folder

PuertoRico, Study of Theater Operations.

Diplomatic History of the Panama Canal. Washington, D. C.: Government Printing Office, 1914.

DuVal, Lt. Cdr. Miles. "The Canal Zone." Unpublished manuscript dated 1937. Navy Library, Naval Historical Center, Washington Navy Yard.

Humphrey, Capt. Chauncey B. "History of the Revolution of Panama." Unpublished manuscript dated 1923. Author's private collection.

官方文件和其他政府出版物

Annual Reports of the Navy Department, 1902. Washington D. C.: Government Printing Office, 1902.

Annual Reports of the Navy Department, 1903. Washington D. C.: Government Printing Office, 1903.

Annual Reports of the Navy Department, 1904. Washington D. C.: Government Printing Office, 1904.

A Compilation of the Messages and Papers of the Presidents. 20 vols. Ed. James D. Richardson. New York: Bureau of National Literature and Art, 1920.

England, Gordon, Vernon Clark, and James Jones. *Naval Power* 21 . . . *a Naval Vision*. Department of the Navy White Paper, October 2002.

National Military Strategy of the United States of America, 2004. Washington, D. C.: Government Printing Office, 2004.

Papers Relating to the Foreign Affairs of the United States, 1903. Washington, D. C.: Government Printing Office, 1904.

Papers Relating to the Foreign Affairs of the United States, 1905. Washington, D. C.: Government Printing Office, 1906.

Papers Relating to the Foreign Affairs of the United States, 1907. Washington, D. C.: Government Printing Office, 1908.

初始出版资料

Adams, Henry. *The Education of Henry Adams*. New York: Random House, 1931.

Barker, Albert S. *Everyday Life in the Navy*. Boston: Gotham Press, 1932.

Bowen, Herbert W. *Recollections Diplomatic and Undiplomatic*. New York: Grafton Press, 1926.

Bulloch, James D. *The Secret Service of the Confederate States in Europe*. London: Bentley and Son, 1883.

Bunau - Varilla, Philippe. *The Great Adventure of Panama*. New York: Doubleday, 1920.

———. *Panama: The Creation, Destruction and Resurrection.* New York: McBride, Nast, 1914.

Dennis, Alfred P. *Adventures in American Diplomacy*, 1896—1906. New York: E. P. Dutton, 1928.

Dewey, George. *Autobiography of George Dewey.* Annapolis: Naval Institute Press, 1987.

Ellsworth, Capt. Harry A. *One Hundred Eighty Landings of United States Marines* 1800—1934. Washington, D. C.: Government Printing Office, 1974.

Gleaves, Albert. *The Admiral.* Pasadena, Calif.: Hope Publishing, 1985.

Iriye, Akira. *Pacific Estrangement: Japanese and American Expansion*, 1897—1911. Cambridge, Mass.: Harvard University Press, 1972.

Korostovetz, J. J. *Pre-war Diplomacy: The Russo-Japanese Problem.* London: British Periodicals, 1920.

Lejeune, John A. *The Reminiscences of a Marine.* Philadelphia: Dorrance, 1930.

Lodge, Henry Cabot, and Theodore Roosevelt. *Selections from the Correspondence of Theodore Roosevelt and Henry Cabot Lodge.* New York: Scribner's, 1925.

Long, John. *The Journal of John D. Long.* Ed. Margaret Long. Ringe, N. H.: Richard R. Smith, 1956.

Roosevelt, Theodore. *American Ideals and Other Essays, Social and Political.* New York: Scribner's, 1906.

———. *Fear God and Take Your Own Part.* New York: George H. Doran, 1916.

———. *The Letters of Theodore Roosevelt.* 8 vols. Ed. Elting E. Morison. Cambridge, Mass.: Harvard University Press, 1951—1954.

———. *Theodore Roosevelt, an Autobiography.* vol. 20 of *The Works of Theodore Roosevelt*, National Edition. New York: Scribner's, 1926.

次级文献

Adams, Iestyn. *Brothers across the Ocean: British Foreign Policy and the Origins of the Anglo-American "Special Relationship"* 1900—1905. London: Tauris Academic Studies, 2005.

Adams, Randolph Greenfield. *History of the Foreign Relations of the United States.* New York: Macmillan, 1925.

Andrew, Christopher M. *For the President's Eyes Only.* New York: Harper Collins, 1995.

"Arbitration of the Venezuela Case." *Gunton's Magazine* (February 1903): 175 - 176. Theodore Roosevelt Collection, Harvard University.

"Armed or Unarmed Peace." *Harper's Weekly*, 19 June 1897, 603.

Baer, George W. *One Hundred Years of Sea Power: The U. S. Navy*, 1890—1990. Stanford, Calif.: Stanford University Press, 1993.

Bailey, Thomas A. "Dewey and the Germans at Manila Bay." *American Historical Review* 45, no. 1 (1939): 63 - 70.

Barnett, Thomas P. M. *The Pentagon's New Map.* New York: G. P. Putnam's Sons, 2004.

Bartlett, Ruhl J., ed. *The Record of American Democracy.* New York: Alfred A. Knopf, 1964.

Beach, Edward L., Jr. *The United States Navy.* New York: Henry Holt, 1986.

Beale, Howard K. *Theodore Roosevelt and the Rise of America to World Power.* Baltimore, Md.: Johns Hopkins University Press, 1956.

Blind, Karl. "The Transvaal War and European Opinion." In *Briton and Boer: Both Sides of the South African Question*, 133 - 163. New York: Harper and Brothers, 1900.

Booth, Ken. *Navies and Foreign Policy.* New York: Holmes and Miers, 1979.

Brands, H. W. *T. R., the Last Romantic.* New York: Basic Books, 1997.

Bratton, Patrick C. "When Is Coercion Successful?" *Naval War College Review* 58, no. 3 (2005): 99 - 115.

Brebner, John B. *The North Atlantic Triangle.* New Haven, Conn.: Yale University Press, 1945.

Bryce, James, Sydney Brooks, F. V. Engelenburg, Karl Blind, Andrew Carnegie, Francis C. Harmes, Demetrius Boulger, and Max S. Nordau. *Briton and Boer: Both Sides of the South African Question.* New York: Harper and Brothers, 1900.

Burke, Edmund Ⅲ. *Prelude to Protectorate in Morocco.* Chicago: University of Chicago Press, 1976.

Cane, Guy. "Sea Power — Teddy's Big Stick." *U. S. Naval Institute Proceedings* 102, no. 8 (1976): 40 - 48.

Charmes, Frances. "Will the Powers Intervene?" In *Briton and Boer: Both Sides of the South African Question*, 177 - 197. New York: Harper and Brothers, 1900.

Chester, Colby M. "Diplomacy on the Quarter Deck." *American Journal of International Law* 8, no. 3 (1914): 443 - 476.

Cogar, William B. *Dictionary of Admirals of the U. S. Navy.* vol. 2. Annapolis: Naval Institute Press, 1991.

Cohen, Eliot A. *Supreme Command.* New York: Free Press, 2002.

Collin, Richard H. "The Image of Theodore Roosevelt in American History and Thought 1885—1965." Ph. D. diss., New York University, 1966.

———. *Theodore Roosevelt, Culture, Diplomacy and Expansion: A New View of American Imperialism.* Baton Rouge: Louisiana State University Press, 1985.

———. *Theodore Roosevelt's Caribbean.* Baton Rouge: Louisiana State University Press, 1990.

Cooper, John M. *The Warrior and Priest: Woodrow Wilson and Theodore Roosevelt.* New York: Daedalus Books, 1983.

Corbett, Julian S. *Some Principles of Maritime Strategy.* Annapolis: Naval Institute Press, 1988.

Davis, George T. *A Navy Second to None.* New York: Harcourt, Brace, 1940.

Dennett, Tyler. *Roosevelt and the Russo - Japanese War.* Gloucester, Mass.: P. Smith, 1959.

Dennis, Alfred P. *Adventures in American Diplomacy*, 1896—1906. New York: E. P. Dutton, 1928.

Diplomat. "A Vindication of the Boers." In *Briton and Boer: Both Sides of the South African Question*, 133 - 163. New York: Harper and Brothers, 1900.

Douglass, Susan J. "The Navy Adopts Radio." In *Military Enterprise and Technological Change*, ed. Merritt Poe, 117 - 173. Cambridge, Mass.: MIT Press, 1985.

Dudden, Arthur P. *The American Pacific.* New York: Oxford University Press, 1992.

Dudley, William. "Naval Historians and the War of 1812." *Naval History* 4, no. 2 (1990): 54 - 55.

Esthus, Raymond A. *Double Eagle and the Rising Sun.* Durham, N. C.: Duke University Press, 1988.

———. *TR and the International Rivalries*. Waltham, Mass.: Ginn - Blaisdell, 1970.

Etzold, Thomas H. "Protection or Politics?" *Historian* 37 (February 1975): 300.

Ewell, Judith. *Venezuela: A Century of Change*. Stanford, Calif.: Stanford University Press, 1984.

Forbes, Rosita. *El Raisuli, the Sultan of the Mountains*. London: Thornton Butterworth, 1924.

Freeman, Charles W., Jr. *The Diplomat's Dictionary*. Washington, D. C.: Peace Institute, 1997.

Friedman, Norman. *U. S. Battleships: An Illustrated Design History*. Annapolis: Naval Institute Press, 1985.

———. *U. S. Destroyers*. Rev. ed. Annapolis: Naval Institute Press, 2004.

Gable, John A. *The Bull Moose Years: Theodore Roosevelt and the Progressive Party*. Port Washington, N. Y.: Kennikat Press, 1978.

Garrett, Wendell D. "John DavisLong, Secretary of the Navy, 1897—1902: A Study in Changing Political Alignments." *New England Quarterly* 31, no. 3 (1958): 291 - 311.

George, Alexander, and William Simons. *The Limits of Coercive Diplomacy*. San Francisco: Westview Press, 1994.

"The German Emperor and the Monroe Doctrine." *Harper's Weekly*, January 31, 1903, 187 - 188. Theodore Roosevelt Collection, Harvard University.

Gottschall, Terrell D. *By Order of the Kaiser*. Annapolis: Naval Institute Press, 2003.

Hall, Luella. *The United States and Morocco*, 1776—1956. Metuchen, N. J.: Scarecrow, 1971.

Hard, William. "How Roosevelt Kept the Peace." *Metropolitan Magazine*, May 1916: 1923. Theodore Roosevelt Collection, Harvard University.

Harris, Brayton. *The Age of the Battleship*. New York: Franklin Watts, 1965.

Haupt, Lewis M. "Why Is an Isthmian Canal Not Built?" *North American Review* 178 (1902): 3 - 11.

Heffron, Paul T. "Secretary Moody and Naval Administration Reform: 1902—1904." *American Neptune* 29 (January 1969): 31 - 35. Theodore Roosevelt Collection, Harvard University.

Hendrick, Burton J. "Historic Crises in American Diplomacy." *World's Work* (June 1916). Theodore Roosevelt Collection, Harvard University.

Herman, Donald L. "Democratic and Authoritarian Traditions." In *Democracy in Latin America: Colombia and Venezuela*, 1-15. New York: Praeger, 1988.

Herwig, Holger H. *Germany's Version of Empire in Venezuela.* Princeton, N. J.: Princeton University Press, 1986.

———. *Politics of Frustration: The United States in German Naval Planning*, 1889—1941. Boston: Little, Brown, 1976.

Hill, Howard C. *Roosevelt and the Caribbean.* Chicago: University of Chicago Press, 1927.

"Historians Rank Presidential Leadership in New C-SPAN Survey." CSPAN News release, 21 February 2000. http://www.americanpresidents.org/survey/amp022100.asp.

Historicus. "The Fifty Mile Order." *North American Review* 179 (February 1904): 235. Theodore Roosevelt Collection, Harvard University.

Hobsbawm, Eric. *The Age of Empire*, 1875—1914. New York: Vintage Books, 1989.

Holmstrum, Vladimir. "Great Britain on the War Path." In *Briton and Boer: Both Sides of the South African Question*, 269-286. New York: Harper and Brothers, 1900.

Hourani, Albert. *A History of the Arab Peoples.* London: Faber and Faber, 1991.

Hourihan, William J. "Marlinspike Diplomacy." *U. S. Naval Institute Proceedings* 105 (January 1979): 42-47.

———. "Roosevelt and the Sultans: The United States in the Mediterranean, 1904." Ph. D. diss., University of Massachusetts, 1975.

Howarth, Stephen. *To Shining Sea: A History of the United States Navy* 1775—1998. Norman: University of Oklahoma Press, 1991.

Iglehart, F. C. *Theodore Roosevelt: The Man as I Knew Him.* New York: Christian Herald, 1919.

James, William. *A Full and Correct Account of the Chief Naval Occurrences of the Late War between Great Britain and the United States of America; Preceded by a Cursory Examination of the American Accounts of Their Naval Actions Fought Previous to That Period: To Which Is Added an Appendix; with Plates.* London: T. Egerton, 1817.

Jentleson, Bruce W., and Thomas G. Paterson, eds. *Encyclopedia of U. S. Foreign Relations.* vol. 3. New York: Oxford University Press, 1997.

Jessup, Philip C. *Elihu Root.* New York: Dodd, Mead, 1938.

Johnson, Arthur. "Theodore Roosevelt and the Navy." *U. S. Naval Institute Proceedings* 84, no. 10 (1958): 76 – 82.

Judd, Denis. *Balfour and the British Empire: A Study in Imperial Evolution.* New York: St. Martin's Press, 1968.

Judd, Denis, and Keith Surridge. *The Boer War.* London: John Murray, 2002.

Kajima, Morinosuke. *The Diplomacy of Japan.* vol. 2. Tokyo: Kajima Institute of International Peace, 1978.

Karsten, Peter. "The Nature of 'Influence.'" *American Quarterly* 23 (Fall 1971): 89 – 97.

Keegan, John. *The Price of Admiralty.* New York: Viking Press, 1989.

Kennedy, Paul. "The Kaiser and German Weltpolitik." In *Kaiser Wilhem* Ⅱ: *New Interpretations: The Corfu Papers*, ed. John C. G. Röhl and Nicolaus Sombart, 143 – 168. Cambridge: Cambridge University Press, 1982.

———. *The Rise and Fall of Great Powers.* New York: Random House, 1987.

Kissinger, Henry. *Diplomacy.* New York: Simon & Schuster, 1994.

Kneer, Warren G. *Great Britain and the Caribbean.* East Lansing: Michigan State University Press, 1975.

Knox, Dudley W. *A History of the United States Navy.* New York: G. P. Putnam's Sons, 1936.

Kohut, Thomas A. "Kaiser Wilhelm Ⅱ and His Parents." In *Kaiser Wilhem* Ⅱ: *New Interpretations: The Corfu Papers*, ed. John C. G. Röhl and Nicolaus Sombart, 63 – 89. Cambridge: Cambridge University Press.

LaFeber, Walter. *The American Age.* New York: W. W. Norton, 1989.

———. *The Cambridge History of American Foreign Policy.* vol. 2. Cambridge, Mass.: Cambridge University Press, 1993.

———. *The New Empire: An Interpretation of American Expansion*, 1860—1898. Ithaca, N. Y.: Cornell University Press, 1963.

Lambert, Nicholas A. *Sir John Fisher's Naval Revolution.* Columbia: University of South Carolina Press, 1999.

Langer, William L. *The Diplomacy of Imperialism*, 1890—1902. New York: Alfred A.

Knopf, 1951.

Larsen, Peter. "Theodore Roosevelt and the Moroccan Crisis, 1904—1906." Ph. D. diss., Princeton University, 1984.

Liss, Sheldon B. *Diplomacy and Dependency: Venezuela, the United States, and the Americas*. Salisbury, N. C.: Documentary Publications, 1978.

Livermore, Seward. "The American Navy as a Factor in World Politics, 1903—1913." *American Historical Review* 63 (July 1958): 863 - 879.

———. "Theodore Roosevelt, the American Navy, and the Venezuelan Crisis of 1902—1903." *American Historical Review* 51 (October 1945): 452 - 471.

Mahan, Alfred T. *The Influence of Sea Power upon History*, 1660—1783. New York: Dover, 1987.

Malone, Dumas. *Dictionary of American Biography*. vol. 3. New York, Scribner's, 1961.

Mann, Henry. "The Monroe Doctrine." *Harmsworth Self - Educator*, July 1907. Theodore Roosevelt Collection, Harvard University.

Marcosson, Isaac F. "Attorney - General Moody and His Work." *World's Work*, November 1906. Theodore Roosevelt Collection, Harvard University.

Marks, Frederick W. *Velvet on Iron*. Lincoln: University of Nebraska Press, 1979.

Massie, Robert K. *Dreadnought*. New York: Random House, 1991.

Maxwell, Gavin. *Lords of the Atlas*. London: Arrow Books, 1991.

"May 23, 1916 George Dewey Letter to Henry A. Wise." *New York Herald Tribune*, 27 September 1925, 9. Theodore Roosevelt Collection, Harvard University.

May, Ernest R. *American Imperialism*. New York: Atheneum, 1968.

———. *Imperial Democracy*. New York: Harcourt, Brace and World, 1961.

McBeth, Brian S. *Gunboats, Corruption, and Claims: Foreign Investment in Venezuela*, 1899—1908. Westport, Conn.: Greenwood Press, 2001.

McCullough, David G. *Mornings on Horseback*. New York: Simon & Schuster, 1981.

———. *The Path between the Seas: The Creation of the Panama Canal*, 1870—1914. New York: Simon & Schuster, 1977.

Merk, Frederick *Manifest Destiny and Mission in American History: A Reinterpretation*. New York: Alfred A. Knopf, 1963.

Metcalf, Clyde H. *History of the U. S. Marine Corps*. New York: G. P. Putnam's Sons,

1939.

Miller, Nathan *Theodore Roosevelt, a Life.* New York: William Morrow, 1992.

Morison, Elting E. *Admiral Sims and the Modern American Navy.* Boston: Houghton Mifflin, 1942.

Morris, Edmund. "A Few Pregnant Days." *Theodore Roosevelt Association Journal* 15, no. 1 (1987): 2 - 13.

———. "A Matter of Extreme Urgency." *Naval War College Review* 55 (Spring 2002): 73 - 85.

———. *The Rise of Theodore Roosevelt.* New York: Coward, McCann and Geoghegan, 1979.

———. *Theodore Rex.* New York: Random House, 2001.

Mowry, George Edwin. *Theodore Roosevelt and the Progressive Movement.* New York: Hill and Wang, 1960.

Mulanax, Richard B. *The Boer War in American Politics and Diplomacy.* Lanham, Md.: University Press of America, 1994.

Navy Yearbook. New York: Duell, Sloan and Pearce, 1909.

Nevins, Allan. *Henry White: Thirty Years of American Diplomacy.* New York: Harper and Brothers, 1930.

Nish, Ian. *The Russo - Japanese War*, 1904—1905. 8 vols. London: Global Oriental, 2003.

Nobel Peace Prize 1906 Presentation Speech by Gunnar Knudsen. http://nobelprize.org/peace/laureates/1906/press.html.

O' Gara, Gordon Carpenter. *Theodore Roosevelt and the Rise of the Modern Navy.* Princeton, N. J.: Princeton University Press, 1943.

Oyos, Matthew M. "Theodore Roosevelt and the Implements of War." *Journal of Military History* 60, no. 4 (1996): 631 - 655.

Parks, E. Taylor. *Colombia and the United States*: 1765—1934. Durham, N. C.: Duke University Press, 1935.

Penfield, W. L. "Anglo - German Intervention in Venezuela." *North American Review* 177 (July 1903): 86 - 96. Theodore Roosevelt Collection, Harvard University.

Pennell, C. R. *Morocco since 1830, a History.* New York: New York University

Press, 2000.

Perdicaris, Ion. "In Raisuli's Hands: The Story of My Captivity and Deliverance, May 18th to June 26, 1904." *Leslie's Monthly Magazine* 7 (May 1906).

———. "Morocco, the Land of the Extreme West and the Story of My Captivity." *National Geographic* 17 (March 1906).

"Politics in the Panama Question." *Progress of the World*, *American Review of Reviews* 26 (February 1904): 141 - 146.

Posen, Barry R. *The Sources of Military Doctrine.* Ithaca, N. Y.: Cornell University Press, 1984.

Potter, E. B., and Chester Nimitz, eds. *Sea Power: A Naval History.* Englewood Cliffs, N. J.: Prentice - Hall, 1960.

Poundstone, Homer C. "ProposedArmament for Type Battleship of U. S. Navy, with Some Suggestions Relative to Armor Protection." *U. S. Naval Institute Proceedings* 29, no. 2 (1903): 377 - 411.

———. "Size of Battleships for U. S. Navy." *U. S. Naval Institute Proceedings* 29, no. 1 (1903): 161 - 174.

Pratt, Julius W. *A History of United States Foreign Policy.* Englewood Cliffs, N. J.: Prentice - Hall, 1958.

———. "The 'Large Policy' of 1898." *Mississippi Valley Historical Review* 19, no. 2 (1932): 219 - 242.

Pringle, Henry F. *Alfred E. Smith: A Critical Study.* New York: Macy - Masius, 1927.

———. *Big Frogs.* New York: Vanguard Press, 1928.

———. *Theodore Roosevelt, a Biography.* New York: Harcourt Brace, 1931.

"Progress of the World." *American Review of Reviews* (April 1902): (404). Theodore Roosevelt Collection, Harvard University.

Puleston, Capt. W. D. *Mahan: The Life and Work of Captain Alfred T. Mahan, USN.* New Haven, Conn.: Yale University Press, 1939.

Randall, Peter E. *There Are No Victors Here.* Portsmouth, N. H.: Portsmouth Marine Society, 2002.

Renehan, Edward J. Jr. *The Lion's Pride: Theodore Roosevelt and His Family in Peace and War.* New York: Oxford University Press, 1998.

Resek, Carl. *The Progressives.* Indianapolis: Bobbs – Merrill, 1967.

Reter, Ronald. "The Real versus Rhetorical Theodore Roosevelt in Foreign Policy Making." Ph. D. diss., University of Georgia, 1973.

Reuterdahl, Henry. "The Needs of Our Navy." *McClure's Magazine* 30, no. 3 (1908): 251 – 263.

Review of Reviews 15, no. 5 (1897): 517 – 519. Theodore Roosevelt Collection, Harvard University.

Reynolds, Clark G. *Famous American Admirals.* Annapolis: Naval Institute Press, 1978.

Ricard, Serge. "Roosevelt Style Personal Diplomacy." In *Artists of Power: Theodore Roosevelt, Woodrow Wilson, and Their Enduring Impact on U. S. Foreign Policy*, ed. William N. Tilchin and Charles E. Neu. Westport, Conn.: Praeger Security International, 2006.

———. "Theodore Roosevelt et la Justification de l'Imperialisme." *Revue Française d' Etudes Americaines* 14 (May 1982): 277 – 289.

———. *Theodore Roosevelt et la Justification de l' Impérialisme.* Aix – en – Provence: Université de Provence, 1986.

Rippy, J. Fred. *The Caribbean Danger Zone.* New York: G. P. Putnam's Sons, 1940.

Robinson, Margaret. *Arbitration and the Hague Peace Conferences.* Philadelphia: University of Pennsylvania, 1936.

Robison, S. S., and Mary L. Robison. *A History of Naval Tactics from* 1530 *to* 1930. Annapolis: Naval Institute Press, 1942.

Röhl, John C. G. "The Emperor's New Clothes." In *Kaiser Wilhem* Ⅱ: *New Interpretations: The Corfu Papers*, ed. John C. G. Röhl and Nicolaus Sombart, 23 – 61. Cambridge: Cambridge University Press, 1982.

Röhl, John C. G., and Nicolaus Sombart, eds. *Kaiser Wilhem* Ⅱ: *New Interpretations: The Corfu Papers*. Cambridge: Cambridge University Press, 1982.

"Roosevelt and Venezuela." *New York Herald Tribune*, 27 September 1925, 26.

Roosevelt, Theodore. *American Ideals, the Strenuous Life.* vol. 13 of *The Works of Theodore Roosevelt*, National Edition. New York: Scribner's, 1926.

———. *The Naval War of* 1812. Vol. 2 of *The Works of Theodore Roosevelt*, National Edition. New York: Scribner's, 1926.

———. *Thomas Hart Benton. Gouverneur Morris.* Vol. 7 of *The Works of Theodore Roosevelt, National Edition. New York: Scribner's*, 1926.

Rosen, Roman. *Forty Years of Diplomacy.* 2 vols. New York: Alfred A. Knopf, 1922.

Schelling, Thomas C. *Arms and Influence.* New Haven, Conn.: Yale University Press, 1966.

———. *The Strategy of Conflict.* New York: Oxford University Press, 1963.

Schoonover, Thomas. "Research Note: Max Farrand's Memorandum on the U. S. Role in the Panamanian Revolution of 1903." *Diplomatic History* 12 (Fall 1988): 501 – 506.

Seager, Robert. "Ten Years before Mahan." *Mississippi Valley Historical Review*, 40, no. 3 (1953): 491 – 512.

Sellen, Robert W. "The Just Man Armed: Theodore Roosevelt on War." *Military Review* 39 (May 1959): 33 – 44.

Seymour, Charles. *The Diplomatic Background of the War.* New Haven, Conn.: Yale University Press, 1916.

Sims, William S. "Roosevelt and the Navy, Part 1." *McClure's Magazine* 54, no. 9 (1922): 32 – 41.

———. "Roosevelt and the Navy, Part 2." *McClure's Magazine* 54, no. 10 (1922): 56 – 60, 78.

———. "Theodore Roosevelt at Work." *McClure's Magazine* 54, no. 11 (1923): 61 – 66, 95 – 101.

Smith, Elbert B. *Magnificent Missourian: Thomas Hart Benton.* Philadelphia: Lippincott, 1957.

Spector, Ronald. *Admiral of the New Empire.* Baton Rouge: Louisiana State University Press, 1974.

———. "Roosevelt, the Navy, and the Venezuela Controversy: 1902—1903." *American Neptune* 32 (October 1972): 257 – 263.

Sprout, Harold, and Margaret Sprout. *The Rise of American Naval Power*, 1776—1918. Princeton, N. J.: Princeton University Press, 1939.

Steiner, Zara S. *Britain and the Origins of the First World War.* New York: St. Martin's Press, 1977.

Storer, Mrs. Bellamy. "How Theodore Roosevelt Was Appointed Assistant Secretary of the

Navy." *Harper's Magazine*, 1 June 1912, 8–9. Theodore Roosevelt Collection, Harvard University.

Sumida, Jon T. *In Defence of Naval Supremacy*. Boston: Unwin Hyman, 1989.

Takeuchi, Tatsuji. *War and Diplomacy in the Japanese Empire*. New York: Doubleday, 1935.

Thayer, William R. *Life and Letters of John Hay*. Boston: Houghton Mifflin, 1915.

———. *Theodore Roosevelt*. New York: Grosset and Dunlap, 1919.

Tilchin, William N. *Theodore Roosevelt and the British Empire: A Study in Presidential Statecraft*. Franklin and Eleanor Roosevelt Institute Series on Diplomatic and Economic History. New York: St. Martin's Press, 1997.

Tilchin, William, and Charles Neu, eds. *Artists of Power: Theodore Roosevelt, Woodrow Wilson, and Their Enduring Impact on U. S. Foreign Policy*. Westport, Conn.: Praeger Security International, 2006.

Titherington, T. H. "The Great Peace Conference." *Munsey's Magazine* 33, no. 6 (1905): 642.

Trani, Eugene P. "The Treaty of Portsmouth: An Adventure in Rooseveltian Diplomacy." Ph. D. diss., Indiana University, 1966.

Tuchman, Barbara W. "Perdicaris Alive or Raisuli Dead." *American Heritage* 10, no. 5 (1959): 18–21, 98–101.

Turk, Richard W. *The Ambiguous Relationship: Theodore Roosevelt and Alfred Thayer Mahan*. New York: Greenwood Press, 1987.

———. "The United States Navy and the 'Taking' of Panama, 1901—1903." *Military Affairs* 38, no. 3 (1974): 92–96.

Vivian, James F. "The 'Taking' of the Panama Canal Zone: Myth and Reality." *Diplomatic History* 4 (1980): 95–100.

Wagenknecht, Edward. *The Seven Worlds of Theodore Roosevelt*. New York: Longman, Green, 1958.

Warner, Oliver. *Great Sea Battles*. New York: Macmillan, 1963.

Weibull, Jorgen W. *Evolutionary Game Theory*. Cambridge, Mass.: MIT Press, 1997

Weisberger, Bernard A. "The Strange Affair of the Taking of the Panama Canal Zone." *American Heritage* 27, no. 6 (1976): 6–11, 68–77.

West, Richard S. *Admirals of American Empire*. Indianapolis: Bobbs - Merrill, 1948.

Widenor, William C. *Henry Cabot Lodge and the Search for an American Foreign Policy*. Berkeley: University of California Press, 1980.

Wilson, H. W. *The Downfall of Spain: A Naval History of the Spanish American War*. London: Low, Marsten, 1900.

Wimmel, Kenneth. *Theodore Roosevelt and the Great White Fleet*. Washington, D. C.: Brassey's, 1998.

Wister, Owen. *Roosevelt: The Story of a Friendship*. New York: Macmillan, 1930.

Witte, Serge I. "Memoirs: My Visit to America." *World's Work* (March 1921): 484 - 496. Theodore Roosevelt Collection, Harvard University.

Woolman, David. "Did Theodore Roosevelt Overreact When an American Was Kidnapped in Morocco?" *Military History* (October 1997).

"World Cruise of the Great White Fleet." *U. S. Naval Institute Proceedings* 84, no. 10 (1958): 87 - 93. Theodore Roosevelt Collection, Harvard University.

Zimmermann, Warren. *First Great Triumph: How Five Americans Made Their Country a World Power*. New York: Farrar, Straus and Giroux, 2002.

索　引

（索引页码系原著英文版页码，即本书页边码）

D

Q

R

S

译后记

本书是美国学者，退役海军军官亨利·J·亨德里克斯（Hendrix）的一部学术专著，英文原书由美国海军学院出版社于2009年出版，代表了美国国内对西奥多·罗斯福的海军政策，以及对19世纪到20世纪之交美国海军之崛起的最新研究成果。

一百多年之后，又一个世纪之交来临。走上复兴之路的中国，以及崛起中的中国海军，正与全球霸主美国产生种种不言自明的交会。回首往昔，美国老罗斯福总统运用海军作为一种外交手段，逐渐和平地获得海权，提升美国国家利益，并最终使美国跻身世界强国之林的那段历史，对今日之中美双方，都具有相当的参考价值。正如亨德里克斯在《致中国读者》中所写的："在这样一个以美国为主导的时代，中国人民解放军海军迅速壮大。这本书里有许多值得汲取的教训，这也是我为什么要进行这项研究的原因。……我希望本书将会增进中国与美国之间，乃至中美海军之间的欣赏、尊重与合作。"怀着与亨德里克斯先生相同的美好希冀，我们将这本书译成中文，供国内读者参阅。

本书由王小可（西南交通大学）、章放维（湖南农业大学）、郝辰璞（外交学院）三人合译，其中章放维翻译序章和第一、第二章，郝辰璞翻译第三、第四、第五章，王小可翻译第六、第七章。最终全书由王小可统稿。由于我们能力有限，本书必定存在种种不足之处，恳请各位读者批评指正。

王小可

2014年于峨眉山